次法

——實證佛法前應有的條件

（上冊）

作者：張善思居士

ISBN:978-986-93725-8-9

目錄

下冊

平實導師 序

修證佛法之難，在業障之排除；業障排除之難，在不能了知往世曾經造作何種障法之業，是故無以改往修來及造作悔滅之善業，導致無法排除業障，終究成為證法之障難，令實證佛法之事遙遙無期，世世精進修行而猶不得實證，劫劫精勤而皆唐捐其功，誠為可悲之事。

猶如《佛藏經》中 世尊所言：「舍利弗！是諸人等，如是展轉乃至我今，於其中間得值九十九億佛，於諸佛所不得順忍。何以故？佛說深經，是人不信，破壞違逆、謗毀賢聖持戒比丘，出其過惡，起破法業因緣，法當應爾。舍利弗！汝且觀之，誹謗聖人，不信聖語，受是無量無邊苦惱，不得解脫。舍利弗！有諸眾生起破法罪業，違逆不信者，其數無量；於九十九億佛所阿僧祇劫，乃至無一人入涅槃者。」

意謂如是謗法、壞戒、謗賢聖者，造如是業已，雖已歷經九十九億諸佛盡心供養、奉侍、聞法，精進修行極多阿僧祇劫之後，連初果向的功德都還無法證得；謂於諸佛所說解脫道仍不能隨順安忍，是故不得初果向功德，何況般若之證悟明心？如是「**誹謗聖人，不信聖語**」，「**起破法罪業，違逆不信者，其數無量**」，經歷久劫多佛精進修行以後，至今依舊「**受是無量無邊苦惱，不得解脫**」，誠可悲矣！是故當代精進學人首要之務，無非日日懺悔往昔謗法、謗賢聖之惡業，一改往習而謙遜接受已得實證之善知識教誨，然後積功累德，繼之以實修，實證解脫之道及佛菩提道，斯可期冀。

至若修證三乘菩提之一，或欲三乘皆得實修者，懺悔滅除業障之後，仍須繼之以「次法」之實修，方有立足之基礎而得實證。然而觀乎現今末法時代諸多所謂「**佛弟子**、**法師**」者，迄無「**次法**」中應有之實修功德，乃竟動輒自謂成佛、成聖，連解脫道與佛菩提道之異同都無所知，妄謂已證解脫、已解般若，皆屬大妄語業。偶有善知識出世弘法，不忍此等眾人之大妄語業來世果報，出之以實說，加之以辨正，乃竟遭逢此等眾人之無根誹謗，將正法謗為邪法，將善知識之正法教導謗爲邪教，於來世將必實現之謗法、謗賢聖果報視如不見，救之無門，誠可哀哉！

不論二乘解脫道抑或大乘佛菩提道，皆必須有「**次法**」之實修作爲支持基石，乃可得證。謂諸佛如來度眾之常規，對象若非「**善來比丘**」，皆是先說次法「**施論、戒論、生天之論**」。即是布施之因果、持戒之因果、修習禪定所得生天之因果與層次。若見聞者悉皆信受不疑，已具足「**次法**」，又見其已有未到地定之實修，然後勸以「**欲爲不淨**」，令其心中確實遠離欲界財色名食睡之貪著，令其發起初禪；繼之以「**上漏爲患**」，爲說色界天之禪定清淨境界雖名梵行，仍屬上漏，不離輪迴苦；末則告知「**出要爲上**」，解說無色界尚有意識與定境法塵留存，不免行苦，不離輪迴，仍有生死。末後觀察學人已知已解此等三界境界，並於此等境界悉皆信爲虛妄，確認此等境界悉皆不離生死苦，然後方爲解說四聖諦、八正道、十二因緣等法，令其證得法眼淨、成初果人。

學人得初果已，於 佛陀座下乞求出家，然後山洞中或樹下坐，觀行一夜之後，若本已得初禪及以上禪定者，或是聞說「欲爲不淨」而從深心中信受，因其心得決定而發起初禪者，即因聞法後之繼續深入觀行而得慧解脫果。若是本來已具足四禪八定降伏三界愛之人，一夜深觀之後便得俱解脫果。如斯聖眾皆是觀行已畢，自知「**我生已盡、不受後有**」，亦知「**梵行已立、所作已辦**」，次日天明即來 世尊面前稟告：「**我生已盡，梵行已立，所作已辦，不受後有。**」世尊當場即予隨喜認可。

然末法時代與諸佛子談論「**次法**」時，求其「**梵行已立**」證入初禪者，實爲空泛，都不可得；應當求其實證未到地定，此爲「**次法**」中應當自修之果；具此定已，知已降伏欲界心，方能支持其取證初果；若無未到地定降伏欲界心之功行，而於觀行四諦八正之後自稱已證初果者，皆屬大妄語人。

而此之前，悉應知解布施之因果而實行之；果能如此，方可謂其往世曾修布施之行而有慣習，積有證果應有之福德。然後觀其信受「**生天之論**」否？若對四禪八定境界等生天之論都無所信，於三界層次不知或不信而論證果，欲其外於大妄語業，迨無可能。如是類人，必以欲界定、未到地定、諸禪定境界中之離念靈知，視作涅槃出三界之境界；若猶不信善知識救護之言，當知已成大妄語業。若因此而誹謗善知識、否定正法，來世必定報在地獄，誠可哀憫！

今觀末法時世諸方法師居士，於次法「**施論、戒論、生天之論**」尚無眞修實證，甫閱經藏或始聞四諦八正，動輒自謂已得阿羅漢果，或謂已得諸地果證，皆屬空中樓閣；又往往以之誤導眾生同犯大妄語業，故謂「**一盲引眾盲，相將入火坑**」。更甚者謂，於善知識救拔之言不生善心，顧視己身名聞利養故，加以誣謗，於未來世極不可愛異熟果報都無所知或不信因果，最爲可憐！

今有正覺同修會中善思居士發心救護當代法師居士及諸學人，造此《次法》一書，雖悟後不久、智慧甫生，然有本會編譯組諸同修之助，及輪值親教師之增益，乃能完善連載於《正覺電子報》廣利當代。今幸連載完畢，又經編譯組集文編輯成書，得以出版利世，誠可慶也！閱之不覺歡欣，乃書之以文，即成此序，以饗佛子。

佛子 **平實** 敬識

於公元二〇一七年春季

編譯組 序

對於次法的正確認知，是學佛人非常重要的基本知見，次法的修學內涵更是學人修學三乘菩提的基礎建設。次法的範圍包含了一切的人天善法，從深信因果開始到歸依三寶，乃至外門廣行布施、持戒、忍辱、精進、禪定等等，都是次法所函蓋的範圍。修學佛法的一一階段都是有次第性的，而三乘菩提每個階段的親證，都必須要有相應的法與次法之修學作為依憑，否則都是因中說果。

有鑑於次法對佛道修學之重要性，因此必須要讓學人對於次法能夠順利、正確且圓滿而無偏差的如實理解；並且，於我正覺同修會中，上從法主 平實導師、諸親教師，下至所有的正覺菩薩們，都如實地遵奉本師 釋迦如來的教示，於次法的修學上努力不懈，方有今日斷結及證悟的結果。再者，凡是正覺同修會所正式出版發行的法布施所有著作，不論是書籍或文章，都是今時後世佛教中至為重要的論典，更是我們未來世重新受生修學時的重要依據，這也是本會所有編譯組義工菩薩能夠在幕後全心付出、不求聞達，而甘願默默地自利利他的緣故。

因此，當《次法》這本書從《正覺電子報》第九十六期開始連載，編譯組於徵得作者的同意後，除了必須的查證、校對等基本工作以外，同時也對本文作了較多的補充及修潤工作；直到第一百二十七期連載圓滿，編譯組在這長達近三年的時間裡，義工團隊對於《次法》這本書的內容投入了相當多的時間和心力，而與本書作者善思居士共同成就每一期的連載內容。如今可喜本書即將正式出版，意謂著將有更多的學人能閱讀到此書，並且從中獲得不同層次的受用及法利，依之實行而能作爲將來證道之依憑，這絕對是曾經參與本書連載及出版之幕後工作的所有義工菩薩們都樂見及歡喜之事。

回顧《次法》連載的每一篇稿件，編譯組除了編輯作業，還經過了校對小組的義工團隊，於錯別字、標點符號等作仔細的校正，並針對有疑之處提出標註說明及修改建議，而且內容中所有的引用文也有查證小組負責查證及比對；並且，爲了確保法義的正眞無訛，以及兼顧文字的流暢清晰易於閱讀及理解，最後還會有多位菩薩、老師及親教師針對法義及語意邏輯的部分，再進行多次審核及修潤的工作，而這一部分的工作更是投注了相當多的時間和心力，除了必須針對法義或語意邏輯上的瑕疵加以修改及潤飾以外，爲了顧及不同層次的讀者都能有所受用，而必須適度增補文章內容來增加論述內涵的深度及廣度。因此，每一篇稿件其實都經過反覆再三的校對、潤飾以及內容增刪等工作後，才能安心地呈現在讀者面前，就是希望每一位讀者都能從中獲得眞實利益；乃至更是爲了尚有隔陰之迷的我們，未來世繼續修學菩薩法道時，能省去摸索期的時程，讓我們一世一世於菩薩道上都能快速前進。

當然，這些校對、修潤的內容，編譯組也完全秉持尊重作者爲本書之緣起功德，在每一期發刊前都會轉由作者確認後方才定稿，在此也感謝作者善思居士總是能隨喜編譯組義工團隊對於稿件增刪的潤飾處理，而能以共同成就弘護正法、救護眾生的佛事爲樂，眞乃菩薩心性無慢者方得如是。

編譯組的工作一直是屬於幕後性質，各項工作內容一向都是低調的默默進行；更是時時謹遵法主 平實導師的教誨，於法義乃至文字敘述上嚴謹斟酌地校對所有稿件，謹守善護密意同時廣利眾生應有的分際。今於《次法》出版前夕，承法主 平實導師慈悲愍念諸多大心而勇猛撰文護法的菩薩，以及廣大讀者今時後世的法身慧命故，藉此因緣略述編譯組於所有經手文稿謹慎處理的方式及原則，一者是對本書中所陳述的義理表示負責，再者也期願一切撰寫發表佛法相關文章或書籍者，都能以戒愼恐懼而嚴謹以待的態度來自我提醒，發言及行文之時皆能知所分際，避免任何戕害眾生法身慧命乃至謗法、壞法之事；伏願一切學人能深知法主 平實導師大慈大悲愍念眾生之至誠，是則正法萬年之久住可期，並爲廣大有情謀眞實之利益也。

今以《次法》出版流通在即，特以此文略述編譯組謹遵法主 平實導師之教示以協助圓滿本書之過程，是以爲序。

自序

大部分的人，一生當中都在追求安居樂業，想要有幸福快樂的人生，也許要五子登科，也就是要有「房子、車子、銀子、妻（夫）子、孩子」；但也因此奔波忙碌、辛苦一生。而不論能否達到這些目標，到老的時候，才發現人終究還是會死，所以開始追求安身立命之道，於是走入了佛法修行想要悟道解脫、明心見性。

如果這一生不想要悟道解脫，只想要過著幸福快樂的生活，那還是要有基本當人的福報，而這些福報，在佛法中而言，是攝屬於「**次法**」的福德之中；有了次法的基礎才能實現世間有爲諸法。「**次法**」概略來說就是**施論**、**戒論**、**生天之論**等福德之基礎，這些福德基礎**可以讓我們這一生乃至未來世都能有好的福報**；如果想進一步解脫生死也是要靠這些福德，甚至進而想要追求大乘佛法的明心見性，也是需要這些次法福德之修集作爲基礎。

事實上，正確地修學佛法是可以讓人越來越快樂，越來越解脫，福報越來越好，智慧越來越高的。而**佛法的主要內涵就是宇宙實相的一切智慧**，但要實證佛法智慧前，需要有「次法」福德的修集爲先，所以「**次法**」**就是實證佛法智慧前所必需具備的基礎**，「次法」就是趣向佛法的輔助方法與資糧。「**佛法**」不僅是「存好心、說好話、做好事」而已，佛陀在《阿含經》中教導眾生的「**次法**」是「**施論**、**戒論**、**生天之論**、**欲爲不淨**、**上漏爲患**、**出要爲上**」。世間人行善布施、造橋鋪路、救濟貧病、少欲知足……等內容，也都是「次法」所攝的內涵之一。聞法的人對 佛陀演說的這些次法若能聽受，信而不疑，才會繼續爲他傳授解脫道的斷我見、斷我所執、斷我執而出三界等「法」。

但眞實的佛法並非只有那麼簡單而已，**眞正的佛法除了上述解脫道的「法」，還包含了宇宙中所有的智慧，是讓人可以親證生命實相的智慧，乃至得以成就佛道具足一切種智，才能成佛。成佛的功德是福德與智慧兩者具足修集圓滿，是親證法界實相的般若智慧以及通達入地後所要進修的一切種智**。而三乘菩提不僅可以讓人解脫於三界輪迴生死而成爲阿羅漢，更可以讓人開悟明心乃至眼見佛性，成爲實義菩薩而脫離表義菩薩的層次；甚至入地實證道種智，乃至一步一步往佛地圓滿一切種智邁進。因此「**施論、戒論、生天之論、欲為不淨、上漏為患、出要為上**」，這些內容就是　佛陀教導眾生趣向解脫的實證，乃至是未來大乘佛法實證所需的「**次法**」基礎；有了這些基礎，眾生就可以邁向斷我見、實證初果，乃至成爲四果阿羅漢，圓滿二乘解脫道以解脫於輪迴之苦；進而可以實證大乘佛菩提道之一切智慧。

如今　平實導師所領導的大乘證悟菩薩僧團——**正覺同修會**——仍然住世，平實導師不僅開悟明心和眼見佛性，甚至是實證陽焰觀、如夢觀，並且實證了「猶如鏡像」、「猶如光影」現觀，進而體驗過色陰盡境界的地上菩薩。在正覺同修會中所修學的佛法不僅可以讓人斷我見實證初果，甚至可以開悟明心、乃至眼見佛性。而許多已經證悟的菩薩，正努力地繼續修學般若別相智及熏習唯識種智，往初地邁進。因此，學人若欲實證如是勝妙的佛法智慧，必須先有此「次法」之福德基礎，將來才可以親證解脫果乃至佛菩提之開悟明心，甚至地地增上。

所以這本《次法——實證佛法前應有的條件》，不論您是從來沒有接觸過佛法的人，或是已經熏習佛道時劫長遠之久學菩薩，都將會是適合您閱讀的一本書。因爲 佛陀說：「修福不嫌多。」成佛已久的 釋迦世尊，都願意去幫眼盲的徒弟阿那律尊者穿針引線，佛陀世尊尚且如是繼續修福度眾生，何況我們是尚未入地的淺學菩薩，距離成佛還是如此遙遠呢！因此，希望此書的出版，能使您有福德增上的因緣，將來能得解脫乃至可以開悟明心；也希望幫助菩薩們在度眾時，能具備更多次法的方便善巧來攝受眾生、自利利他，以期早日成就佛道。

謹以此書供養 釋迦世尊、十方諸佛、一切菩薩摩訶薩、恩師平實導師，以及一切佛門四眾與一切眾生。末學除了一心頂禮本師 釋迦牟尼佛、十方諸佛和菩薩摩訶薩，以及一心頂禮恩師 平實導師之外，也隨喜讚歎禮拜一切佛門四眾，並讚歎曰：「**我深敬汝等，不敢輕慢。所以者何？汝等皆行菩薩道，當得作佛。**」

菩薩戒子 張善思 合十頂禮

二〇一二年十一月於正覺講堂

第一章　諸佛教化眾生之「次法」

第一節　佛道的基礎在於相信三世輪迴、因果業報

佛法的目的是讓眾生離苦得樂、解脫生死，並且讓眾生修集福德與智慧圓滿直到成佛；因此這一切的修行都是從過去生延續到這一世，再從今生延續到未來無量世。

俗話說：「十年修得同船渡，百年修得共枕眠。」我們得到好對象時也會跟對方說：「能與你當夫妻是我上輩子修來的福氣！」俗話說：「七世夫妻。」或「願生生世世結為眷屬。」因此中國人是相信有三世輪迴的，在古印度也是如此深信著，所以佛陀在兩千五百年前降生於印度修行成佛，後來佛法又傳到了大中華地區而發揚光大。

佛陀是一切智者，有圓滿的大神通和大智慧，能在一念之間就了知我們所有

眾生過去世的所有事情，而許多有宿命通的大菩薩或大阿羅漢也可以在入定以後證明有三世輪迴的存在。

現今的某些凡夫俗子可能會懷疑到底有沒有三世輪迴？不過我們從古今中外許多人的著作或是經驗都可證明確實有過去世，死後不是完全斷滅；在許多《念佛感應錄》的書籍中記載，有的人念佛發願往生淨土，臨終時蒙佛及諸菩薩眾接引往生；有的人能感應到鬼道眾生；在古今中外許多飯店、旅館房間內，因爲曾發生過自殺死亡或命案，死者變成了鬼道眾生仍留在房間內造成許多靈異事件。另外不僅中國人相信有鬼，在西方例如英國的古堡中，也常常有靈異事件傳出，甚至還有人拍到靈異現象的相片或影片；雖然有的人可能會懷疑那是造假的，但這世間確實有許許多多的人遇過靈異鬼怪之事。

所以死亡之後還有來生，因此佛教都說死亡爲「往生」。而從現今科學的角度來看，在 Discovery 頻道中也有一個節目叫作「前世今生——輪迴的故事」[1]，科學家找了一些擁有前世記憶的孩子們，用科學研究的方法也證明了有前世。在故事中有一位已往生的爸爸投生成爲自己女兒的孩子，那個孩子還記得自己的前世，跟他媽媽說很多上輩子細微的事情，讓他的媽媽，也就是讓他上輩子的女兒非常驚訝！相信兒子就是爸爸轉生過來的。

而現代西洋社會中也有許多著名的大學教授、精神心理醫生用大量的科學證據證明生命輪迴確實存在；如美國邁阿密西奈山醫療中心主席、著名精神心理學醫生布萊恩‧魏斯博士（Dr. Brian Weiss），他在二十多年前（一九九八年）的代表著作《前世今生》（Many Lives, Many Masters）也轟動了全世界；另外國際心理回歸治療學會副主席、美國著名精神心理醫生瑞克‧布朗博士（Dr. Rick Brown），他發表了 Journal of Regression Therapy〈回歸療法雜誌〉（一九九一年第五期）中，有一個案例也證明了一位名叫凱利（Kelly）的美國推銷員，他是二戰時期美軍潛艇水兵轉世。

總之，世間上有非常多科學證據可以證明有三世輪迴，很多人鐵齒不相信世間有鬼，到後來自己也經驗到靈異事件了才相信；在我們所知的歷史之中，其實早在二千五百年前，佛陀就告訴我們這個道理了，乃至過去不可數無量無量劫之前，許多過去佛也都已經開示過了，而佛絕不妄語，佛是如實語者，在我們自己沒有能力觀察的時候，就不應該一味的否定因果輪迴的正理，因此我們不妨先保持「**寧可信其有，不可信其無**」的態度，在這樣的前提下來驗證，這才是有智慧的人。接著我們再來引用一些著名的輪迴權威教授的研究，及一些眞實案例來證明確實有輪迴的現象。

第一目 輪迴的故事

古今中外輪迴的故事很多，其中有很多都是可以驗證的；譬如記得前世的自己把什麼東西藏起來，後來經過查證屬實，東西眞的藏在那裡。或是前世的自己跟當時的某位親人說了某個秘密，只有那位親人知道，後來也查證屬實。這些案例太多太多了，現代的科學家都有整理出來。

最近的一則是在二〇一〇年六月十五日《大紀元時報》中的報導，是由記者于林所編譯，題名爲：「《靈魂存續者》：美軍飛行員轉世的故事。」以下是摘錄報導的內容：

輪迴轉生的故事在世界各地時有所聞。美國路易西安納州的一對夫妻布魯斯及安竺雅．賴寧哲（Bruce and Andrea Leininger）根據其兒子的經歷出版了一本名為《靈魂存續者：一位二次大戰戰鬥機飛行員的前世今生》（Soul Survivor：The Reincarnation of A World War II Fighter Pilot）的書。該書描述他們幾年來一步步確認自己的獨子詹姆斯・賴寧哲（James Leininger），是由一位在二戰中殉職的美軍飛行員投胎轉世的過程。新書出版後引起了許多媒體的注意，賴寧哲還被邀請上美國有線電視新聞網（CNN）接受最知名的訪談節目主持人賴利金（Larry King）的訪問。

二〇〇一年五月一日，小詹姆斯剛滿二歲，從這天開始他就經常半夜做惡夢，在夢裏發出淒厲的慘叫聲，驚恐地一遍又一遍大聲喊著「飛機著火！小個兒逃不出去！」一邊手腳還又踢又抓，好像要奮力掙扎爬出著火的駕駛艙。布魯斯和安竺雅剛開始嚇壞了，在這之前小詹姆斯一直像其他同齡的小朋友一樣活潑快樂又愛玩。

為找出兒子惡夢連連的原因，此後三年間布魯斯開始鍥而不捨的追查，原本他相信一定可以找到合乎理性邏輯的解釋，但所有結果卻與他的預期背道而馳。

隨著詹姆斯的惡夢越來越逼眞，夫婦倆開始聽到更多夢裏的細節。他們漸漸得知，那個逃不出去的「小個兒」叫詹姆斯，恰巧和他們的孩子同名；此外，二歲的詹姆斯在夢裏還陸續提到傑克．拉森（Jack Larsen）、納托馬灣（Natoma Bay）和海盜船戰鬥機（Corsair）等名字。

每次布魯斯從詹姆斯那裏聽到新的線索，就循線求證，最後都驚訝地發現詹姆斯所說的確有其事。將詹姆斯提到的片段拼湊後得知，他所駕駛的海盜船戰鬥機在二戰期間硫磺島戰役的空戰中被日機擊中著火墜海；戰機是從納托馬灣號航空母艦（Natoma Bay）起飛後執行任務。布魯斯在查證後，證實納托馬灣號航空母艦一九四五年的確曾支援美國海軍進攻硫磺島。

布魯斯謊稱自己爲寫書蒐集資料，混進納托馬灣號退役軍人協會的聚會。最後布魯斯從詹姆斯夢裏提到同爲飛行員的至交傑克．拉森處證實，詹姆斯．休斯頓二世（James Huston Jr.）所駕駛的戰鬥機當時引擎遭敵機射中，駕駛艙著火，最後墜機殉職，並在納托馬灣號殉職名單中找到休斯頓的名字。

另一方面，他的妻子安竺雅和《孩童的前世今生》（Children's Past Lives）一書的作者卡蘿．波曼（Carol Bowman）洽談。波曼建議安竺雅好好安撫詹姆斯，讓他知道他目前很安全，前世可怕的經歷已經過去了。一天，詹姆斯告訴布魯斯，當初他就是因爲知道布魯斯會是個好父親，所以選了他。他提起粉紅色的飯店、沙灘等布魯斯和安竺雅在夏威夷慶祝結婚五周年慶時的情景，表示他就在那裏選定由他們賦予他肉身回到這個世界上，當時距離安竺雅懷詹姆斯是五個星期前。這段話讓布魯斯徹底動搖，一輩子信奉基督教、不承認輪迴轉世的布魯斯，最後不得不相信他的孩子確實是二戰飛官詹姆斯．休斯頓投胎轉世而來。[2]

另外在現今西方社會中，有一位美國維吉尼亞大學（University of Virginia）著名的精神心理學家「伊恩．史蒂芬森教授」（Professor Ian Stevenson），他寫了一本《二十案例示輪迴》[3]，網站上介紹：

本書《二十案例示輪迴》是他在輪迴轉世研究中的第一本書，也是他的成名作，也是當今世界範圍內輪迴轉世研究中最具學術價值和權威性的參考書。本書初版於一九六六年由美國心靈研究學會（American Society for Psychical

Research）出版，以後版權收歸弗吉尼亞大學出版社並於一九七四年出了第二版。書中的二十個輪迴轉世案例，是他在一九六一年到一九六五年間從印度、斯里蘭卡、巴西、黎巴嫩和美國的阿拉斯加收集、整理和驗證過的案例的一部份。[4]

伊恩．史蒂芬森教授也寫了另一本書名爲《輪迴轉世與生物學——於此相逢》[5]，他在同年也出版了兩卷醫學巨著《輪迴轉世與生物學：胎記和先天缺陷的病因》一書的縮略本。原書兩卷內共含二二五五個詳細的案例以及大量的文件、參考資料、表格和註腳等。

現任美國德州大學（布朗斯威爾分校）商學院金融助理教授的「鍾茂森博士」，他在《關於生命輪迴的科研成果介紹一——七集》[6]的演講中，也介紹了伊恩．史蒂芬森教授在《二十案例示輪迴》書中的一個案例；鍾茂森博士說：

案例中講的這位印度女孩名叫絲娃拉特（Swarnlata），一九四八年三月二日出生，家住在印度一個叫盤那（Panna）的城市。四歲時便能敘述自己前生的遭遇。她說自己前生是住在印度另外一個城市凱蒂利（Katni），一戶姓帕沙克（Pathak）家的母親。這兩家根本不相識，所在的兩個城市也相距很遠。有一天，絲娃拉特的父親帶她路經凱蒂利城，絲娃拉特突然建議說一起到她「自己家」裏喝個茶，她「家」就在這附近。

史蒂芬森教授和他印度的一些教授同事開始對這個案例作研究調查。他們按照絲娃拉特的指引準確無誤地找到了帕沙克家，根據絲娃拉特所說的情況進行核實。絲娃拉特說自己前世是這家裏的母親，名叫比亞（Biya），一九三九年去世，留下先生和兩個兒子。史蒂芬森教授他們帶絲娃拉特到帕沙克家，她一到那家裏就認出自己前生的先生和兒子，並且能不假思索地說出這些家人的名字，還能認出先生家、娘家的親人。史蒂芬森教授和同事們爲了測試絲娃拉特把她前生的兒子領來，問他叫什麼名字。她竟然毫不遲疑地說出這個兒子的名字叫邁利（Murli）。教授們爲了試探她，故意說這不是比亞的兒子，而是另一個人。沒想到絲娃拉特一點也不受思維擾亂，堅持說這是她的兒子邁利。當小絲娃拉特單獨同前世的兒子在一起時，雖然自己年紀很小，卻情不自禁地流露出母親對兒子的關懷。更有趣的是，小絲娃拉特說出前世先生的一個隱私，說她先生拿了她錢箱的一二〇〇盧布沒有還，這件事只有她先生知道，其他人都不知道。後來她先生也承認。……

大家可能注意到，前生這位叫比亞的母親一九三九年去世，可是絲娃拉特這一生是一九四八年才出生，中間隔了九年。這九年中她到哪裡去了？絲娃拉特自己說出來，她在一九三九年去世後，先投胎到孟加拉國（Bangladesh）的一家庭裏成爲一個小女孩，那一生九歲就死了。緊接著在一九四八年到這一生出生成爲絲娃拉特，時間上剛好接得上。絲娃拉特平時很喜歡唱前世孟加拉國的鄉歌，用孟加拉語來唱，而且隨著自己的歌聲跳起孟加拉國的鄉村舞蹈。絲娃拉特家裏沒有人懂孟加拉語，也不知道她在唱什麼、跳什麼，只是看到她很自我陶醉於其中。後來史蒂芬森教授同印度幾位教授來觀看絲娃拉特的歌舞，有一位印度教授懂孟加拉文，把歌詞紀錄下來，歌詞是講農民豐收的歡樂和讚美自然的。史蒂芬森教授一行人拿著歌詞找到孟加拉國絲娃拉特前生所住的地方去證實，果然是當地人喜歡的鄉村歌舞。

這位絲娃拉特的印度姑娘頭腦非常正常，並不是亂說胡話。史蒂芬森教授一直保持與她的聯絡。她學習很好，十九歲就在印度的大學畢業獲工程學士學位，二十一歲獲工程碩士學位，而且二十三歲便開始在印度一所高等學院任教。這個活生生的例子，有力地證明了生死輪迴的存在。[7]

在現代的中國也有記得前世的故事，〈當代的兩世奇人：找到前世父親的孩子〉這篇文章說道：

二〇〇二年第七期的中國海南省《東方女性》雜誌刊登了一篇感人的輪迴故事，講述了在海南省東方市感城鎮唐江山的經歷。唐江山生於一九七六年，三歲時有一天他突然對父母說：「我不是你們的孩子，我前世叫陳明道，我的前世父親叫三爹。我的家在儋州，靠近海邊。」這席話在別人聽來簡直是胡言亂語，要知道儋州位於海南島北部，距離東方市有一六〇多公里。唐江山還說自己是在文革期間的武鬥中被人用刀和槍打死的，據說他的腰部還留有前世的刀痕。而真正令人感到驚奇的是唐江山能講一口流利的儋州方言。儋州人講軍話，與東方市的閩方言迥然不同，一個幾歲大的孩子如何能做到？

唐江山長到六歲那年，便強烈要求家人帶他去拜訪前世的親人。家人不肯，他便不肯吃東西，最後父親依了他，並在他的指引下乘車來到唐江山前世所在地儋州市新英鎮黃玉村。唐江山逕自走到陳贊英老人面前，用儋州話叫他「三爹」，說自己叫陳明道，是陳贊英的兒子，在文化大革命期間因武鬥被人打死。死後轉生到東方市感城鎮，如今來尋找前世父母。聽到這些，陳贊英竟然一時不知如何應對。於是唐江山說出自己前生睡的房間，並一一例數自己的牌位和其他生前物品。看到這一切與當年的事實絲毫不差，陳贊英老人激動的和唐江山抱頭痛哭，並確定他就是自己兒子陳明道的再生。唐江山還認出了自己的兩個姐姐和兩個妹妹以及村裡其他親友，甚至包括自己前世的女友謝樹香。這一切令當年陳明道的親人鄰里折服了。從此，「二世奇人」唐江山有了兩個家，兩個父母。他每年往來於東方和儋州之間。陳贊英老人及親人、村裡人都把唐江山當作陳明道。由於陳贊英身邊無子，唐江山一直充當他的兒子，盡孝道至一九九八年陳贊英去世。

《東方女性》雜誌社編輯部的工作人員一開始也不相信這件事情，但經過反覆調查、核實，不得不承認此事的眞實性，於是，刊發了這一輪迴故事。

由這麼多學者教授們的研究，以及古今中外那麼多「輪迴的故事」，讀者您應該也會相信輪迴一說絕不是迷信，而這世間確實是眞的如佛教所說有三世輪迴的！

第二目 因果業報

俗話說：「善有善報，惡有惡報；不是不報，時候未到。」這家喻戶曉的一段話就是在說明因果昭昭不爽，因爲佛道的基礎在於相信有三世輪迴、因果業報，如此我們所作的一切修行才會功不唐捐，因爲我們所作的業都會被帶到未來世去。

眾生會有生死輪迴、因果業報，代表我們在生死輪迴中，一定有個永遠不滅的主體，把我們的身口意所造的業從上一世帶到這一世來，再從這一世帶到未來世；而我們身體和意識心在死亡時都毀壞了，所以這一世出生的新意識無法再了知過去生的事情，除了諸佛了知我們無量眾生無始以來的過去世之外，世間上就只有少數有報得一點宿命通能力的人，或者是有證得宿命通的修行者才可以記得某些過去世。

我們的前六識：眼識、耳識、鼻識、舌識、身識、意識，這六個識在死亡或悶絕、睡著無夢時都消失了。由此可知，一定如　佛所說**每個衆生都有個第八識阿賴耶識，又名如來藏**[9]。因爲在死亡時我們的前六識都滅了，只剩下第八識與祂出生的意根還存在，然後由意根攜帶第八識去投胎[10]，接著才在母胎中出生了我們的身心（也就是名色），如此才能繼續生死輪迴。如　佛陀在《長阿含經》中所說的一樣！[11]

而有的人可能會懷疑到底有沒有因果報應？那我們還可以觀察一個現象，爲什麼每個人出生下來就不一樣？甚至爲什麼同一對父母所生的兄弟姊妹們，他們在外表、氣質、健康、身體狀況，以及興趣、資質、福德果報都不一樣呢？乃至就算是雙胞胎長得幾乎一模一樣，但許多想法或喜好以及彼此未來的發展際遇又都不同；由很多跡象可以證明確實有輪迴，確實有因果。之所以會有因果業報，都是因爲我們每個眾生有第八識如來藏在執持我們所造的一切業種，因此我們所造的一切善惡業都會被如來藏收存起來，將來因緣成熟時，果報就會實現。如《大寶積經》卷五十七云：**【假使經百劫，所作業不亡，因緣會遇時，果報還自受。】**

佛陀在經中說：縱使經過了百千劫[12]那麼久遠的時間，我們過去世所造的一切業還是不會銷亡的，將來在因緣成熟的時候，我們仍將要承受自己過去所造之業的果報；這就是佛法中常說：「萬般帶不走，唯有業隨身。」我們死亡的時候，自己的身體（色身）和意識都會死亡消滅，但我們所造的業不亡，仍然存在於我們永遠不滅的眞心—第八識如來藏—中。而《大方廣佛華嚴經》卷十九〈夜摩宮中偈讚品 第二十〉又說：【若人欲了知，三世一切佛，應觀法界性，一切唯心造。】

佛法中常說「三界唯心、萬法唯識。」就是在說明，一切萬法都是由我們的眞心如來藏所出生創造的。而一切萬法必定有一個出生的根源，那個根源就是我們的第八識如來藏。世間是共業所成，是大家各自的如來藏共同運作而形成的。如《楞伽阿跋多羅寶經》卷四〈一切佛語心品之四〉云：

佛告大慧：「如來之藏，是善不善因，能遍興造一切趣生，譬如伎兒變現諸趣，離我我所；不覺彼故，三緣和合方便而生，外道不覺，計著作者。」

關於這段經文，平實導師在《眞假開悟》書中第十九～二十一頁皆有解釋，末學簡單說明如下：如來之藏—就是如來藏—祂是一切善法的根本因，也是一切惡法的根本因，所以說是「善、不善因」。如來藏能夠普遍地出生或者增長創造出一切五趣六道的眾生，如來藏就像一個魔術師一樣，在母胎中一下子變出我們這個色身，下一世又幫我們變出另一個色身；如果我們過去世持五戒修十善業，如來藏就幫我們變一個人身或天身給我們；如果我們過去造惡業，現在要實現，如來藏就幫我們變一個畜生身、或餓鬼身乃至地獄身給我們，每一世都不一定，因此而說「**變現諸趣**」。

可是，如來藏的自體雖然能夠變現我們這些色身，也變現了七轉識的我們，讓我們有意識可以見聞覺知，有意根能夠作主；可是如來藏在這些境界裡面，祂自己卻是沒有「**我**」性，沒有我與我所領受色身與六塵的執著。因此當我們受快樂或痛苦的果報時，如來藏只是執行者，祂完全是無我性，依照我們的業而出生我們未來的果報；我們的身心與果報都是從祂而來的，祂是有情眾生的身心本源，因此如來藏又稱為自心如來。但眾生或外道沒辦法覺悟到此「自心如來」在哪裡，因此就猜想說有個造物主存在，那就是因為不瞭解實相而自己猜想創造出來的想法。

而我們都可以發現我們自己的身體和意識心是無常的，在死亡後身體會慢慢腐爛毀壞；意識心在每天睡著無夢時也會暫時斷滅，甚至在死亡的時候也因此永遠斷滅而無法了知外境。那究竟爲什麼我們還會往生到下一世去呢？爲什麼這世間每個人的福德果報都不一樣呢？爲什麼有的人生來就長得很漂亮莊嚴？有的人生來就很醜陋？爲什麼有的人生在富裕豪貴的家庭，有的人生來就當乞丐呢？爲什麼有的人像莫札特那樣，從小音樂天賦就那麼高，一學就會甚至超乎常人許多？爲什麼每個眾生的後天發展都不同呢？想必一定是每個眾生所含藏的業種都不同吧！而每個眾生一定都有一個永遠不壞的第八識心常住不滅，我們所造的一切業種也都存在這第八識如來藏中，因此「各人造業各人擔」，**第八識如來藏會收存我們的業種，在未來因緣際會時實現果報，讓我們各自去承受**。所以《佛說輪轉五道罪福報應經》中說：【罪福隨身，如影隨形。植種福者，亦如尼拘類樹，本種一核，收子無限。施一得倍萬，言不虛也。】佛陀說我們身口意所作的一切罪福等業都會跟隨著我們，就如影子隨時跟著我們。因此種植福德的人，就像種植尼拘陀這種大樹；尼拘陀樹的種子很小，但這種樹漸漸長大後將來會非常寬廣高大，也會結出許多果實和無量無數的種子；而布施的道理就跟種此樹一樣，種植一顆小種子將會得到一萬倍的回報，此言不虛也。

第二節　眾生輪轉五道的罪福報應

接著我們就來為大家講解《佛說輪轉五道罪福報應經》。佛陀講到此經非常重要，佛陀說把這部《罪福報應經》跟大家宣傳的功德是無量的，因為這部經教導了眾生六道輪迴、因果業報的道理；所以　佛陀說宣傳這部經的人，將來可以親自值遇賢劫千佛[13]，並且親自奉侍供養，而且不會墮入三惡道或是八難[14]之地，並且還可以得到戒定慧。[15]既然功德那麼大，我們就接著來為大家介紹這部經的內容，也希望您能仔細閱讀　佛陀的開示，並且轉介親朋好友們一起來恭讀。

此部經稱為「**輪轉五道**」，意思就是指我們眾生時常在五道中輪轉。一般來說我們常聽到六道輪迴、或五道輪迴，其實是一樣的，只是分類不同而已。五道就是天道、人道、畜生道、餓鬼道、地獄道；而六道是加了阿修羅道，因為阿修羅道遍布在五道中，因此也可以稱為五道輪轉。《佛說輪轉五道罪福報應經》的白話翻譯如下：

我阿難是這麼聽佛說的：佛在迦維羅衛國和一千二百五十位比丘，一起住在釋氏精舍的時候。由於九月結夏安居已經結束，於是 佛從禪室出來，和弟子一同前往舍衛國的祇樹給孤獨園。這兩國之間有一棵大樹，叫作尼拘陀樹。樹高一百二十里，而枝葉覆蓋的面積則有六十里，樹上結的樹子非常多，數目有千萬斛，吃起來又香又甜，味道有如蜂蜜。掉落地上的熟果，人民吃了之後，病都會好而且眼目明亮。佛於是坐在這棵樹下，諸比丘就撿食地上之熟果，吃完之後，佛就告訴侍者阿難說：「我看天地萬物，各自都有他們的宿世因緣。」

阿難趕緊前來頂禮 佛陀，雙膝長跪著問佛說：「是如何的宿世因緣呢？我們這些弟子大家都想知道，請您敷演講說，以開示度化不知道的人。」

佛陀就告訴阿難說：「善哉！善哉！如果樂於聽聞的人，要專心聽呀！」佛陀說：「人如果培福的話，就像這棵樹一樣。它本來只種下一粒果核而已，後來漸漸長大，卻能結成無量的果實。為人而能當國王、大臣、長者等，並且地位尊貴而有權勢的人，都是從禮敬佛法僧三寶中來的。為人而且是大富豪，其財富是無限量，這是從布施中來的。那些長壽而沒有疾病，身體強壯的人，是因為持戒律之故。長得端正白淨，容光煥發，身手柔軟，吐氣芬芳，人見人愛，令人觀看不厭的人，是修忍辱的結果。喜歡精進修行，不懈怠，樂於培植福德的人，是從精進中來的。個性安詳不急躁，言語行為都很審慎的人，是修禪定的結果。有人有才幹，明白事理，通達瞭解幽深之法，能夠把微妙的義理講得很順暢，讓愚笨或者初學的人都能聽得懂；別人聽了他的話，都能再請益且接受他所言，珍重他所言如同珍寶，並廣為宣傳；這種才能是從修智慧中得來的。有的人音聲是清徹悅耳的，這是從常常歌詠三寶中來。有的人身心潔淨，一生無有疾病，這是從修慈心中來。」

阿難請問　佛陀說：「請問如何是慈？」佛陀告訴阿難說：「第一是對眾生仁慈，就如同母親愛孩子一般。第二是對世間生起悲心，希望令眾生得到解脫道的意旨。第三是心常歡喜，第四是能護念眾生，一切都不侵損違犯，這就是有慈心的人。」

佛陀又告訴阿難說：「長得高大的人，是由於前世對人恭敬之故。長得矮小的人，是由於前世輕視傲慢他人之故。長得醜陋的人，是由於前世喜歡生氣怨恨之故。對事物一無所知的人，是由於前世不喜歡學習和請問別人之故。生來愚笨的人，是由於前世不喜歡教導別人之故。生來啞巴，是由於前世謗毀別人的緣故。生來就是聾子瞎子，是由於前世不喜歡聽聞受持佛經、佛法的緣故。當別人的奴隸，是由於前世欠債不還之故。

地位卑賤的人，是由於前世不禮敬三寶之故。長得又醜又黑的人，是由於把佛像、佛案前面的光明遮住的緣故。生在裸體之國，是由於前世在佛寺及精舍衣著不整的緣故。生在馬蹄國的人，是由於前世穿著木屐在佛前喧囂走過之故。生在穿胸人的國度，是由於前世布施作福時，心生悔恨吝惜之故。

投胎成麞、鹿、麂、麅等鹿類中之人，是由於前世喜歡讓眾生驚慌恐怖之故。生到龍族裡，是由於前世喜歡調戲，是輕浮人之故。身上生有惡毒之瘡，而總是治不好，是由於前世無有正當理由而喜歡鞭打眾生的緣故。人見人愛的人，是由於前世見到人就滿心歡喜愉悅之故；人見人惡的人，是由於前世見到人就臉臭臭的緣故。被官府拘禁，被關在牢內，被手銬腳鐐的人是由於前生喜歡把眾生關在籠子裡，讓眾生不如意的緣故。生得兔脣之人，是由於前生釣魚，讓魚缺失脣吻之故。不喜歡聽金玉良言，而且吵鬧不休，喜歡挑撥離間、擾亂別人聽經法的人，後世會下墮成爲耽耳狗。

佛陀告訴阿難說：「世間的愚癡人，雖然聽聞佛法，但是內心不信，以後會生到長耳的驢馬之中。慳吝貪心，不願與飢餓者分享而自己獨自食用的人，會墮到餓鬼道裡；以後投胎爲人，也會很貧窮、飢餓，衣不蔽體，所得飲食都無法滿足自己口腹所需。自己吃好飲食，給別人吃惡飲食，這種人以後會墮到豬及蜣螂等蟲類之中。喜歡搶奪別人的東西，以後會墮落成羊，被人活生生的剝皮，來償還他過去的罪業。喜歡殺生的人，以後會成爲水上的蜉蝣蟲，朝生暮死。喜歡偷竊別人財物的人，以後會生成牛馬或作奴隸，以償還過去世偷竊之債。喜歡姦淫他人妻女的人，死了之後會入地獄，男的會抱著灼熱的銅柱，女的會臥在熾熱的鐵床上；地獄報後而從地獄出，卻常常出生在下賤之處，以後還會投胎作雞鴨之類。喜歡說謊並到處宣傳別人過惡的人，死後入地獄中，會被口灌滾熱的銅汁，會被拔出舌頭，以牛來耕他的舌頭；之後還會投胎成鵂鶹、鴟梟這類聲音難聽的鳥類中，人們一聽到牠們的鳴叫，都覺得驚怖，都說這是災變不祥之類，都詛咒這種鳥死掉。喜歡喝酒，醉後犯了三十六種過失的人，將來會墮入熱騰騰的沸屎地獄裡，之後還會投胎成猩猩；後來再出生爲人時，也是非常愚蠢頑固，一無所知。夫婦之間彼此不柔和順從，經常打鬥諍執，彼此互相驅逐的，將來會投胎到鴿鳩鳥類中。貪圖別人力氣的人，將來會生到大象群中。」

佛陀告訴阿難：「當官吏吃公家飯的人，如果對方無罪，自己卻利用公職之便，侵犯人民，用鞭杖抽打他們，強迫送走他們，腳鐐手銬他們，使他們投訴無門。這種人死後墮地獄中去受極端的痛苦，這樣經過數千億年之後，罪受完了才出來，再墮到水牛中，被人穿鼻口，拉車拖船，被人用棍子打，鞭子抽，以償宿世之罪過。」

佛陀告訴阿難：「身心不清淨的人，是從豬投胎來的。慳吝貪心，不廉潔的人，是從狗投胎來的。凶狠暴戾，剛愎自用的人，是從羊投胎來的。身上有一股腥臭之氣的人，是從魚鱉中投胎來的。凶惡狠毒心常記恨的人，是從毒蛇投胎來的。愛好美食而喜歡殺害眾生，這樣沒有慈悲心的人，是從豺狼狐狸鷹中投胎來的；這些人或在胞胎時就死亡，或生下來不久就死亡，或很短命就死，之後又會墮落三惡道數千萬劫。」

佛陀說：「這類的人，是由於前世喜歡打獵射殺動物，喜歡焚燒山林，喜歡尋找動物的巢穴，索取其子或卵而食，提供漁網讓人捕魚網魚；這種人殺害一切眾生，貪圖牠們的肉，貪圖牠們的皮毛，甚至自己吃眾生肉，因此而得短命的報應；他們將世世累劫都墮落惡道，很難有出離的一天。因此得要謹慎啊！謹慎！引爲借鏡，那種痛苦是無法言說的啊！」

佛陀告訴阿難說：「凡是修作功德，都必須親身力爲，如燒香、拜懺、齋供、誦經、經行，不可以請人代勞，否則即使主法或受供的法師如法咒願，功德也不圓滿具足；好比請別人代爲吃飯，自己卻不吃，自己怎能飽而不飢餓呢？如果所燒的香、清新潔淨，將能得到一切種智，含攝一切法相。佛前燃燈並持續保持光明，最後能得天眼明、宿命明及漏盡明等三達智，而無任何障礙。平常就要燒香、齋食、讀經、布施，並以此爲自己經常所作之法。經常布施的人，可以得到福報，諸天神會幫助他，惡鬼邪神都會離他遠遠的，不敢去侵犯他。懈怠的人，平常輕鬆安穩的過日子，沒有精進修行的心；等到有朝一日生病了，或者遇到不吉利的事時，才要去燒香拜佛，才想到要作福，這樣子在諸天神還沒降臨前，眾魔就敢前來騷擾，作種種神變怪異之事。因此之故，應當要精進修行。罪報與福報跟隨著人，就像影子跟著人一樣。我們培福就像下種一樣，收穫的果實猶如尼拘陀樹那麼多。尼拘陀樹本來所種的種子只有一枚的核粒，漸漸長大之後，卻能收成數不盡的種子。因此布施一物將可獲得萬倍的報酬，這句話一點也不虛假。」

佛於是說偈頌：

賢明的人樂於布施　天神自然扶持此人
布施一物得萬倍報　生活安樂壽命長久
今日行大布施的人　獲得福德不可限量

將來皆能證成佛果　度脫十方無量眾生
因緣合會時誰爲親人呢
是五戒十善及除去瞋恚心
不望他人回報自然是自己的親人
世間榮華欲樂如同浮雲
流轉五道猶如車輪一般　莫計較壽命和吝惜金銀
天地尚且會壞何況自身　奉持經戒才眞是大珍寶
勿貪財好色而辱悞他人　三界眾生就如一群羔羊
眾生來去五道身壞自傷　身命如速流水如何有常
作惡短近但受罪時間長　墮到泥犁地獄入沸鑊湯
我們制心堅意就離禍殃　若犯罪而入其中才是痛苦難當

佛告訴阿難說：「世間人無有智慧，只能用有生死的肉眼來觀看一切，而不能透徹了知罪業及福報的根本。我用道眼觀看無量無數劫以來，一直到今天成佛之身，眾生的罪福報應，清楚得猶如觀看手掌中的琉璃寶珠，內外都透明清澈，沒有任何疑惑不明之處。」

阿難整理了衣服之後，爲佛作禮然後向 佛陀稟告說：「您說的這部經，應該以什麼爲名呢？」

佛告訴阿難說：「這部經叫作《輪轉五道經》又名《罪福報應經》。如果有善男子、善女人能讀誦這部經，而且廣爲宣傳的話，功德無量，將來能夠見到、禮拜、奉侍賢劫中的一千尊佛，並且能夠親自奉侍供養。他們不會墮落三惡道，也不會生在八難處（見佛聞法有障難之八處。一、地獄，二、餓鬼，三、畜生，四、北俱盧洲，五、長壽天，六、聾盲瘖啞，七、世智辯聰，八、佛前佛後），能夠得到戒、定、慧等三種無漏法。」

佛說完這部經時，有五百位比丘證了羅漢果；有七百位比丘尼得到了初果；八百位阿羅漢迴心得入菩薩道。諸天龍神及當時在樹下聽聞的一萬二千名清淨信士，六千名清淨信女，都得到法眼淨。許多比丘、比丘尼們，和歸依三寶的在家男子及女人們都得到三果的解脫。天龍鬼神以及世間的人民聽聞到 佛陀說法，都說：「善哉！」他們都向 佛陀頂禮，並且繞佛三匝後，才歡喜地離開。[16]

第三節　菩薩道必修布施、持戒、十善業

學佛的目的就是要成佛，也就是福德和智慧要修集圓滿，以達到四宏誓願所說的：「眾生無邊誓願度、煩惱無盡誓願斷、法門無量誓願學、佛道無上誓願成。」學佛可以讓我們越來越快樂解脫，幫助自己和眾生都能夠離苦得樂，以及福德和智慧都能增上。不瞭解佛教的人會以爲佛教是厭世的或消極的，其實那都是錯誤的觀念！

佛教因爲包含了佛菩提道與解脫道，也包含了大乘與小乘（或稱三乘菩提：大乘菩薩道和聲聞、緣覺二乘）。大乘佛教就是菩薩道，也就是佛菩提道，佛菩提道中也包含了小乘所修解脫道的內涵；佛菩提道就是從信受大乘佛教、信受大乘三寶開始修起，信具足以後開始修習六度波羅蜜多，乃至修學十度波羅蜜多，才完成佛道的修行，總共菩薩五十二個階位的修行。六度就是布施、持戒、忍辱、精進、禪

定（靜慮）和智慧（般若）這六度波羅蜜，乃至入地後也有十度。

在菩薩道中就是不停地利樂眾生、攝受眾生邁向佛道，而在利樂眾生的同時自己順便得到解脫，因此解脫道在菩薩道中也是副產品，可以順便得到的！所以學佛當菩薩的人一定會越來越快樂、解脫自在，福德也會越來越好！

在行菩薩道中累積福德最關鍵的方法就是布施、持戒，和十善、修定等生天之論；此三論是度眾生的基礎，並且也是讓我們生生世世都能不墮惡道而能順利地行菩薩道。因此 佛陀度眾生時往往先為眾生說施論、戒論、生天之論，有了此基礎之後才進一步說明實際修行的內涵法要，而我們依教奉行的話，也會因此有福德莊嚴而能讓我們在道業增上。

《優婆塞戒經》卷二〈二莊嚴品 第十二〉云：【所謂六念：念佛法僧、名智**莊嚴，念戒施天、名福莊嚴。**】

因此布施、持戒、生天之法乃學佛當菩薩者應該時常精進修行的。平實導師在《優婆塞戒經講記》第三輯第九十八頁中說：

修菩薩行，當然要念念想到布施，要隨時隨地布施：起了妄想，就把妄想布施掉；起了貪，就把貪布施掉；起了瞋，就把瞋布施掉。這樣子念施，對你不能得利嗎？財施上也一樣，得要常常念著有沒有機會利益眾生，有機會就做，這也叫作念施。

布施與持戒是初機學佛的基礎，但是對於證悟的久學菩薩來說，也是一樣的重要。佛在《大般若波羅蜜多經》卷八〈初分轉生品 第四〉說：

復次，舍利子！有菩薩摩訶薩從初發心乃至未得不退轉地，恒住施、戒波羅蜜多，於一切時不墮惡趣。

復次，舍利子！有菩薩摩訶薩從初發心乃至未得不退轉地，常不捨離十善業道。

復次，舍利子！有菩薩摩訶薩安住施、戒波羅蜜多，作轉輪王成就七寶，以法教化不以非法，安立有情於十善道，亦以財寶施諸貧乏。

在經文中 佛陀的意思是說，開悟明心的菩薩摩訶薩，從第一次發菩薩心開始到未得到不退轉地（初地或八地）時，因爲一直都行布施波羅蜜多與持戒波羅蜜多，所以這樣的菩薩永遠都不墮入三惡道中。另外開悟明心的菩薩摩訶薩也常不捨離十善業道，並時常布施眾生以及教化眾生修行十善。《維摩詰所說經》卷上〈佛國品 第一〉也說：

布施是菩薩淨土，菩薩成佛時，一切能捨眾生來生其國；持戒是菩薩淨土，菩薩成佛時，行十善道滿願眾生來生其國。

關於這段經文，平實導師在《維摩詰經講記》第一輯第二〇二～二〇三頁中有如此開示：

布施爲什麼會是菩薩的淨土呢？因爲菩薩在三大無量數劫中捨身、捨命、捨財、施法；以三種施利樂眾生，如果不作財物布施、無畏布施、佛法布施，他就不能成就淨土，因爲這三種布施是成就淨土的基礎。如果不作這三種布施，或是作了卻不圓滿具足，菩薩就無法成佛；乃至圓滿十地的布施而入了等覺位以後，還要整整一百劫之中全力修布施行。所以等覺菩薩最後百劫中，「無一處非捨命處，無一時非捨命時」，生命都可以捨了，何況身外之財？有這最後一百劫的內、外財布施，才能成就三十二大人相，每一相都是由無量的福德修集而成的。如果不在這百劫之中全意修集福德，三十二大人相就不能圓滿成就，因此這也是具足福德、成就常寂光淨土的基本條件。所以凡夫菩薩初學佛法，從十信位開始專修信心，一旦進入初住位就開始廣修六度萬行。可是六度萬行都以布施爲基礎，布施行若不成就，持戒行就不能成就。布施行不能成就，就會有貪，有貪就不能成就戒行。布施行不能成就，瞋無法布施出去，心中就會常常有瞋；把瞋布施出去以後，才能生起慈忍、悲忍，戒才有辦法持好。乃至愚癡無明如果不能布施出去、不能捨棄，對愚癡的因果不具足了知，或者不如實知，所以不能樂施，表示他的無明還沒有布施出去，他也是無法清淨的持戒，所以施是戒的基礎。戒又是忍的基礎，這樣一度一度互相含攝，每一度都含攝著其餘五度。

由此可知，施論、戒論、生天之論不僅是初機的學佛人行菩薩道的基礎，另外對久學菩薩也是很重要的，菩薩們應該努力實踐布施、持戒……等六度，並且應該以此三論努力教化眾生。

由此緣故，末學搜集經典、論典中的開示，配合 平實導師書中的內容，爲眾生略說此布施、持戒、生天之論；期盼能利益有緣的初機學佛人及久學菩薩們能夠福德日增、道業增上，由此具足次法而能早證菩提以及早成佛道。

第四節　諸佛度眾的次第：施論、戒論、生天之論

諸佛度眾的次第就是先講布施、持戒和生天之論。彌勒菩薩的《瑜伽師地論》卷十四中說：【又有三種爲諸樂欲增上生者所說眞實增上生道：一者、布施得大財富，二者、持戒得往善趣，三者修定遠離苦受，得生一向無有惱害樂世界中。】龍樹菩薩的《大智度論》卷十三〈序品 第一〉中也說：【佛言三事必得報果不虛：布施得大富，持戒生好處，修定得解脫。】

由此可知布施、持戒、生天之論是很重要的，這是正修佛道的次法基礎，若於此三論能夠接受奉行，接著才有機會修學實證二乘的解脫道乃至進修大乘的佛菩提道，所謂斷我見、我執，開悟明心、眼見佛性，乃至般若唯識種智等菩薩大法！而　佛陀度眾生的次第就是從施論、戒論、生天之論開始；假使聞法者聽到施

論、戒論以後就不能接受，佛陀就不再繼續說法，只講到戒論便不再演說生天之論。假使講到生天之論，聞者不能信受，佛陀便不再繼續講解脫道的苦、空、無常、無我之理，更不會再講佛菩提道。平實導師也在《金剛經宗通》第一輯第一八三～一八四頁中說：

菩薩因為世世修福，才能遇見眞正的大善知識，才能證得「法」而親見萬法的緣起；所以新學菩薩如果想要修證般若慧，一定得要先多修護持正法之福；不具備這個福德，就遇不到善知識，假使遇見了也還會錯過。如果善知識特別慈悲，一把將他抓住，所以他沒有錯過；但他證悟以後將來還是會誣謗善知識，還是會退轉。所以新學菩薩想要證悟而進入菩薩數中，一定得要同時修福。可是修二乘法就不需要福德嗎？亦不盡然。**在阿含中　佛度人證初果時是怎麼度的？佛陀都是先說施論、戒論、生天之論。**如果某人來到佛前，聽到　佛陀說要先學布施，他聽進耳朵就覺得很刺耳了；佛看到這個人聽不進去，那就只講到布施為止，不再往下講了。如果布施說了，他能聽得進去，再為他講戒法，以及持戒的因果，讓他下一世可以保住人身，不會下墮三惡道。如果戒也能聽得進去，眞的領受了，再爲他解說要如何行十善生欲界天，以及如何修四禪八定而往生色界、無色界天。假使這些還能聽得進去，才會告訴他五蘊虛妄而讓他證得初果。二乘菩提小法尚且要先說施論、戒論、生天之論，大乘的菩薩正法當然更是如此。所以即使是講眞實理的《金剛經》，佛陀也要爲大眾講布施。爲什麼連講理的經中都要說布施？爲什麼要這麼講？因爲佛要看你有沒有菩薩性。如果你聽了布施就生起煩惱，就會把《金剛經》執以爲虛而不是執以爲實，然後就說一切法空，全都是緣起性空；心中認爲五陰死後全都沒有了，成爲斷滅空了，全都是緣起性空。那就不用布施了，也不用修行了，所以 佛還是故意要講布施。

佛在《阿含經》中的確有非常多的經文提到施論、戒論、生天之論！例如《長阿含經》卷二：

時，菴婆婆梨女取一小牀於佛前坐，佛漸爲說法，示教利喜：**施論**、**戒論**、**生天之論**，**欲為大患**，**穢汙不淨**，**上漏為礙**，**出要為上**。爾時，世尊知彼女意柔軟和悅，蔭蓋微薄，易可開化，如諸佛法；即為彼女說苦聖諦，苦集、苦滅、苦出要諦。

時，菴婆婆梨女信心清淨，譬如淨潔白氎易為受色，即於座上遠塵離垢，諸法法眼生，見法得法，決定正住，不墮惡道，成就無畏，而白佛言：「我今歸依佛、歸依法、歸依僧，如是再三，唯願如來聽我於正法中為優婆夷，自今已後，盡壽不殺、不盜、不邪婬、不欺、不飲酒。」時，彼女從佛受五戒已，捨本所習，穢垢消除，即從座起，禮佛而去。

佛陀遇到初次前來學佛的眾生，不論對方是男眾與女眾、在家或出家，佛陀都先為他們說施論、戒論、生天之論，然後才進一步教導他們離開欲望和得解脫；不僅我們的本師 釋迦世尊是這樣子度眾生，甚至十方過去諸佛、現在諸佛也都是如此的教導眾生。如《增壹阿含經》卷十三〈地主品 第二十三〉：

時，王將四十億眾，男女圍繞，便詣燈光如來所。到已，頭面禮足，在一面坐；及四十億眾，各共禮足，在一面坐。是時，如來與父王及四十億眾漸說妙論，所謂論者：**施論**、**戒論**、**生天之論**，**欲為穢污**，**漏不淨行**，**出家為要**，**獲清淨報**。爾時，如來觀眾生意，心性柔和，諸佛如來常所說法，苦、習、盡、道，盡與彼四十億眾廣說其義，即於坐上，諸塵垢盡，得法眼淨。時，四十億眾白燈光如來曰：「我等意願剃除鬚髮，出家學道，大王當知。」爾時，四十億眾盡得出家學道，即以其日成阿羅漢。

從這兩段經文中我們可以看出，佛陀不論面對哪一位眾生，都先教導對方「**施論、戒論、生天之論，欲為大患，穢汙不淨，上漏為礙，出要為上。**」

也就是布施、持戒、修十善生欲界天之理論；然後告訴眾生欲望是有許多過失的，是污穢不清淨的，因此要出離欲界愛的繫縛得證禪定；並且要遠離色界愛，乃至以出離三界爲首要目標。如果眾生心性很柔和都能夠接受，這樣善根成熟的眾生，接著 佛陀才會爲對方說苦集滅道等四聖諦之法，讓對方斷我見成爲初果的「法眼淨」。接著 佛陀再爲對方作三歸依和受持五戒，因此我們也要這樣度眾生。所以接著我們先來講布施之論。

1 〈前世今生——輪迴的故事〉http://www.youtube.com/watch?v=xqRrERV yx5A（擷取日期：2012.12.24）

2 引用自新聞網 http://taiwantt.org.tw/taiwanimpression/2010/20100615-7.htm（擷取日期：2012.12.02）

3 Ian Stevenson, M.D., "Twenty Cases Suggestive of Reincarnation", American Society for Psychical Research, September 1966.

4 介紹全文引用自大紀元文化網：http://tw.epochtimes.com/b5/2/10/22/c9130.htm（擷取日期：2012.12.02）

5 Ian Stevenson, M.D., Where Reincarnation and Biology Intersect, Paeger Publishers, 1997.

6 影片全文 http://blog.udn.com/bluest1937/2690988（擷取日期：2012.12.02）

7 全文網站：http://www.amtfweb.org/costeffect/trueofreincarnation.htm（擷取日期：2012.12.02）

8 URL（本文網址）：http://big5.soundofhope.org/node/194569（擷取日期：2012.12.02）

9 《入楞伽經》卷八〈剎那品 第十四〉：「所謂八識：何等爲八？一者阿梨耶識，二者意，三者意識，四者眼識，五者耳識，六者鼻識，七者舌識，八者身識。」（《大正藏》冊十六，頁 559，中 22-25）
《入楞伽經》卷七〈佛性品 第十一〉：「大慧！阿梨耶識者，名如來藏，而與無明七識共俱，如大海波常不斷絕，身俱生故；離無常過，離於我過，自性清淨。餘七識者，心意意識等念念不住，是

生滅法，……」（《大正藏》冊十六，頁 556，中 29-下 5）

10 正覺教團電視弘法《三乘菩提系列—學佛正知見》第四十九集：由正光老師主講：「意根攜著第八識來投胎，第八識就可以執持受精卵；也因爲第八識有大種性自性，祂可以接觸物質、攝取物質而長養這個五根身，有了五根身及意根之後就有六根了。」

http://www.enlighten.org.tw/dharma/2/49

11 《長阿含經》卷十：

「阿難！緣識有名色，此爲何義？若識不入母胎者，有名色不？」答曰：「無也。」

「若識入胎不出者，有名色不？」答曰：「無也。」

「若識出胎，嬰孩壞敗，名色得增長不？」答曰：「無也。」

「阿難！若無識者，有名色不？」答曰：「無也。」

「阿難！我以是緣，知名色由識、緣識有名色。我所說者義在於此。阿難！緣名色有識，此爲何義？若識不住名色，則識無住處；若無住處，寧有生、老、病、死、憂、悲、苦惱不？」答曰：「無也。」

（《大正藏》冊一，頁 61，中 8-17）

12 一大劫指的是一個星系從出生到毀滅的時間，也就是經過成、住、壞、空這四個中劫。是非常久遠的時間，也許是幾百億年。

13 過去很多劫沒有佛出世，而我們這一劫有千佛出世叫作賢劫。釋迦牟尼佛是賢劫第四尊佛，第五尊佛是當來下生 彌勒尊佛，將在五億多年後才會出世成佛。

14 八難指的是身在地獄、餓鬼、畜生、長壽天、邊地或生在佛前佛後等無法聽聞佛法的地方，或是生下來就盲聾瘖瘂難或者世智辯聰不信佛法。

15 《佛說輪轉五道罪福報應經》：【佛語阿難：「此經名爲輪轉五道，亦名罪福報應。若有善男子、善女人，諷誦宣傳，功德無量，當見禮侍賢劫千佛，奉侍供養，不墮三塗八難之處，得戒定慧。」】（《大正藏》冊十七，頁 564，下 10-13）

16 《佛說輪轉五道罪福報應經》：【聞如是 一時佛在迦維羅衛國釋氏精舍，與千二百五十比丘俱。九月本齋，一時畢竟，佛從禪室出，往至舍衛國祇樹給孤獨園。二國之間，有一大樹，名尼拘類樹，高百二十里，枝葉方圓，覆六十里。其樹上子，數千萬斛，食之香甘，其味如蜜，甘果熟落，人民食之，眾病除愈，眼目精明。佛坐樹下，時諸比丘，取果食之。佛語阿難：「吾觀天地萬物，各有宿緣。」阿難即前爲佛作禮，長跪白佛言：「何等宿緣？此諸弟子，願欲聞之，唯具演說，開化未聞。」佛告阿難：「善哉！善哉！若樂聞者，一心善聽。」佛語阿難：「夫人作福，譬如此樹，本種一核，稍稍漸大，收子無限。人而豪貴，國王長者，從禮佛事三寶中來。爲人大富，財物無限，從布施中來。爲人長壽，無有疾病，身體強壯，從持戒中來。爲人端正，顏色妙好，輝容第一，身體柔軟，口氣香潔，人見姿容，無不歡喜，視之無厭，從忍辱中來。爲人修習，無有懈怠，樂爲福德，從精進中來。爲人安詳，言行審諦，從禪定中來。爲人才明，達解深法，讚歎妙義開悟愚蒙，人聞其言莫不諮受，宣用爲珍寶，從智慧中來。爲人音聲清徹，從歌詠三寶中來。爲人潔淨，無有疾病，從慈心中來。」阿難白佛：「云何爲慈？」佛語阿難：「一慈眾生，如母愛子；二悲世間，欲令解脫道意；三心常歡喜；四爲能護念，一切不犯。是爲慈心者也。」佛語阿難：「爲人長大，恭敬人故。爲人短小，輕慢人故。爲人醜陋，喜瞋恚人故。生無所知，不學問故。爲人專愚，不教人故。爲人瘖瘂，謗毀人故。爲人聾盲，不喜聽受經法故。爲人奴婢，負債不償故。爲人卑賤，不禮三寶故。

爲人醜黑，遮佛光明故。生裸國中者，喜輕衣搪揬塔寺精舍故。生馬蹄國中者，喜著屐佛前行故。生穿胸人國中者，布施作福，悔惜心故。生麞鹿麑麂中者，喜驚怖人故。生墮龍中者，喜調戲人故。身生惡瘡，治之難差者。喜鞭打衆生，不以理故。人見歡喜者，前生見人歡喜故。人見不歡喜者，前生見人不歡悅故。遭縣官繫閉牢獄，杻械其身者。前世爲人，籠繫衆生，不從意故。爲人脣缺者，前世釣魚，魚決口故。聞好言善語，心不樂聞，於中兩舌，亂人聽受經法者，後墮耽耳狗中。」佛語阿難：「世有愚人，聞說法語，心不餐採，後墮長耳驢馬之中。慳貪獨食，不共飢者，食後墮餓鬼中；出生爲人，貧窮飢餓，衣不蓋形，食不供口。好食自噉，惡食施人，後生猪豚蜣蜋之中。喜劫奪人物者，後墮羊中，生剝其皮，償其宿罪。好喜殺生者，後爲水上蜉蝣蟲，朝生暮死。好喜盜人財物者，後墮奴婢牛馬之中，償其宿債。好喜婬他妻女者，死入地獄，男抱銅柱，女臥鐵床；從地獄出常生下處，當墮鷄鴨中。好喜妄語，傳人惡事，死入地獄，洋銅灌口，拔出其舌，以牛犁之。出墮鵄梟鵂鶹鳥中，人聞其鳴，莫不驚怖，皆言變怪，呪令其死。喜飲酒醉犯三十六失者，死墮沸屎泥犁之中。出生墮狌狌中，後還爲人愚癡，生無所知。夫婦不相和順，數共鬪諍，更相驅遣，後墮鳩鴿中。貪人力者，後墮象中。」佛語阿難：「州郡令長，食官爵祿，或人無罪，或私侵人民，錄名繫縛，鞭打捶杖，強逼輸送，告訴無地，枷械繫閉，不得寬縱；後墮地獄中，身受苦痛，數千億歲，罪畢乃出，當墮水牛中；貫穿其鼻牽船挽車，大杖打撲，償其宿罪。」佛語阿難：「爲人不淨，從猪中來。爲人慳貪不能廉潔，從狗中來。爲人剛強很戾自用，從羊中來。爲人腥臭，從魚鼈中來。爲人兇惡含毒心難解者，從蝮蛇中來。好喜美食，喜殺害衆生，無有慈心者，從豺狼狸鷹中來。爲人短命，胞胎傷墮，生世未幾，而早命終，墮在三塗，數千萬劫。」佛言：「此輩前世爲人，好喜射獵，焚燒山澤，探巢破卵，施捕魚網，殺一切衆生，貪其皮肉，以自食噉，多短命報；世世累劫無有出期，慎之！慎之！痛不可言。」佛語阿難：「凡作功德，皆應身爲，燒香福會，轉經行道，不得倩人，呪願若虛，如倩人食，豈得自飽能不饑耶？若燒香、鮮潔、逮薩、云若、香攝一切相，然燈續明，得三達智，無所罣礙，燒香齋食，讀經達嚫，以爲常法。布施得福，諸天接待。萬惡皆却，眾魔盡除，無敢當者。懈怠之人，安隱諧偶，無精進心，一朝疾病。有不吉利，便欲燒香，方云作福，諸天未降。眾魔故前，競共嬈觸，作諸變怪。以是之故，常當精進，罪福隨身，如影隨形。植種福者，亦如尼拘類樹，本種一核收子無限，施一得倍萬，言不虛也。」佛時頌曰：「賢者好布施，天神自扶將，施一得萬倍，安樂壽命長；今日大布施，其福不可量，皆當得佛道，度脫於十方。因緣合會誰爲親，五戒十善除去瞋，不望他許自爲親，世間榮樂如浮雲；展轉五道如車輪，莫計壽命惜金銀，天地尚壞何況身，奉持經戒是大珍，勿貪財色辱悞人，三界眾生如群羊，來去五道身壞傷，命速流水何有常；作惡甚近受罪長，泥犁地獄沸鑊湯，制心剛意離禍殃，犯罪入中痛難當。」佛告阿難：「世人無智，生死肉眼不知罪福，吾以道眼，覩無數劫，乃至今身，罪福應報，猶觀掌中瑠璃珠，內外明徹，無狐疑想。」阿難前整衣服，爲佛作禮，而白佛言：「演說此經，當何名之？」佛語阿難：「此經名爲輪轉五道亦名罪福報應。若有善男子、善女人諷誦宣傳，功德無量，當見禮侍賢劫千佛，奉侍供養，不墮三塗八難之處，得戒定慧。」佛說經竟。五百比丘，漏盡意解。七百比丘尼，得須陀洹道。八百羅漢，得菩薩道。諸天龍神，是時樹下，清信士萬二千人，清信女六千人，悉履道迹。諸比丘、比丘尼，優婆塞、優婆夷，皆得阿那含道。天龍鬼神，世間人民，聞佛說法，皆言善哉。即起作禮，遶佛三匝，歡喜而去。】（《大正藏》冊十七，頁 563 中 19-頁 564，下 20）

第二章　布施之論

第一節　為何要修布施？

布施在佛法中的定位是非常重要的！俗話說：「天下沒有白吃的午餐！」又云：「一飲一啄，莫非前定。」也就是說，就連一隻雞，牠飲一滴水，啄一粒米，都有過去生的因緣。而我們每一個人一輩子都爲了賺錢養家活口，爲了準備退休金而努力賺錢。古德云：「人人知道有來年，個個盡種來年穀；人人知道有來生，何不修取來生福？」人爲了明年、後年、晚年的生活都會努力存錢了，何況是未來世，更應該也要努力準備自己的福報。所以布施就像在投資一樣，是爲了修集未來世的福德；布施也像種田播種一樣，果報收割是在未來世。現在多布施，未來世就能遠離貧窮；就像現在勤儉存錢作有利的投資，晚年就有比較多退休金可用，這是一樣的道理。

第一目 貧窮是苦惱法

所以如果有人問：「為什麼學佛還要修布施呢？」因為貧窮是苦惱法啊！貧窮的人為三餐奔忙辛苦，每天煩惱的事情就是柴米油鹽醬醋茶、水電瓦斯、管理費的錢付不付得出來。貧窮的人就是因為過去生沒有作布施，因此此生得財不易，要受飢寒之苦或奔波勞累之苦。貧窮的人因為比較辛苦勞累，所以容易生病，但生了病也沒錢看醫生，因此俗話說：「貧病交迫。」貧窮的人沒錢買足夠的衣服、飲食，因此衣食缺乏導致衣不蔽體、食不充飢，所以外表也不會好看。貧窮的人因為要為五斗米折腰，總是要卑躬屈膝地乞求別人施捨，因此地位又下賤，常常被人看不起或欺負；因此俗話說：「貧賤夫妻百事哀」。總之貧窮的人所受的苦惱眞的比較多，不容易學佛。

所以一般人布施的目的是要脫離貧窮，脫離貧窮後不僅利益自己，同時也可以利益眾生。常布施的人未來世的福報會很好，菩薩生生世世行菩薩道，因此需要很多世間福德當作工具，成爲修道的道糧，因此也是廣修布施行，這樣可以利用未來的這些福報來幫助許多有緣眾生。佛在《摩訶般若波羅蜜經》卷二十六〈畢定品 第八十三〉中說到菩薩是這樣教化慳貪吝嗇之眾生的：

爲慳者如是說法：「諸眾生！當行布施，貧窮是苦惱法，貧窮之人自不能益，何能益他？以是故，汝等當勤布施，自身得樂，亦能令他得樂。莫以貧窮故，共相食噉，不得離三惡道。」

佛陀常常爲慳貪吝嗇不肯布施的人說：「各位眾生！您們應當行布施，因爲貧窮是苦惱法，貧窮的人不能利益自己，更何況利益他人呢？因爲這個緣故，您們應當努力精勤地布施，這樣自己身心才能得樂，也能夠讓他人得到快樂。不要因爲貧窮的緣故，而互相的殺害吃掉對方，因此而無法離開三惡道。」

龍樹菩薩在《大智度論》卷十二〈序品 第一〉中也說：

菩薩思惟：「眾生不布施故，後世貧窮；以貧窮故，劫盜心生；以劫盜故，而有殺害。以貧窮故，不足於色；色不足故而行邪婬。又以貧窮故，爲人下賤；下賤畏怖而生妄語——如是等貧窮因緣故，行十不善道。若行布施，生有財物，有財物故不爲非法。何以故？五塵充足，無所乏短故。」

也就是說，菩薩會這樣思惟：「眾生因爲不布施的緣故，導致未來世貧窮；因爲未來世貧窮的緣故，就生起偷盜搶劫之心，而殺害了其他眾生。又因爲貧窮的緣故，所以得不到眷屬無法娶親，因此而生邪淫。又因爲貧窮的緣故，地位低下恐懼而常常妄語。所以因爲貧窮的因緣導致常常作惡多端，所行皆是與十不善業道相應。如果有修行布施，那未來就會有很多財物，就不會因此做非法造惡之事。這是什麼道理呢？因爲有福而五塵充足，因此於此心中是無所乏短的緣故。」總之因爲慳吝心性而成爲貧窮的果報，這樣繼續下去真的是很不好，因此我們要努力布施。

第二目　布施的利益

在《大智度論》中也有提到布施有許多利益。布施從音譯來說，又稱爲「檀」，布施的福業就像寶藏，常常追隨著施主；布施可以破壞痛苦的過失，能夠讓人得到快樂；布施是善法，能夠攝受善人，與善人結緣；布施能夠讓眾生安隱，臨終的時候心無恐懼怖畏；布施就像大將軍，能夠降伏慳吝的敵人；布施是善妙的果報，天人都很愛樂布施；布施是清淨的法道，賢聖們所追求的道路；布施是積善福德的大門，是建立度眾的因緣……；總之布施的功德無量，是聖人大士和智者之所行的。

而世間就如同失火的屋宅之家，有智慧的人，明白認識到這樣的形勢狀況，在火還沒有燒到此處時，就急著把財物搬出去；後來屋宅雖然燒盡了，但財物都還在，然後才再重修屋宅。愛好布施的人也是如此，因爲知道我們這個色身是危脆的，財物是無常的；修福的時候就如同在火災中把財物搬出去，後世受到快樂就如同這個人重新整修屋宅一樣，財物依舊存在而搬回屋裡去。而愚癡的人就只知道保護著屋宅，急忙間營救不及，不知火勢而全部燒盡，屋宅也沒了，財物也沒了，只好飢寒受凍，憂苦的過完一生；這就譬如很慳吝的人也是如此，不知道身命無常，也許很快的就死亡了，而卻一直積聚錢財守護愛惜著不肯布施，不肯爲後世植福，直到無常到時忽然死了，卻什麼福報也沒有，這樣的愚癡人未來只好過著憂苦的生活。

愛好布施的人，會受到眾人所尊敬，如月亮剛出來一樣，大家無不愛者；布施會得到好的名譽，周聞天下，人人皆歸依景仰，他所說的話人們都會相信。愛好布施的人，地位尊貴的人也會時常想念著他，地位下賤的人也會尊敬他。我們要知道往來在六道輪迴中，其實沒有眞正的親人可以依靠，唯有行善布施能讓我們生在善處，或往生到天上或在人間。在人間當象、馬，得到人類妥善照顧，又如寵物等被養的畜生，優於其他畜生道有情，這也都是因爲布施所得到的果報。

布施的果報就是未來世富裕歡樂，持戒的人未來可以生到天上；靜慮禪思智慧讓心清淨的人，未來可以得到涅槃解脫的快樂；而布施也是得到解脫涅槃的資糧，歡喜的緣故得到一心，一心觀行五陰無常而得到解脫。就好像一個人要求得樹蔭，先要種樹；而要求得花、果實，也必須先種植；布施也是如此，今世後世得到快樂……，這些都是布施的利益。[1]

布施不僅可以讓我們未來安居樂業，生生世世都富裕快樂，過著幸福快樂的日子！而我們每個眾生都有第八識如來藏，我們所造的一切善業都會存在如來藏中，所以我們**學佛行菩薩道，就不斷地行布施、持戒、忍辱、精進、禪定、智慧**

等六度，累積了許多福德和智慧，這些福德種子都存在我們各自的如來藏中帶去未來世實現，這樣未來世種子現行時我們就會很有福報！所以像正覺講堂有許多菩薩今生福報很好，生活富裕、有錢有閒又有許多法眷屬——菩提眷屬，就是因爲過去生常常行布施的關係。例如像 平實導師那樣的大菩薩，平實導師這一生四十幾歲錢賺夠了就退休了，而且智慧很高、證量很高，所以肯定是過去生常布施的久學大菩薩——他是一位從小時候就喜歡布施的人。

第二節　布施得富裕快樂之果報

佛陀在許多經典中都提到布施的果報就是富裕，如《佛說罪福報應經》云：「爲人大富，財物無限，從布施中來。」

另外在《中阿含經》卷四十四〈根本分別品　第二〉中也說：

摩納！何因、何緣男子女人無有財物？若有男子女人不作施主，不行布施，彼不施與沙門、梵志、貧窮、孤獨、遠來乞者飲食、衣被、華鬘、塗香、屋舍、床榻、明燈、給使。彼受此業，作具足已，身壞命終，必至惡處，生地獄中；來生人間，無有財物。所以者何？此道受無財物，謂男子女人不作施主，不行布施。摩納！當知此業有如是報也。摩納！何因、何緣男子女人多有財物？若有男子女人作施主，行布施，彼施與沙門、梵志、貧窮、孤獨、遠來乞者飲食、衣被、花鬘、塗香、屋舍、床榻、明燈、給使，彼受此業，作具足已，身壞命終，必昇善處，生於天中；來生人間，多有財物。所以者何？此道受多有財物，謂男子女人作施主，行布施。摩納！當知此業有如是報也。

白話解釋如下，佛陀說：

摩納！是什麼因、什麼緣，令男子或女人貧窮困乏？如果有男子或女人吝嗇小器不肯布施，他（她）不肯惠施飲食、衣被、醫藥、房舍、床榻、明燈、僕役等等民生必需用品與僧伽、離欲清淨的修行人、窮人、病人、孤苦無依的人、從遠地方來的人等等，這樣的人造作並累積了這樣的惡業，死後便會往生貧瘠的地方，於地獄中再生，若轉生到人間時，將貧窮潦倒。

摩納！是什麼因、什麼緣，令男子、女人財富無限、富裕多金？如果有男子或女人慷慨大方、歡喜布施，他（她）樂於惠施飲食、衣被、醫藥、房舍、床榻、明亮的燈光、奴僕勞役等等民生必需用品與僧伽、離欲清淨的修行人、窮人、病人、孤苦無依的人、從遠地方來的人等等，這樣的人造作並累積了這樣的善業，死後便會往生福樂富饒的地方，往生到天上，若轉生到人間時，將財富無限、富裕多金。

由此可知，貧窮的原因是因爲往世不布施的關係！而富裕的原因是因爲往世有作大布施。而我們現在看到國內或國外都有許多超級有錢的大企業家，他們會把自己的財產半數甚至百分之九十捐出來作慈善，也許他們往世就有這樣布施的習慣了，因此今生可以富裕；加上今生又這樣布施，下輩子又可以繼續當有錢人。

第一目　佛典故事：一億里——布施成富豪的故事

接著我們就來看看布施未來世得到大富的故事，選自《雜譬喻經》：

在過去居住在王舍城中的人民，大多過著富裕的生活。王舍城裡的人，依家產多寡分爲九品，這九品各別居住於不同的鄉里，彼此是不相互交錯雜居的。其中有個安樂富足的鄉里名爲「一億里」，居住此里的人都擁有一億以上的家產。

當時有一位居士，很嚮往能住進一億里內，爲了達成目標，他總是拼命工作、勤儉持家，用各種方法存錢。就這樣過了數十年清苦的日子，居士累積了九十萬數的財產，但是還未滿一億，但卻在此時生重病而知道自己命不久矣。他有一個才七、八歲的兒子，所以臨終前，他告訴妻子：「**我的兒子還小，將來長大以後，就給他現在的財物，讓他以此廣行治生之道，希望能夠成爲擁有一億家產的富翁。這樣必定居住在那個一億里的地方，這樣來成全我生存之遺願啊！**」當他說完了這個遺願以後，就捨壽死亡了。

居士婦將居士的喪事辦完以後，就帶著兒子去看家中的財寶，展示這些寶物並告訴他說：「**你的父親的遺言囑咐，就是必須要你長大以後，將來你一定要努力賺錢，再具足一十萬就可以滿一億了，等湊得一億元，我們就可以住進一億里。**」

兒子聽完母親的話，回答母親說：「媽媽，您放心！何必需要等到我長大？現在就將財產交給我來處理，很快我們就能住進一億里了。」於是母親將財產交給兒子。想不到童子得到這筆錢財後，竟大行布施，供養三寶、周濟貧戶，不到半年光景，所有的家產幾乎散盡。母親因此憂愁苦惱，怪自己的孩子這樣的作爲。這時童子竟在此時得了重病，不過短短時間便死亡了。童子的母親失去了財產，又逢喪子之痛，心懷傷心欲絕的憂愁而想念著兒子。

在一億里中，有一位最富裕的首富，擁有八十億財產，卻仍膝下無子，於是童子就投生到他們家中，成爲首富與他的大夫人之兒子。大夫人懷胎滿十個月後，童子出生，非常端正聰明而且記得宿命，但親生媽媽親自抱著餵奶他也不肯進食，以及所有婢女及請來的保姆，誰來抱養他也都是如此。夫妻倆焦慮萬分，到處探尋良策。事情很快地傳開了，每天都有不少人來試著餵食，然而都是無功而返。

童子前世的母親聽聞這個消息後，也好奇地前去富豪家中嘗試。她一看到這個嬰兒就很愛他，一抱著嬰兒，嬰兒馬上就開口要食。首富長者非常的高興，就重金僱用兒子的前母，使得她來養護自己的兒子。首富長者於是與大夫人協議說：

「我們的這個兒子不論誰抱他都不肯飲食，只有這位婦人抱他才歡喜肯飲食。我現在想要迎娶她進來當小夫人，讓她養育我們的孩子，不知是否可以呢？」大夫人聽了隨即答應，並且以厚禮為聘，將她迎娶進來，又另作屋宅分給她許多財產讓她無所匱乏。童子的媽媽果然如願的住進一億里中照顧這位嬰兒，這時抱在懷裡的嬰兒，忽然開口說話：「您不認識我了嗎？」婦人聽到這聲音，又驚又恐而說：「我不認識！」嬰兒又說：「我就是您往生的兒子啊！當初取母親九十萬分別布施，因為布施財物的福報，如今我投生到一億里的富貴人家，與您共同來作這八十億的主人，這樣就是不用勞力就可以得到福德，您看這就是布施功德的不可思議啊！」這個母親聽到這樣的話，既是悲傷也是歡喜。

嬰兒長大後，於一億里地區之中推行大乘佛法，並引導度化鄉里的民眾廣修供養、行菩薩道。因此之故，所謂：「正使億千出之，一邑里能為室舍，安諸施以道，菩薩所入如是。」[2]

由此可知，想要未來世有富裕的果報，就是今生努力布施，而不是一直賺錢

把錢財積聚在身上，應該要學此篇故事中的菩薩或古今中外的大富豪一樣，把大部分的財產拿來救濟衆生，如此未來世還是一樣富裕；並且我們也要學菩薩那樣弘揚佛法，度衆生一起廣修布施、行菩薩道。

第二目　迦旃延尊者教導老婦人把貧窮賣出去

從前面的故事我們可以發現，菩薩布施財物後得到富裕的果報之後，主要還會教導衆生佛法以及行菩薩道，因爲如此才能夠眞正的利益到衆生，這個法則我們也可以在其他的菩薩身上看到。

在《賢愚經》中有一個故事：

這是發生在佛世時候的阿梨提國中，那時彼阿梨提國之中，有一個財寶多饒的大長者，但是這個大長者心性乃是慳貪暴惡，根本無有慈愍之心。有一位年老可憐的老婦人，她是這位大長者家中的奴婢，日夜都奔忙被這長者使喚，沒有一刻休息的時間，如果一有做錯什麼小事就要被鞭打，非常的可憐瘦弱、她是衣不蔽體，而且也都沒有吃飽來應付她消耗的體力，這樣年老困悴，想死也死不得。

有一次她拿著瓶子要到河邊裝水，想著自己年老困頓，生不如死，於是痛哭了起來。這時 佛陀的十大弟子，「論議第一」的大迦旃延尊者剛好來到了這個地方，迦旃延尊者就問這位老婦人說：「老太太啊！您為何那麼的傷心難過呢？」老婦人說：「尊者！我那麼年老又要長時來作這苦役，加上自己又那麼貧窮，衣食都缺乏，想死也不能死，所以在這邊哭泣。」於是迦旃延尊者就跟老婦人說：「您既然那麼貧窮，為什麼不把貧窮賣出去呢？」老婦人問說：「貧窮可以賣嗎？誰要來買貧窮呢？」尊者回答：「貧窮眞的是可以賣出去。」就這樣，老婦人與大迦旃延尊者同樣問答來往三次。

老婦人心想：如果可以把貧窮賣掉，我一定要問尊者如何做，要用什麼方法來賣？於是就問說：「大德尊者！貧窮該怎麼賣呢？」迦旃延尊者回答：「如果您眞的想要把貧窮賣出去，就隨我所說而回答：『是的，我願意！』」迦旃延尊者又說：「首先您先沐浴清淨。」老婦人洗澡清淨後，尊者又告訴她：「您應該要布施。」老婦人回答說：「尊者！我那麼貧窮，身無分文、乃至些許絲毫的完物都沒有，即使手中有這個瓶子，也是大長者的，我該怎麼布施呢？」尊者這時就把自己的缽拿給老婦人，並且說：「您拿這個缽去取一些清淨的水。」於是老婦人就如尊者所教，取了清淨的一缽水供養了迦旃延尊者。尊者很慈悲地接受，並且爲她祝願，接著教導她要持齋吃素，最後教她念佛的種種功德。然後又問她：「您有固定的住處嗎？」老婦人回答：「沒有！因爲都要一直作事，如果今天在磨坊工作，當天即在磨下臥眠；如果今天的工作是舂米、炊煮來作使，當天就在那個地方休息臥眠；或者有時作完了而無事的話，就睡在糞堆旁。」

尊者說：「您回去要好好地持守您的心念，恭敬勤勞地爲主人做事，千萬別生起瞋恚嫌恨之心，自己伺候大長者及諸大家直到他們睡著後，您安靜小聲地打開門進到室內，在室內鋪設清淨的草座，然後您靜靜地思惟念佛、觀佛，不要生起惡念。」老婦人聽了就回去，按照尊者的教導而實踐，在後半夜的時候她就命終往生到忉利天了[3]。

第二天大長者早起發現老婦人死了，很生氣地說：「這個奴婢平常都不會進入屋宅中，怎麼今天卻死在這裡？」於是就請人用草繩綁住老婦人的腳，把她的遺體拖到森林中丟棄。這時在忉利天中，有一個天子有五百天女作爲他的眷屬，宮殿非常華麗莊嚴。這位天子福報享盡、壽命結束了，而這時老婦人就接替他的位子，生天成為天子。在天道中，如果利根的天人會知道自己出生為天人的因緣，鈍根的人只知道享樂。

老婦人生到天中與五百天女享樂，不知道自己出生天界的因緣。這時「智慧第一」的舍利弗尊者，正好也在忉利天中，知道這個天子生天的因緣，於是就問他說：「**天子！你知道自己是什麼福德因緣生在此天當中嗎？**」對方答言：「**不知。**」於是舍利弗尊者用神通讓他看見自己生天的福德因緣，原來是來自迦旃延尊者的幫助。於是天子就帶著五百天女一起來到了這個森林，散花燒香、供養老婦人的死屍。

很多天人的光明普照著村莊和森林，長者與大家看見了這些變化都覺得很奇怪，不知道事情的由來為何，於是所有人呼朋引伴地前來此林中觀看，看見許多天人在供養這個老婦人的屍體。大家就問天人說：「**這個奴婢又醜又污穢，在世生存的時候沒有人喜歡看見她，何況她今天已經死了。是什麼緣故諸位天人要供**

養她呢？」這時這位老婦人轉生的天子就詳細地說明了生天的因緣，說完後就帶著五百天女一起到迦旃延尊者的處所。這時迦旃延尊者就爲諸天人們，廣說許多佛法，所謂：「**施論、戒論、生天之論，欲不淨法，出離爲樂**。」這時這位天子與五百天女，斷了三縛結得法眼淨成了初果人，然後就飛回到天宮。此時在會中聽聞到此法的大眾們，各各道業增上，乃至有人得到了四果阿羅漢，皆非常歡喜，頂戴奉行，敬禮而去。[4]

俗話說：「**給他魚吃，不如教他怎麼釣魚**。」意思是說我們給眾生錢財，不如教他們怎麼獲得錢財的方法；菩薩道也是同理可證，我們布施眾生錢財，不如也教眾生布施。從這一篇「老婦賣貧」的故事我們可以發現，菩薩布施時還會教導眾生佛法，就像迦旃延尊者也教導了老婦人要布施，讓老婦人有福報生天，並且又再度教導她「施論、戒論、生天之論，欲不淨法，出離爲樂」，使他們道業增上，甚至得到了解脫的果位。

第三目 聽聞佛法的功德比賺幾百億還重要

由上一篇故事，我們可以知道布施除了未來果報好，在人間富裕或生天享福外，重要的是我們還要聽聞佛法熏習正知見，然後繼續依照佛法的教導行布施之法，乃至證得解脫果及佛菩提果；因此聽經聞法的功德很大，獲得的利益是超越世間一切事物的，所以我們應該也要排除萬難來聽 平實導師講經，因爲大菩薩在世間弘法很難得，如果我們錯過了那就太可惜了。

而 佛陀也說聽聞《法華經》的功德無量[5]，福德超過布施給無量億世界的無量眾生。這是眞的！我們要相信佛語！如果您還不相信的話，末學再舉一個《雜寶藏經》的故事，故事的大意如下：

在佛世的時候，佛陀的姨母大愛道比丘尼想要供養 佛陀一件自己親手織的金縷衣，佛陀想要讓姨母得大功德，於是告知她供養僧眾就等於是供佛了，因爲供養眾僧的福田，乃是廣大無邊，因此勸姨母大愛道比丘尼將此金縷衣供養僧寶。所以大愛道比丘尼次第供養僧團的上座，但大家都不敢收！後來只有 彌勒菩薩接受了。彌勒菩薩穿著金縷衣走在路上，因爲他有三十二大人相，紫磨金色身，所以眾生都爭著來觀看他，但沒有人來供養飲食。後來有一位穿珠爲業的師傅看到眾人沒有要供養 彌勒菩薩，於是跪請 彌勒菩薩到家中，親自供養 彌勒菩薩飲食。彌勒菩薩用完齋後，這時穿珠師就鋪設了一個小座位坐著，請求 彌勒菩薩爲他說法。

彌勒菩薩有四辯才力，爲他說種種妙法，穿珠師聽了非常高興、無有厭足！剛好這時有一位長者要嫁女兒，要雇用穿珠師幫他把寶珠縫上新娘服，以十萬金錢當作酬勞！穿珠師當時聽法正聽得很專心，於是就跟對方說晚點再去；但長者很急，派人三次要求穿珠師，但因穿珠師很認眞聽法而都拒絕了。所以長者生氣了就把十萬金錢拿走。穿珠師的妻子知道這件事後就生氣地罵穿珠師說：「你爲什麼不花那麼一下子的時間去幫忙穿珠來賺十萬金錢，竟然在這邊聽道人說法呢？」穿珠師聽了心裡面起了煩惱，彌勒菩薩知道他心中的不滿，於是就問他說：「你能不能跟著我回到寺院中？」對方答言：「能。」於是 彌勒菩薩就帶他往僧坊中去了。

然後 彌勒菩薩就問上座大阿羅漢們說：「如果得到十萬金的金錢跟聽聞佛法比，哪個功德比較大？」結果上座的憍陳如尊者跟他說：「你布施給一位持戒的人一碗飲食就勝過得到十萬金錢，更何況是認眞地聽佛法，那功德更大超過百千萬倍。」

他們又問第二上座阿羅漢，對方說：「布施一個持戒人一碗飯勝過得到十萬台車子中裝滿那麼多的金錢，更何況是認眞聽法一段時間！」他們又問第三上座阿羅漢，對方答言：「布施一個持戒人一碗飯勝過十萬個房舍裝滿那麼多的金錢，更何況是認眞聽法，那功德更大超過百千萬倍！」

又問了第四上座，對方說：「布施一個持戒人一碗飯勝過得到十萬個國家中裝滿那麼多的金錢，更何況是認眞聽法，那功德更大超過百千萬倍！」

彌勒菩薩帶著這個穿珠師，就這樣一個接著一個地請問諸上座大阿羅漢，乃至最後問到阿那律尊者，阿那律尊者跟他說，「如果有人得到遍滿四天下那麼多的金銀財寶，也不如布施一位持戒人一碗飯，更何況是認眞聽聞佛法！」

於是 彌勒菩薩接著就請阿那律尊者講他自己過去世有關這個布施法義的本生故事，讓這位穿珠師瞭解。

我們由此可知，聽經聞法的功德是非常大的，尤其是聽聞正法！所以我們應該要想盡辦法空出時間來聽 平實導師的週二講經[6]，就算您賺幾百億美元的生意也比不過遍滿四天下的金銀財寶吧！因此聽聞 平實導師講經比較重要！幾百億美元對地球來說，不過只是一點點的財富！（全球一年的GDP－生產總值－超過五十兆美元）而且只能暫時享用一世。

究竟布施供養一位持戒比丘一碗飯，這功德有多大呢？是不是眞的勝過得到四天下那麼多的金銀財寶呢？請繼續看《雜寶藏經》[7]這個阿那律尊者的本生事蹟。

第四目 佛典故事：阿那律布施得九十一劫富裕快樂

接續著剛剛的佛典故事，佛陀十大弟子中「天眼第一」的阿那律尊者以自己爲證，用宿命通回憶起：

九十一劫以前，有一位長者生了兩個兒子，長子名叫利吒，次子名為阿利吒，他時常告誡兒子們：「**高處的東西總有一天會往下墮，而擁有的東西終歸會失去，有生必有死，有聚必有離。**」

一天，長者因病即將往生，臨終前囑咐兩個兒子：「**你們千萬不可分居，好比一條絲線無法移動大象，必須聚集眾多絲線，才能將大象移動；兄弟和合，就像多條絲線聚集，才能產生力量。**」這樣告誡二子之後就往生了，長者往生後，兄弟倆遵照父親的遺囑，相親相愛地一起生活，可是弟弟阿利吒結婚後，妻子時常跟阿利吒說：「**你就如同你哥哥的奴才，因為家中的錢財用度、待人接客，都是你哥哥在負責，而你就只是有得吃、有得穿而已，什麼事都作不了主，跟奴才有什麼兩樣？**」阿利吒妻子時常這樣說，然而這樣的話聽多了，阿利吒就心生變異來向哥哥要求分家，哥哥對阿利吒說：「**難道你忘了父親臨終前的囑咐嗎？**」但阿利吒還是堅持己見，哥哥只好將財產分成兩份，各自生活。

分家後的阿利吒夫婦，好逸惡勞，生活奢侈，沒有多久就將財產用光了。於是阿利吒到哥哥家中借錢，利吒看在兄弟的情面上，借了十萬錢給阿利吒；但過沒多久，阿利吒將錢花光了，又跑去向哥哥借錢，就這樣來來回回借了六次。到了第七次，利吒便對阿利吒說：「你沒有遵照父親生前的囑咐，不僅要求分家，分家後又不專心經營，致使家產敗光，數次來向我借錢。這是我最後一次借錢給你，如果你不好好努力，我不會再借錢給你了。」

阿利吒聽完利吒的話，回去後果然用心經營，沒有多久就變得很富有，可是利吒卻漸漸貧窮起來。後來利吒要向阿利吒借錢時，阿利吒不僅不借錢給利吒，乃至也不請利吒吃飯，並且對他說：「你這麼富有，也會有貧窮的一天？以前我向你借錢時，你是怎麼說的，是很嚴厲的告誡我，而你今天怎麼會來向我借錢？」利吒聽到這樣的話，非常傷心悲惱，想想兄弟都如此無情，更何況是外人？因此產生厭離心，沒有回家而直接入山學道，精進苦行，最後證得辟支佛果。

後來弟弟阿利吒又漸漸貧窮，並且遇到飢饉荒年，只好入山砍柴，以賣柴維生。一天，證得辟支佛果的哥哥入城托缽卻空缽而返，正好被阿利吒看到。阿利吒想要將賣柴所得的米飯供養他，於是問：「尊者可以吃粗糙的食物嗎？」辟支佛回答：「只要能夠支持這個色身修行，食物的好壞都沒有關係。」於是阿利吒便將米飯供養給這位辟支佛，辟支佛吃完後躍身虛空，現十八種神通後即回去自己的住處。

後來阿利吒再進入山中去砍柴，路上發現一隻兔子，他用木杖去撥弄牠時，兔子卻變成一具死屍，突然的站起來，並且從背後抱住阿利吒的脖子。阿利吒用盡各種方法都無法擺脫這具死屍，乃至脫下衣服或者雇請人幫忙擺脫，都無法達到擺脫的目的，最後到了晚上天黑了，因此只好揹著死屍回家。一回到家，死屍主動解開而落地，變成一具金人，阿利吒將金頭砍下後，又馬上長出一顆金頭，斬其手腳，手腳也馬上生出來，才一下子的時間，金頭、金手就堆滿了整間屋子。

隔壁鄰居看到這樣的情形，便將此事報告國王。國王聽了，即派遣使者前去察看，沒想到看到的卻是腐臭的死人頭、手；可是，只要是阿利吒自己拿來獻給國王的，便又成爲眞金。國王看到這種情形非常歡喜，知道阿利吒是個有福報之人，於是賜給阿利吒一些土地、聚落。阿利吒命終之後，往生到欲界第二天爲帝釋天王，之後又下生人中爲轉輪聖王、天王、人王，這樣的福報歷經九十一劫而不曾斷絕。如今則是阿利吒最後一生投生於釋迦族，名爲阿那律，剛剛出生的那一天，當時方圓四十里內所伏藏的珍寶皆自然湧出。阿那律長大後，有一天母親爲了測試這兒子，即告訴他家中已無食物；阿那律聽了，便叫人取空的容器來，沒想到一拿到阿那律面前，自然盈滿飯食百味。這一切都是由於阿那律過去生曾供養辟支佛，因此感得九十一劫常住快樂，飲食不虞匱乏的果報。

由這個故事我們應該要知道，聽聞佛法是比賺幾百億還重要的！平實導師也說過：「如果有一天佛陀召見我們，就算我們當時有能賺幾千億的大生意也要暫時擱下，一定要先去見佛；因爲能值遇佛、或供養佛的機會很少，那功德是無量無邊的！」**供養一位持戒人就勝過擁有四天下的財富，更何況是供養如來呢！而現在 佛陀雖然不在，但仍然有 平實導師這樣的大菩薩在宣說正法，希望有智慧的您千萬不要錯過。**

第三節 布施的對象

從前面所舉兩篇的故事，我們可以發現老婦人供養了大阿羅漢——迦旃延尊

者——一缽清水，因此後來生天享福；以及阿那律尊者因爲過去無量世以前布施一碗粗惡的食物給一位解脫的聖者辟支佛，導致他之後九十一劫福報都非常好，常常生在天上當天王，或在人間當轉輪聖王或大國王。究竟爲什麼如此小小的布施可以有那麼大的果報呢？是什麼原因投資報酬率那麼高呢？這跟他布施的對象（福田）有關係！因爲老婦人和阿那律尊者過去生布施的對象都是功德田，也就是一位解脫的聖者，因此果報很殊勝。這就像是種田的道理一樣，有的田地很肥沃，種出來的果實就會很豐收；有的田很貧瘠，種出來的果實就很少。而佛菩薩或大修行人則是功德很大，是很肥沃的福田，因此種出來的果報會非常豐厚的。

第一目 報恩田、功德田、貧窮田

所以怎麼樣布施福報才會比較大，布施怎麼樣的福田，果報才會殊勝呢？因此我們來瞭解一下什麼是福田？福田有分成哪幾種？《優婆塞戒經》卷三〈供養三寶品 第十七〉：

善男子！世間福田凡有三種：一報恩田，二功德田，三貧窮田。報恩田者，

所謂父母、師長、和上。功德田者，從得煖法，乃至得阿耨多羅三藐三菩提。貧窮田者，一切窮苦困厄之人。如來世尊，是二種福田：一報恩田、二功德田。法亦如是，是二種田。眾僧三種：一報恩田、二功德田、三貧窮田。以是因緣，菩薩已受優婆塞戒，應當至心勤供養三寶。〔案：關於此段經文更深入的解釋請詳細閱讀平實導師所著的《優婆塞戒經講記》第五輯。〕

佛陀說世間的福田有三種，也就是報恩田、功德田和貧窮田。報恩田就是對我們有恩的人，例如父母、師長、教導我們的大修行人。功德田就是這種福田有功德在身，例如得初果到阿羅漢的解脫果，乃至菩薩法中的凡夫菩薩、到開悟的菩薩……甚至到 佛陀。貧窮田是說他自身沒什麼功德，或是沒有回報財物給你的能力。佛陀也說菩薩受五戒後，應該要至心努力的供養三寶，供養三寶這部分我們在後面的條目會再說明。《優婆塞戒經》卷五〈雜品之餘〉又說：

如為身命耕田種作，隨其種子獲其果實，施主施已亦復如是，隨其所施獲其福報。如受施者受已，得命、色、力、安、辯，施主亦得如是五報；若施畜生得百倍報，施破戒者得千倍報，施持戒者得十萬報，施外道離欲得百萬報，施向道者得千億報，施須陀洹得無量報，向斯陀含亦無量報，乃至成佛亦無量報。

佛陀在經文中說，布施就像是在種田耕作一樣，隨你的種子而獲得不同的果報，施主布施什麼就會得到什麼福報，被布施的受者如果得到壽命、外色、身力、輕安、辯才的增長，那施主也會得到這五個果報。而 佛陀又說布施畜生未來世會得到百倍的果報，布施給破戒人未來世會得到千倍果報，布施給持戒人未來世會得到十萬倍的果報，布施給外道離欲得初禪的人會得到百萬倍的果報，甚至布施給解脫的初果人會得到無量倍，布施給菩薩乃至布施給 佛陀也是無量倍。會有這樣不同的差別就是因爲福田不同的關係，就譬如我們種的田越肥沃，那生長出來的果實就越豐盛。

雖然 佛陀也說過我們布施時不要執著福田的殊勝，如果我們自己是有功德在身的，就是施主殊勝，這時發大慈悲心布施給畜生或貧窮人，那果報也是一樣非常大的。施主的殊勝，我們在之後的章節才會說明。我們先來看看菩薩布施時是怎麼看待這些福田的，《優婆塞戒經》卷二〈二莊嚴品 第十二〉中說：

菩薩施時觀二種田：一者福田、二貧窮田；菩薩爲欲增福德故施於貧苦，爲增無上妙智慧故施於福田；爲報恩故施於福田，生憐愍故給施貧窮；捨煩惱故施於福田，成功德故施於貧窮；增長一切樂因緣故施於福田，欲捨一切苦因緣故施於貧窮。

關於這段經文，平實導師在《優婆塞戒經講記》第三輯第三一二～三一三頁中也說：

菩薩有智慧，所以在布施時能分別所布施的福田種類：是福田或是貧窮田？但是菩薩布施時不會故意向布施的對象指稱是福田或是貧窮田。他知道而不講。菩薩是爲了想要增長福德的緣故，所以施於貧苦者，貧窮人是菩薩的貧窮田，是把貧窮布施出去。表面看來是布施財物，其實是布施了來世的貧窮。有智慧的人接受別人幫助以後，將來自己有能力時也要趕快去布施，不要永遠成爲被布施的對象，否則未來許多世中將會一直貧窮受苦，因爲一直都沒有在福田中種下福德種子嘛！又如何能在未來世收割福德稻子呢？所以菩薩將錢財物資施於貧苦者，被施的貧苦人就是貧窮田，因爲貧窮人也是田啊！只是貧窮田與福田有差別：種子被種在貧窮田中，未來世收割時的果實比較小。譬如稻子種在無肥的砂礫之地，再怎麼灑水，能長出來的稻子總是很少；如果種在福田就不一樣了，有福之田表示很肥沃，隨便種一種，未來世結果時都是一大串又一大串的美好果實，這就是貧窮田與福田的差別。菩薩爲了增長無上妙智慧而布施於福田：想要獲得無上勝妙智慧而必須布施的對象就是福田，不在福田上布施，而在世間法中布施，只能獲得世間法智慧；在表相正法中布施，只能獲得表相正法智慧；在無上勝妙智慧正法上布施，才能獲得無上勝妙智慧；想要獲得無上勝妙智慧的人，就必須在無上勝妙正法的福田中布施，不能以表相正法中的布施而想要獲得無上勝妙智慧。

也就是說，如果我們想要獲得佛法上的智慧，甚至想要眞正的開悟明心，那我們就應該布施在正法道場中。如果我們布施到了修雙身法的宗教裡，那就變成在種植毒田了，未來的果報就是會跟著對方一起去修男女雙身法。平實導師在《優婆塞戒經講記》第三輯第三一三～三一四頁中也接著說：

福田分爲貧窮田、福田二種，福田又可再分爲二種：報恩田、功德田，合稱爲福田。表相正法道場及無上勝妙正法道場都是功德田，都歸類於福田中，詳細差別會在後面所引的經文中再作說明。想要獲得智慧就必須在福田中種下福德種子：以財物或身力布施而護持之。但是布施於何處最能獲得智慧呢？當然是三寶，三寶是福田，也是功德田，所以供佛的福德很大。可是西藏密宗所供養的都是鬼神冒充的假佛，供養了以後，來世將會與那些鬼神冒充的假佛常在一起，不可能得到眞實智慧的，眞實的 佛陀才是眞正福田。

所以我們可以瞭解到供養三寶[8]的重要，還有布施的福田選擇也是很重要的；因爲假如選錯了對象，也許就投資到毒田而在未來世收穫得到毒果，這樣毒死了自己的法身慧命可是很不划算的。而 平實導師也開示 佛陀才是眞的福田，因此接著我們來談供佛的功德。

第二目 供佛功德

在佛陀時代的時候，有一個小孩在沙中嬉戲，他看到 佛陀來了，心中生起恭敬心，然後捧沙供佛；當時 佛陀授記他後世會成爲轉輪王，造八萬四千塔；那位小孩就是後來印度歷史上有名的阿育王。這個故事在《雜阿含經》卷二十三中有記載[9]，在經典中也還有許多眾生供佛而未來世得大福報的故事。

所以 平實導師常教導我們，供佛功德無量，是累積福德最快的方法，我們大家要趁活著的時候每天都供佛，即使供奉佛像也是功德無量！因爲 佛在經中說，若能至誠心供養佛法僧三寶或諸佛形像，不論 佛陀有沒有在世都一樣功德很大。

《菩薩優婆塞戒經》卷三〈供養三寶品 第十七〉中說：

善男子！如來即是一切法藏，是故智者應當至心勤心、供養生身滅身形像塔廟。若於空野無塔像處，常當繫念尊重讚歎；若自力作，若勸人作；見人作時，心生歡喜；如其自有功德力者，要當廣教眾多之人而共作之。既供養已，於己身中莫生輕想，於三寶所亦應如是。凡所供養不使人作，不爲勝他。作時不悔，心不愁惱，合掌讚歎恭敬尊重。若以一錢至無量寶，若以一綖至無量綖，若以一花至無量花，若以一香至無量香，若以一偈讚至無量偈讚，若以一禮至無量禮，若遶一匝至無量匝，若一時中乃至無量時，若自獨作若共人作；善男子！若能如是至心供養佛法僧者，若我現在及涅槃後，等無差別。

經中說 如來是一切法藏，因為只有 如來可以教導我們一切最究竟的佛法。因此不管是佛的形像、舍利、塔廟我們都應該要供養，也要勸導眾生一起來作供養，供佛後就不要看輕自己，也不要看輕三寶。

平實導師也常跟我們說，因為供佛福德無量無邊，所以一定要親手去作，不要使喚別人替我們供養，因為這樣未來世實現福報時得要交給別人來控制。所以應該要自己親手去作，而且不要為了勝過別人而作供養。另外供養可以有很多種類，供養各種財物用品，或供養飲食、水果、香、花、燈明，乃至用一首偈讚佛，甚至禮拜也是供養。所以佛說：「**若能如此以至誠心供養佛、法、僧三寶，若能在我釋迦牟尼佛住世時來供養，或於我涅槃後供養形像、未來世中所得福德相等而無差別。**」詳情請看 平實導師所著的《優婆塞戒經講記》第五輯中第五十二～五十七頁的介紹。

因此 平實導師常常教導我們要每天供佛，因為供佛的福德真的無量！至於供養佛的形像、塔廟的方法以及供養三寶應注意的細節很多，記得要以清淨物和素食供養，不得用殘食（剩下的食物）或不清淨的物品來供養，都必須是最新鮮的東西才行；也不可以供養蔥蒜洋蔥等五辛或是蘿蔔等辛味較重的食品；另外供品都要清洗乾淨，佛堂內也要打掃乾淨整潔。詳細內容於 平實導師所著的《優婆塞戒經講記》第五輯中第五十七～九十六頁都有介紹。

總之供養的方法很多種，還有一種就是法供養。如《優婆塞戒經》卷三〈供養三寶品 第十七〉中云：

若人能以四天下寶，供養如來；有人直以種種功德，尊重讚歎，至心恭敬；是二福德，等無差別。所謂如來，身心具足；身有微妙三十二相，八十種好，具足大力。心有十力、四無所畏、大悲三念、五智三昧、三種法門、十一種空觀、十二緣智、無量禪定，具足七智，已能度到六波羅蜜岸。若人能以如是等法讚歎佛者，是人則名眞供養佛。〔案：此段經文的詳細解釋請詳見平實導師所著的《優婆塞戒經講記》第五輯。〕

總之諸佛的功德太偉大了，福德和智慧圓滿，具備一切功德、一切大神通和一切大力，所以大家應當要供佛。我們來學學 平實導師是怎麼供佛的，平實導師說：

如果有人能以這些內涵詳細地說出來讚歎如來，這個人就是眞正的供養佛。所以我在這裡解說如來的功德，也是在供養 佛陀；……供佛的意義，一般人觀念中總是侷限在一個很小的範圍中：每天買了飲食、水果、香花來供佛。其實有很多方法都可以說是供佛，我過去世的習慣是：凡是有人供養我僧服時，我就先拿來轉供 佛陀；因爲我往世的習慣是不收錢財供養的，所以自己也沒什麼錢財；因此常常會有人送水果來供養我，我就先拿來供養 佛陀。往世也常常有人供養我僧服，我就先拿來供佛，供佛以後就直接送到方丈室去供養 克勤和上，這是我的習慣；如果方丈不用就會賜回來給我，我就轉送給師兄弟們，……別人在我身上植福，我在 佛身及 克勤大師身上植福，所以這一世早早就可以退休專修佛法了！所以供佛的方法有很多，不必侷限在一個小事相上。你能宣揚佛地的功德，這也是眞供佛啊！因爲你是以至誠心使眾生對 釋迦佛產生了欽仰，這就是眞正的供養 釋迦佛了。〔摘自《優婆塞戒經講記》第五輯。〕

所以供佛的方法很多，我們每天要吃飯前，都可以先把自己的飲食齋飯先上供，過了二十分鐘再請下來，平常得到最新的乾淨衣服、生活用品都可以先供佛。《優婆塞戒經》卷三〈供養三寶品　第十七〉又說：

若有人能如是供養佛、法、僧寶，當知是人終不遠離十方如來，常與諸佛行住坐臥。善男子！若有人能如說多少供養如是三福田者，當知是人於無量世多受利益。

可見供養佛的功德有多麼的大！或許有人會懷疑說，布施不是除了施主和所施物以外，還要有對象啊！爲什麼布施給佛像、塔像可以得到福報呢？這個問題佛在《優婆塞戒經》卷四〈雜品　第十九〉中也有提到：

善男子！有人說言：「施於塔像，不得壽命色力安辯，無受者故。」是義不然！何以故？有信心故。施主信心而行布施，是故應得如是五報。善男子！譬如比丘修集慈心，如是慈心實無受者，而亦獲得無量果報。施塔像等，亦應如是得五果報。善男子！如人種穀終不生蘇，施於塔像亦復如是，以福田故得種種果，是故我說田得果報，物得果報，主得果報。

關於這段經文，平實導師也於《優婆塞戒經講記》第五輯第二四○～二四一頁中開示：

有人這麼說：「布施於佛塔、佛舍利塔、阿羅漢塔、菩薩塔、或者布施於賢聖像前，不能得到壽命、色力、安樂、辯才，因爲你的布施沒有人領受到，所以沒有後世應得的福德。」但是佛說：「這個道理是不正確的。爲什麼說是不正確的呢？因爲布施的人有信心的緣故。施主對布施的因果有十足的信心而作布施，由於這個緣故，應得這五個果報。」……佛又說明：譬如有比丘修集慈無量心。修集慈無量心時都是觀想，由觀想而得到慈無量心的成就，是由信心而得福報的。但是他在觀想怨家、親眷、一村、一國乃至一世界、十方世界的無量眾生受樂，當他觀想眾生受樂時其實眾生並沒有在受樂，只是他觀想所成的內相分而已，但是他也一樣可以獲得無量果報。譬如菩薩證悟之後，具足初禪又把慈無量心修學成就了，那他後世可以生爲大梵天：初禪的第三天。也就是去當初禪天的天主，不是梵輔天也不是梵眾天。這是因爲他的慈心廣大的緣故，使他的心地改變了！心改變了，所以他得到大梵天的果報，可以當初禪天的天主，但是不能獲得財物布施的果報。同理，施主對布施的因果有絕對的信心時，雖然只是於佛塔、佛像前供養，還是同樣可以獲得無量的果報。……同理，布施於佛塔、佛像、大菩薩塔、大阿羅漢塔，因爲都是福田，所以能在未來世獲得種種物質上的果報。所以我釋迦牟尼說：「因爲福田而得果報，因爲布施的物質財物而得果報，因爲布施時有布施的主人，所以由施主得到果報。」

我們從 佛陀的開示以及 平實導師的說明就可以瞭解到供養佛塔、佛像亦是功德無量！接著我們再來引用一個佛經上的故事，講到有一個人他供佛塔後，未來世得到殊勝果報，以此證明了供佛的福德、功德無量！請大家要多多供佛，並且鼓勵家人、親朋好友一起來供佛。我們教導所有眾生都一起供佛，這樣眾生就會福報好，不會落入惡道，並能夠走入佛法中。

第三目　寶手比丘的故事

在《正覺電子報》第四十二期中引用了一篇《撰集百緣經》卷九的佛典故事[10]。

故事的白話翻譯如下：

佛在舍衛國祇樹給孤獨園，那時舍衛城中有一位長者，擁有無數的財寶，他娶了望族的女子爲妻，並且常常邀請歌舞伎樂等表演使她歡娛快樂。他的妻子懷胎十月圓滿，生了個兒子，五官端正，俊秀莊嚴，世間少有。他的雙手能變出金錢來，拿走了他手中的金錢，還會再生出來，就像這樣展轉出生，取之不盡。長者請了諸方占相師爲兒子看相，占相師看過後，問：「**這個孩子出生時有什麼瑞相？**」他的父母回答：「**這孩子一出生，他的雙手就有金錢變現出來；拿走了，又會再生出來。**」因爲這個緣故，取名「寶手」。

寶手漸漸長大，他的本性賢善柔和，不但慈悲孝順，又樂於布施助人。如果有人向他乞討，他便伸出雙手，就有很多金錢，及時布施給乞討的人。有一次帶著親友出城遊玩，一處又一處地觀看遊玩，最後來到了祇園精舍，寶手看見佛世尊具足三十二大人相、八十隨形好，身上散發出智慧與慈悲的光明，如同有百千個太陽，光明普遍照耀一切眾生。寶手心生歡喜，向前頂禮佛足，雙手合掌請求佛及諸比丘僧說：「**請慈悲憐憫我，接受我的供養。**」當時阿難尊者在佛旁邊，看他很年輕，就向寶手說：「如果想供養佛及比丘僧，需要有財寶，才能成辦布施！」寶手聽到阿難尊者的話，隨即伸出雙手，金錢就像雨一般落下，不一會兒就積成一堆。佛即命阿難說：「你拿這些金錢財寶，去準備食物菜餚，供養佛及比丘僧。」阿難遵佛指示，立刻去辦理供養的飲食菜餚。供養完畢，佛為寶手說法開示；寶手聽聞 佛陀的開示後，心靈豁然開朗，會意理解佛所宣說的義理，當下斷了我見，成就初果須陀洹的果德。

寶手回家後，便向父母請求准許他隨佛出家修行，由於父母極為疼愛寶手的緣故，無法違背他的意願，於是就帶他去拜見 佛陀，請求出家。佛即對寶手說：「善來比丘！」寶手煩惱鬚髮自然脫落、披上僧服，成為出家修行人。寶手比丘出家後非常精進修行，很快的就證得阿羅漢果，具足三明六通及八解脫的功德，成為諸天與世間人所尊敬仰慕的解脫道聖人。當時阿難尊者看到寶手比丘殊勝果報以後，向佛稟白：「這位寶手比丘在過去世種了什麼樣的福德？今生得以出生在富貴望族的大長者家，雙手還能生出金錢，取之不盡，又能值遇佛世尊出家，成就阿羅漢果。」

這時候，世尊告訴阿難說：「你仔細聽！我現在就爲你們解釋說明。此賢劫[11]中，過去的迦葉佛在波羅奈國示現成佛，教化圓滿入大般涅槃後，當時的國王名爲迦翅，收取佛舍利，建造四座寶塔來供奉佛舍利。那時候有一位長者見到佛塔前正在豎立長的木柱，他心生歡喜，於是恭敬地取一枚金錢放置在木柱地底下，發願後離去。就因爲這個功德，所以不墮三惡道，生於天上或人間受諸快樂，並且一伸手就有金錢出現，乃至於到了今天值遇於我釋迦牟尼佛，雙手能出金錢，取之不盡；還能出家，證得俱解脫阿羅漢果。」當時比丘們聽佛宣說後都歡喜的信受奉行。[12]

由此可知，供養佛、供養佛的塔像，都是功德無量！因此我們如果想要未來世福報好，乃至得到解脫果或實證菩薩大法，那麼每天都要努力地供佛來累積福德。如今這世上仍有正覺同修會——眞實證悟的正法道場，相信有智慧的您一定也能把握護持了義正法、培植大福德之機會。

第四節 孝養父母的福德等同供佛

童謠兒歌常唱：「世上只有媽媽好，有媽的孩子像個寶。」[13] 另外小學課本也教導說：「天這麼黑、風這麼大，爸爸捕魚去，為什麼還不回家？」由此可知父母的辛苦與偉大。

在看完上一節之後，我們都知道供佛或供養三寶的功德很大！但別忘了，我們每個人家裡都有兩尊活佛，也就是我們的父母親大人。世間人每年都會慶祝母親節與父親節，而我們學佛人更應該孝順父母，因為父母辛苦地生下我們以及養育我們，我們今天才能夠長大成人、成家立業、安身立命，乃至修學佛法及悟道解脫。佛陀在《優婆塞戒經》卷六〈五戒品 第二十二〉中說：

善男子！若得人身，多饒財物，兼得自在，先應供養父母、師長、和上、耆舊、持法之人，供給遠至、初行之人疾病所須；言則柔軟多有慚愧……。

佛陀在經典中說如果有人有很多財物，應該要先供養父母，然後再供養師長、和上、年高德劭的長者、已實證的修行人，還有供給遠行或遠來之人以及生病的人，並且言語要柔軟，而且常懷恭敬慚愧之心。另外 佛陀也提到孝順父母與供佛的功德是一樣大的。《大乘本生心地觀經》卷二〈報恩品 第二之上〉：

善男子！於諸世間何者最富？何者最貧？悲母在堂名之為富，悲母不在名之為貧；悲母在時名為日中，悲母死時名為日沒；悲母在時名為月明，悲母亡時名為闇夜。**是故汝等，勤加修習孝養父母，若人供佛福等無異，應當如是報父母恩。**

經典中說，如何是世間最富有的呢？如何又是世間最貧窮的呢？慈悲的母親還在家中的時候名之為富有，慈悲的母親不在的時候就稱為貧窮；慈悲的母親還在時就像中午的太陽高高掛在天上，慈悲的母親往生後就如同太陽下山了；慈悲的母親在的時候就像明亮的月亮，慈悲的母親身亡時就像黑暗的夜晚。所以 佛陀說：「我們應該要精勤地努力學習孝順奉養父母，孝養父母的福德就跟供佛的福德是一樣而沒有差別的，我們應當要如此來報答父母的恩情。」《雜寶藏經》卷二中也提到：

如是我聞：一時佛在舍衛國，告諸比丘言：「若有人欲得梵天王在家中者，能孝養父母，梵天即在家中；欲使帝釋在家中者，能孝養父母，即是帝釋在家中；欲得一切天神在家中者，但供養父母，當知一切天神已在家中；但能供養父母，便為和上已在家中；欲得阿闍梨在家中者，但供養父母，即是阿闍梨在其家中；若欲供養諸賢聖及佛，若供養父母，諸賢聖及佛即在家中。」

白話翻譯如下：

我阿難是這麼聽佛說的：有一次，佛在舍衛國的時候，佛告訴眾比丘說：「如果有人想要得到如同梵天王常住在自己的家中般守護著家人的話，這個人就必須供養孝順父母如梵天王一般；能這樣作的話，那麼梵天王就已常住在家中了。假使有人希望能得忉利天主帝釋住在家中守護著家人的話，就必須要恭敬供養孝順父母如帝釋，能夠這樣子作的話，就已得到忉利天主帝釋常住家中守護。假使有人想要得到一切天神在家中護佑的話，他只要能夠恭敬供養孝順父母如天神一般，應當知道一切的天神護法龍天都已常住在家中。一個人只要能好好恭敬供養孝順父母，一切具德之和上實已常住在家中。若有人希望能有具楷模德行的軌範師常住家中，他只要視父母如同軌範師般的恭敬供養孝順，這樣軌範師就是已常住在家中了。如果有人希望供養諸佛菩薩賢聖，但現前實無諸佛菩薩賢聖現在前得受供養，若能以此供養諸佛菩薩賢聖的至誠心來供養孝順父母，那麼，諸佛菩薩聲聞緣覺等賢聖就像是已住在家中了。」[14]

供養父母的方法除了供養財物和生活必需品之外，恭敬禮拜、讚歎尊重也是很重要的。《優婆塞戒經》卷三〈受戒品 第十四〉：

言東方者即是父母，若人有能供養父母：衣服、飲食、臥具、湯藥、房舍、財寶，恭敬禮拜，讚歎尊重，是人則能供養東方。

平實導師在《優婆塞戒經講記》第四輯第一二四～一二五頁中解釋：

如果能以衣服、飲食、臥具、房舍或者生病時以湯藥供養父母，乃至有能力的人以財寶供養，並且要恭敬禮拜、讚歎尊重，才是如法的供養東方，具備了受戒的第一個條件。**佛門中常常有這樣的在家弟子：剋扣父母的供養而去外面布施，這是假名布施，**後面 佛會說到。**真修布施的人，應當剋扣自己的享受來布施，對父母的供養絕對不該減少。**學佛之後，對父母應當更懂得恭敬禮拜、讚歎尊重；可是有些人學佛十幾年了，我看是沒有學進去：因爲父母來了，他並不恭敬；公公、婆婆來了，也不恭敬奉侍；泰山、丈母娘來了，也不恭敬探問，全都不看在眼裡，當然更不可能禮拜了。並且有人還到處去講：「我公公、婆婆多壞！」有的人到處去講：「我那個泰山好可惡！」這不但不是讚歎尊重，反而是侮辱了。像這種人，縱使他有衣服、飲食、臥具、湯藥、房舍、財寶供養，仍然稱不上如法的供養，還要有恭敬禮拜、讚歎尊重，才算是如法供養，因爲這是從心中產生的善法。心中沒有善意，專作一些表面功夫，那是沒有意義的，表示這個人不能供養東方，沒有受戒的第一個條件。

所以我們除了供養父母之外，態度上也要恭敬。而且，我們也不能因爲學佛知道應該要布施，就去減少對父母的供養而拿去布施，若是爲了供養三寶而剋扣父母的供養，那就是違背佛的教導而變成不孝了。平實導師在《優婆塞戒經講記》第四輯第二二六頁也說：

供養父母的福德不會比供養三寶少，這在後面經文中佛會說到；所以受持了優婆塞戒以後卻不能供養父母、師父、家中的長輩，就是忘掉優婆塞的本分了，這就是失意罪：遺失了「自己是優婆塞戒受持者」的作意了，這就是失意罪。

第一目　不孝的果報——耶輸陀羅懷孕六年的因緣

不孝順的人在世間，人們都會責罵他；而在佛法中也說不孝順是會有許多惡報的。譬如在《佛本行集經》卷五十五〈羅睺羅因緣品 第五十六上〉中，就有提到 佛陀出家前的妻子耶輸陀羅，由於她過去生曾經對媽媽不孝順，這樣的業導致她後來的許多世遭受無量苦，並且也由於殘留下來的業習，使她在佛世時，要懷孕六年才能生下 佛陀的兒子——羅睺羅。故事中提到：

佛陀回憶起往世無量劫以前，有一群牛在牧牛的處所。牛主人的妻子帶著一個女兒，往牛群中去擠取牛乳。所帶的兩個器皿都裝滿了牛乳，其中容器大的由女兒揹負著，容器小的由她自己揹著。走著走著到了半路，她對女兒說：「妳走快一點！前面的路很危險、很恐怖！」這時女兒回答母親說：「我揹的這個容器大又重，怎麼可能走得很快呢？」她媽媽一而再、再而三地說：「妳走快點！這條路很危險、很恐怖！」

這時女兒心裡面想：「爲什麼叫我拿最重的東西，又一直催促我走那麼快呢？」這個女兒因此生起瞋恚心來，回答母親說：「媽媽！您先幫我拿一下這個重的容器，我想要先去大小便。」於是她媽媽只好一併拿起比較大的容器走了一段路，女兒才緩緩跟上來，這時她媽媽除了揹著自己原來的，也同時揹著這個較重的容器，走了六拘盧舍[15]（十二里）的路。

這時，佛陀告訴諸比丘說：「你們不要懷疑！這個心中有瞋恚心的女兒，叫自己的媽媽揹那麼重的東西，行走了六拘盧舍（十二里）的路程，因爲這個業報，這女兒在生死流轉中受了無量苦之後，遺留下來的殘業，還讓耶輸陀羅今生要受懷胎六年才能生產的痛苦。」

所以 佛陀說：「諸位比丘！我們所造的各種業，都不會是不受報的，我們都會隨著自己所造的善惡業，而讓將來的自己受報。所以你們這些比丘們，應該要永遠捨掉身口意的惡行。為什麼呢？因為造作身口意的善惡因緣，未來必將會受到善惡果報！所以你們應該要修學善業。」[16]

第二目　父母恩重大於須彌山

為什麼不孝順父母的果報那麼重呢？俗話說：「母親像月亮一樣偉大！」有一首歌中談到母親的慈愛時說：「天下的媽媽都是一樣底。」接著我們來看看母親對我們的恩德到底有多大？佛在《大乘本生心地觀經》卷二〈報恩品 第二之上〉中說：

世出世恩有其四種：一、父母恩，二、眾生恩，三、國王恩，四、三寶恩。如是四恩，一切眾生平等荷負。善男子！父母恩者，父有慈恩，母有悲恩。母悲恩者，若我住世於一劫中說不能盡，我今為汝宣說少分。假使有人為福德故，恭敬供養一百淨行大婆羅門、一百五通諸大神仙、一百善友，安置七寶上妙堂內，以百千種上妙珍膳，垂諸瓔珞眾寶衣服，栴檀沈香立諸房舍，

百寶莊嚴床臥敷具，療治眾病百種湯藥，一心供養滿百千劫，不如一念住孝順心，以微少物色養悲母，隨所供侍，比前功德，百千萬分不可校量。

佛陀在這一段聖教中說：世間和出世間法有四種恩情，第一就是父母恩，第二是眾生恩，第三是國王的恩德，第四是三寶恩。這樣四種恩德，乃是一切眾生平等荷負。父親有慈恩，母親有悲恩。母親的悲恩，佛陀說就算祂老人家住世一劫也沒辦法說盡，所以 佛陀為我們少分宣說如下：假使有人為了得到福德果報的緣故，而恭敬供養一百個修清淨行的大修行人，一百個有五神通的離欲大神仙，一百位善友，把他們這些人安置在七寶所成的妙堂中，用百千種上妙珍貴的飲食，用各種珠寶瓔珞衣服、栴檀沈香，並為他們蓋各種屋宅房舍，用百寶裝飾的床座敷具，還有治療各種疾病的百種湯藥，這樣一心供養這些人一百大劫乃至一千大劫，這麼大的功德還不如一念生起孝順之心，以很微少的東西來供養自己的悲母，隨時在母親身旁供給所需並伺候著，這樣孝順的功德比起前面的功德還要大上百千萬倍，甚至都無法比擬。

佛接著又開示說：

世間悲母念子無比，恩及未形，始自受胎終於十月，行住坐臥受諸苦惱非口所宣，雖得欲樂飲食衣服而不生愛，憂念之心恒無休息，但自思惟將欲生產，漸受諸苦晝夜愁惱；若產難時，如百千刃競來屠割，或致無常。若無苦惱，諸親眷屬喜樂無盡。猶如貧女得如意珠，其子發聲如聞音樂，以母胸臆而為寢處，左右膝上常為遊履，於胸臆中出甘露泉，長養之恩彌於普天，憐愍之德廣大無比。世間所高莫過山岳，悲母之恩逾於須彌；世間之重大地為先，悲母之恩亦過於彼。**若有男女背恩不順，令其父母生怨念心，母發惡言子即隨墮，或在地獄、餓鬼、畜生。**世間之疾莫過猛風，怨念之徵復速於彼；一切如來、金剛、天等，及五通仙，不能救護。若善男子、善女人，依悲母教承順無違，諸天護念福樂無盡。如是男女即名尊貴天人種類，或是菩薩為度眾生，現為男女饒益父母。

佛陀提到了母親懷胎十月的辛苦，以及生產時的種種苦難，這是無法說盡的；我們被生下來以後，母親對我們的照顧，這種種生育長養的恩德是遠比普天、大地、須彌山還要廣大。因此，世間的男女如果有對父母不孝順的，讓父母產生怨念之心，甚至於還讓母親因此而口出惡言，那這個不孝的子女就會因此而墮於地獄、餓鬼、畜生等三惡道之中。這種不孝的業風速度非常之快，一切如來、金剛護法、天神以及有五神通的神仙們都無法救護於他。所以，世間的善男子和善女人，如果能依著母親的教導而恭敬孝順，諸天的天神就會護念他，因此而產生的福報享樂也將會是無窮無盡的。這樣孝順的世間男子、女人就會成為尊貴的天人種類，或者是菩薩為了度眾生，而示現成為子女來報答父母恩德、利益父母。《大乘本生心地觀經》卷二又接著說：

若善男子、善女人，為報母恩經於一劫，每日三時割自身肉以養父母，而未能報一日之恩。所以者何？一切男女處于胎中，口吮乳根飲噉母血，及出胎已幼稚之前，所飲母乳百八十斛，母得上味先與其子，珍妙衣服亦復如是，愚癡鄙陋情愛無二。昔有女人遠遊佗國，抱所生子渡殑伽河，其水暴漲力不能前，愛念不捨母子俱沒。以是慈心善根力故，即得上生色究竟天作大梵王。以是因緣，母有十德：一名大地，於母胎中為所依故。二名能生，經歷眾苦而能生故。三名能正，恒以母手理五根故。四名養育，隨四時宜能長養故。

五名智者，能以方便生智慧故。六名莊嚴，以妙瓔珞而嚴飾故。七名安隱，以母懷抱為止息故。八名教授，善巧方便導引子故。九名教誡，以善言辭離眾惡故。十名與業，能以家業付囑子故。

佛陀說：如果善男子或善女人，為了要報答母親的恩德，縱使經過一大劫的時間，每天三餐都割自己身上的肉來供養父母，這樣仍然無法報答父母一日之恩。為什麼呢？因為一切男女還在胞胎中時，吸收著母親的血液養分，以及出胎後還很小的年幼之時，也要喝許多血液變成的母奶；在斷奶後，母親都把上等好吃的飲食先給自己的孩子，就連珍妙的衣服也是如此；母親對孩子是這樣無我無私的愛。不管是愚癡或鄙陋的母親，對子女的親情慈愛都是沒有差別的。

譬如，很久以前，有一位女人要到遠方的國度去，她抱著孩子要渡過殑伽河，正在渡河的時候，因為河水暴漲而無法往前，因為母親對孩子的愛念，不願捨棄孩子來保全自己的性命，因此兩人都喪命沉沒了。由於這樣慈悲心善根力量的緣故，這個母親就因此而往生到天上當大梵天王。因為生養及慈愛子女的因緣，母親有十種恩德：一名為大地，因為孩子需要依靠在母胎中的緣故。第二名為能生，母親要經歷懷胎十月和生產時非常多的痛苦。第三名爲能正，孩子生下來都要一直依靠母親的手來調理五根的緣故。四名養育，時節更迭中依靠母親的照顧，讓我們具足長養安穩長大。五名智者，母親以方便善巧讓我們生起智慧。六名莊嚴，母親以種種珍妙的瓔珞來裝飾我們。七名安隱，在母親的懷抱下我們就很安心，一切苦都能止息。八名教導傳授，母親以善巧方便導引孩子。九名教誡，母親以溫柔良善的言詞告誡我們要離開眾多錯誤的地方。十名給與家業，母親能以家業交代付囑孩子的緣故。《雜寶藏經》卷二中也說：

父母恩重，猶如天地，懷抱十月，推乾去濕，乳哺養大，教授人事。此身成立，皆由父母，得見日月，生活所作。父母之力，假使左肩擔父，右肩擔母，行至百年復種種供養，猶不能報父母之恩。

自古以來，父母對於兒女教養的恩德，就好像天與地般的崇高與厚重；母親懷胎十個月才能把小孩生下來，還要推乾去濕無微不至的照顧，給與奶水來餵哺養育才能長大；並且還要教導我們種種人世間的事。我們之所以能夠長大成人，都是由於父母的恩德，使我們得以存活於白天與夜晚，並且能夠在生活中有所作爲，這一切都是由於父母親所付出的辛勞而得以成就。父母對孩子所作的一切犧牲與所付出的心力，身為子女的我們即使用扁擔挑起二個籮筐，左邊擔負著父親，右邊擔負著母親，以徒步的方式行走著，不停地走上百年都未曾止息，並且同時供養飲食、衣服、臥具、醫藥等種種所需，這樣作都還不能報答父母親對孩子生養教育之恩德。

由此可知，父母對我們的恩德是多麼深重！羔羊尚且跪乳，烏鴉更知反哺，而身為人類的我們，難道連畜生都不如嗎？所以我們一定得要好好孝順父母。

第三目 成佛之道必須從孝順中來

另外，成佛之道也是從孝順中來，因為成佛之道就是攝受眾生，而父母就是跟我們因緣最深的眾生之一。佛在《本生經》中常常提到自己過去無量世中如何孝順父母的故事，並且 佛也在經典中提到有八種人是一定要布施的，除了佛和修行人之外，第一個就是父母。譬如《雜寶藏經》卷二中的〈迦尸國王白香象養盲父母并和二國緣〉這個故事中，一開始就提到：

昔佛在舍衛國，告諸比丘言：「有八種人，應決定施，不復生疑。父母以佛

及弟子，遠來之人，遠去之人，病人，看病者。」諸比丘白佛言：「如來世尊！甚奇甚特！於父母所，常讚嘆恭敬。」佛言：「我非但今日，過去已來，恒尊重恭敬。」

佛陀的三十二大人相也是有許多是從孝順父母而修來的。譬如，《優婆塞戒經》卷一〈修三十二相業品 第六〉中說：

爲菩薩時，於無量世供養父母師長善友，如法擁護一切眾生，是故次得手足輪相。……

爲菩薩時，善受師長父母善友所教敕故，是故次得身臃滿相。……

爲菩薩時，於無量世，以手摩洗師長父母身，除去垢穢，香油塗之，是故次得手足軟相。……

爲菩薩時，終不欺誑一切賢聖父母師長善友知識，是故次得手過膝相。……

爲菩薩時，於無量世，頭頂禮拜一切聖賢師長父母，尊重讚歎，恭敬供養，是故獲得無見頂相。

《瑜伽師地論》卷四十九〈建立品 第五〉：

於其父母種種供養，於諸有情諸苦惱事種種救護，由往來等動轉業故，感得足下千輻輪相。

《雜寶藏經》卷二的〈波羅奈國有一長者子共天神感王行孝緣〉中的故事最後，佛陀也說：

我於爾時，為彼一國除去惡法，成就孝順之法，以此因緣自致成佛，是以今日，亦復讚嘆孝順之法也。

佛陀說：「我在過去的那個時代，為那一個國家除去邪惡之法，成就了孝順的法道；因為這個因緣，使得我後來得以成就佛道，這也是原因之一。時至今日，對於孝順之法道，我仍然是非常讚歎的啊！」

第四目　《地藏經》聖女為母修福、供佛的故事

不僅 佛陀孝順父母，大菩薩們也是如此，其中最有名的就是 地藏菩薩摩訶薩。佛陀——悉達多太子——出生沒多久，母親摩耶夫人就往生到天上了，因此佛陀孝順母親的方法就是到天上為母親說法。《地藏菩薩本願經》的因緣就是 佛陀

在忉利天爲母親說法，在場來了無量億的眾生，其中包括不可說不可說數目的十方一切諸佛及諸大菩薩，還有一切無量億的天龍鬼神，還有他方國土的一切神、一切鬼王……等。這些無數諸佛和無量眾生，都是 地藏王菩薩過去、現在以及未來所度的眾生。

經文中提到 地藏王菩薩過去無量劫以前某一世，曾經是一位聖女，當時她的母親往生了，她擔心母親因爲造惡業會往生到三惡道去。這位聖女想要找到她母親往生的去處，於是變賣家產供佛修福，並且在家非常誠心地憶佛念佛和求佛。後來已經示現入涅槃的 覺華定自在王如來親自來安慰她，並且用威神力加持這位聖女到地獄去，在地獄中有一位無毒鬼王菩薩很慈悲地帶這位聖女到處參觀。《地藏菩薩本願經》卷一〈忉利天宮神通品 第一〉中云：

聖女又問大鬼王曰：「我母死來未久，不知魂神當至何趣？」鬼王問聖女曰：「菩薩之母，在生習何行業？」聖女答曰：「我母邪見，譏毀三寶。設或暫信，旋又不敬。死雖日淺，未知生處。」無毒問曰：「菩薩之母，姓氏何等？」聖女答曰：「我父我母，俱婆羅門種。父號尸羅善現，母號悅帝利。」無毒合掌，啓菩薩曰：「願聖者却返本處，無至憂憶悲戀。悅帝利罪女，生天以來，**經今三日。云承孝順之子，為母設供、修福，布施覺華定自在王如來塔寺。非唯菩薩之母得脫地獄，應是無間罪人，此日悉得受樂，俱同生訖。」**

白話翻譯如下：

聖女又問大鬼王（無毒）說：「我母親死了還沒幾天，不知道她的魂神現在在哪裡？」無毒鬼王問聖女道：「菩薩，您的母親活著的時候，她曾作過些什麼善或惡的事嗎？」聖女回答說：「我母執著邪見，常常譏笑、諷刺、譭謗三寶。雖然有時因爲勸說，暫時相信一下，過不久就又不信、不敬三寶了。現在雖然死了沒幾天，但也不知道她現在應當投生在什麼地方。」無毒鬼王再問聖女：「菩薩的母親姓什麼，叫什麼名字呢？」聖女回答說：「我父我母都屬於婆羅門種姓，父親叫尸羅善現，母親叫悅帝利。」無毒鬼王聽了以後，知道聖女的母親已因爲聖女供佛念佛的力量而生天了，所以很恭敬地合掌告訴聖女說：「聖女啊！您可以放心地回去了，不必再憂愁悲傷地深切思念您的母親了。因爲這位悅帝利罪女逝世後來到地獄，現在生天已經過了三天的時間，說是多虧有個孝順的孩子，爲她在覺華定自在王如來佛前上了供養、修了福，虔誠地憶念覺華定自在王如來。所以，不但菩薩的母親當時脫離了地獄之災，就連**在這無間地獄裡一同受苦的一切罪人，也在這同一天裡解脫了地獄之苦，生到善道中受樂了。**」

由這個故事我們就可以知道，我們爲已往生的父母供佛、修福，如此都可以利益到往生者。受菩薩戒的人更應該如此，例如《梵網經》卷二中也說：**【若父母兄弟死亡之日，應請法師講菩薩戒經律，福資亡者得見諸佛，生人天上；若不爾者犯輕垢罪。】**意思是說，在父母往生後七七四十九天內，我們都應該努力爲父母修福；當然，若能在父母生前就勸他們布施行善、修學佛法，讓父母未來世的福報越來越好，那就更好了！

第五目　《地藏經》光目女的故事

佛陀在《地藏經》中還講到　地藏王菩薩過去生的一個故事：

在過去無量無數劫之前，有一尊佛出現在世間，佛名爲　清淨蓮華目如來。這尊佛的壽命長達四十劫。在佛涅槃後的像法時代裡，有一位羅漢，到處以自身福德來度脫眾生。在他教化眾生的過程中，遇到了一位女人，名字叫作光目。這位光目女準備了許多最美好的食物來供養這位羅漢。羅漢就問她：「妳發心供養我，有什麼願望？」光目回答說：「我在母親往生的日子，布施資財爲她植福，不知我母親投生到什麼地方去了？」羅漢憐憫她的孝心，爲她入定觀察，看見光目女的母親墮落到惡道中，正在受極大的苦。羅漢就問光目說：「妳母親活著的時候都造了些什麼業啊？令她現在在惡道裡受極大的痛苦。」光目回答說：「我母生前有個壞習氣，專門喜歡吃魚啊、鱉啊這類東西，而且特別喜歡吃魚子、鱉蛋之類的東西。所吃的魚鱉和牠們的小魚小鱉非常多，或是炒、或是煮，放縱地大吃大嚼，所以這一輩子所吃掉的生命有成千上萬啊！尊者啊！請您慈悲憐憫，您是否知道有什麼方法可以救度我母親呢？」羅漢憐憫她，想方設法勸光目說：「妳應當至誠心地、懇切地憶念清淨蓮華目如來，同時雕塑、彩畫這尊佛的形像。這樣，無論是活著的人或往生者，都可以獲得好報。」[17]

光目女聽完之後，馬上把自己家中心愛的東西變賣了，用這些錢財來塑畫 清淨蓮華目如來的形像，同時又用種種供品來供養佛像，並且又以極大的恭敬心，

悲泣瞻視禮拜 清淨蓮華目如來。忽然在半夜中，夢見 佛莊嚴的金色身，如同須彌山那樣高大，金色的光芒，燦爛輝煌，放大光明，佛開口告訴光目說：「妳母親不久後就會生在妳家裡，出生後，才剛能覺得冷、覺得餓時，馬上就會開口說話。」[18]

過不久，光目女家裡的一個婢女生了一個孩子，還不到三天就會說話，稽首悲泣告訴光目說：「生死都受業力因緣所支配，各人所造的業，果報都得自己承受。我是妳往生的母親，自從死後，很久以來處在黑暗的惡道中，自從離開妳以後，一直墮在大地獄中受苦。承蒙妳供佛、念佛的福力，才能在今天投生到這裡，但也只能作一個下賤之人，而且壽命很短，只有十三年，死了以後還得墮入惡道中去。妳有什麼辦法可以使我免受惡道之苦呢？」光目聽了這嬰兒的話以後，知道這嬰兒就是她的母親轉世，因此更加悲痛，哽咽地哭著說：「妳既然是我母親轉世，應當知道妳自己是犯了什麼罪，造了什麼業，才會墮入到惡道中去的呀？」婢女的孩子說：「因爲犯了殺生以及譭謗、惡罵的罪才受這苦報。正是因爲妳用供佛、念佛的福力來救度我，我現在才能暫時出來，否則的話，我是不可能離開惡道，還得等罪報滿了才行呢！」光目又問道：「地獄裡的罪報情形又是怎樣的呢？」嬰兒說：「罪苦的事情，我不忍心說出來，何況就算是百千年也很難說完。」[19]

光目聽了這話之後，悲痛地大哭，對著虛空發願說：「願我的母親能永遠脫離地獄，在十三年之後，一切重罪皆消滅，永遠不再經歷三惡道。十方一切諸佛啊！請您們慈悲憐憫我，能同意我爲母親所發的廣大誓願。如果我母親永遠脫離三惡道、以及下賤的人身、甚至脫離女人之身永劫不受的話，今日在清淨蓮華目如來像前發願：願我從今日以後，乃至未來百千萬億劫當中，所有的世界、一切地獄以及三惡道中的罪苦眾生，我都發誓要救濟、超度他們，使他們永遠脫離地獄、餓鬼、畜生等三惡道。不僅如此，還要使所有的罪苦眾生統統都成了佛以後，我才最後證菩提而成佛。」[20]

發了這個廣大誓願之後，就聽到清淨蓮華目如來告訴她說：「光目，妳能發大慈悲心，爲妳母親發這麼大的願心。我以佛眼來觀察，妳母親在十三年壽命結束後，轉世便成爲修行清淨道的梵志，壽命爲一百歲。再過這一期壽命之後，就會往生到無憂國土，壽命不可計算的劫數。在這漫長的日子裡勤修佛道，最後終能成佛，同時也廣度無量無數—有如恆河沙那麼多—的天界及人間眾生。」[21]

佛陀告訴定自在王菩薩說：「當時，那位用神通福力來度化光目女的羅漢，就是現在的無盡意菩薩；光目女的母親，就是現在的解脫菩薩；而光目女呢？就是現在的地藏王菩薩啊！在過去久遠的時劫中，都是這麼慈悲憐憫，發起超過恆河沙那麼多的大願，來廣度眾生。在以後遙遠的未來世中，倘若有那些不願行善、專門作惡的男子、女人，還有那些不信因果的、邪淫妄語的、挑撥離間的、惡言傷人的，甚至是誹謗大乘者，造作這些惡業的眾生，必定會墮落到惡道中。但如果能有緣遇到善知識，勸他在一念間歸依地藏王菩薩的話，那這些眾生，就都能得到解脫於三惡道的果報。如果至誠懇切地歸依和禮敬地藏王菩薩，瞻仰讚歎同時還能用種種香、鮮花、種種衣服、種種珍寶、或是各種飲食來供養、奉事菩薩的話，未來百千萬億劫中，可以常常生在天界裡享受殊勝的快樂。假若天福享盡了，下生到人間來，還能在百千劫中在人間當帝王，能回憶起宿命和了知自己過去的因果。定自在王，這位地藏王菩薩有這麼不可思議的大威神力，能廣泛利益一切眾生。你們這些菩薩們，應當牢記我現在所說的這部經，廣泛地宣傳、流通這部經。」[22]

在看完了地藏王菩薩過去生那麼偉大的孝順故事之後，我們可以理解到，當一位菩薩施主的心越慈悲、心量越大，那他的果報也將會越殊勝，更可利益廣大無量無邊的眾生。因此，下一節我們將會為大家介紹大福從心生，也就是從「施主的殊勝」來探討布施的果報。請您繼續輕鬆地閱讀。

第五節　施主的殊勝——大福從心生

上一節我們說到布施的對象，也就是「福田殊勝」果報就殊勝的道理；而這一節我們要從「施主的殊勝」來說大福從心生。也就是說，菩薩因為開悟明心證得法界實相後不落兩邊而行於中道，並且以大悲心來修福布施；菩薩作這樣的布施，雖然所布施的物品與他人相同，但是福德卻會隨著菩薩心的優劣而不同。譬如，舍利弗布施給佛一缽飯，而　佛陀把這一缽飯布施給狗，請問這兩個人誰得的福德比較多呢？答案是 佛陀布施給狗的福德比較大。雖然狗是貧窮田，但是因爲佛陀是最上的功德田，所以施主的殊勝會讓果報更加殊勝，這就是「大福從心生」的道理。如《大智度論》卷三十二〈序品 第一〉中云：

> 菩薩摩訶薩知諸法實相無取無捨、無所破壞，行不可得般若波羅蜜，以大悲心還修福行；福行初門，先行布施。
>
> 菩薩行般若波羅蜜，智慧明利，能分別施福；施物雖同，福德多少隨心優劣。如舍利弗以一鉢飯上佛，佛即迴施狗而問舍利弗：「汝以飯施我，我以飯施狗，誰得福多？」舍利弗言：「如我解佛法義，佛施狗得福多。」舍利弗者，於一切人中智慧最上，而佛福田最爲第一，不如佛施狗惡田得福極多。以是故，知大福從心生，不在田也。如舍利弗千萬億倍，不及佛心。
>
> 問曰：如汝説福田妙故得福多，而舍利弗施佛不得大福？
>
> 答曰：良田雖復得福多，而不如心；所以者何？心爲內主，田是外事故。

所以大福由心生，自己修行越好來作布施，那果報就越大，就像經典上常提到佛說祂自己布施給舍利弗，跟舍利弗布施給佛，那還是 佛陀所得的功德比較大！[23]

所以我們應該要具備大慈悲心來作布施，以布施行來利樂眾生，接引眾生一起成就佛道；這個布施及接引眾生而引生的福德，也是我們實證三乘菩提的福德資糧。

第一目　迴向成佛——讓福德暴漲無量倍的方法

您知道福德要怎麼累積才會比較快嗎？如果自己的力量很小，布施的財物或能力又有限，那要怎麼樣用少善根而得到無量的果報呢？平實導師以 彌勒菩薩的《瑜伽師地論》中的道理來教導我們，《瑜伽師地論》卷四十五〈菩提分品 第十七〉中說：

云何菩薩方便善巧，令諸有情以少善根感無量果？謂諸菩薩方便善巧，勸諸有情，捨微劣物乃至最下唯一麨團，施鄙穢田乃至蠢動傍生之類；**作是施已，迴求無上正等菩提。如是善根，物、田雖下，由迴向力感無量果。**

意思是說，菩薩要勸導眾生常行布施，即使用很少又很微劣的東西來作布施，甚至只以一小塊麵糰那麼少的東西來布施，而且又是布施給很下劣的福田像是螞蟻之類的畜生；這麼少劣物品的布施作完之後，只要把功德迴向求願成就無上正等菩提，也就是迴向求願自己能夠早日成就佛道；布施的物品還有布施的對象雖然都很下劣，可是透過迴向的力量卻可以使自己未來世獲得無量的果報。

也許有人會懷疑，眞的有那麼好嗎？別懷疑！因爲佛是實語者、不誑語者，佛從來不曾欺瞞眾生。那是因爲布施果報功德的勝劣是依於——施主、所施物和福田這三者的勝劣差別來決定。

也就是說，如果布施的物品越殊勝，果報也就越殊勝。如果布施的對象「福田」是殊勝的，也就是受施的一方修行層次越高，那布施的果報也就越大。例如釋迦牟尼佛在過去世還是凡夫的時候，曾經布施飲食給辟支佛（解脫的聖者），所得果報就是無量劫都當轉輪聖王。又譬如，佛世「天眼第一」的大阿羅漢阿那律尊者亦復如是，過去生也曾因供養辟支佛而於九十一劫中受諸快樂，在天上當天王，或在人間當大國王乃至轉輪聖王，這個故事我們在第二節中曾經說過。還有一個是施主勝——就是布施的人他自己的修行越好，布施所得的功德也會越好。例如同樣的東西，如果以 佛陀布施給阿難，跟阿難布施給 佛陀，兩相比較；那 佛陀布施給阿難的功德就會大很多，因為 佛陀是施主勝。

從這裡我們就知道，當一個人把布施的功德迴向早日成就佛道時，就表示這個人的心早就已經是菩薩了，因為他決定要行菩薩道，所以發起菩提心；發了菩提心就是菩薩，就變成施主勝，所以即使布施的財物很少，布施的對象也很差，可是因為施主勝就能夠讓他的果報無量無邊！

從經典中我們看到有人布施給辟支佛，就能夠得到無量劫當轉輪聖王的果報，那個人還沒有將功德迴向要成佛，只是福田勝就可以獲得如此殊勝的果報，更何況如果我們努力護持正法，又將功德迴向成就佛道，那福德一定是無量無邊不可思議的！辟支佛雖然是解脫道中的聖者，但是 佛陀說在家之人發菩提心，勝於一切辟支佛果。[24]

所以我們護持正法的果報，那可是要勝過供養辟支佛無量倍的欸！因為佛教的正法，是可以教導眾生行菩薩道乃至成就佛果的究竟法道。佛在《大般若經》

中常說，度一個人成爲菩薩，勝過度一萬個人成爲阿羅漢，更何況正覺同修會所弘傳的 世尊正法，還可以幫助眾生開悟明心乃至眼見佛性，甚至還可以入地成爲眞正的不退轉菩薩呢！

因此，我們以後所有護持正法的功德，包括所有布施和修行的功德，都要迴向自己能夠早日成就佛道，同時也要迴向所有眾生能夠早日成就佛道，這樣的果報就會像下列公式一樣：

施主 × 所施物 × 福田 ＝ 果報。

施主殊勝 × 所施物殊勝 × 福田殊勝 ＝ 果報一定很殊勝。

如果所施物又很殊勝，是三乘菩提勝妙的佛法布施，那這三者相乘在一起，福德就是「**無量無邊**」乘以「**無量無邊**」再乘以「**無量無邊**」了；這樣經過迴向成就無上正等菩提之後，我們將來就可以得到無量無邊不可思議的殊勝果報。

也許有人會提出質疑說：「這樣不是太在意果報了嗎？」其實不然！因爲我們若要行三大阿僧祇劫的菩薩道，就是需要福報好，才有充裕的資糧來行道；譬如說一個人想要救濟貧苦，最好是自己要先很有錢。所以 平實導師教導我們說：如果我們未來世可以得到很好的果報，那不是可以有錢又有閒來幫助眾生嗎？如果我們也能把這樣的方法來教導眾生，讓眾生也可以有很好的福報，這樣你的弟子們未來世也都有錢有閒，能夠好好行菩薩道來利樂眾生。這樣就有很多人都發起菩提心要當菩薩，然後就能廣度無量的眾生，而且大家福報都越來越好，這豈不是一件很美好的事情！

因此，大家以後都要把修行功德迴向成就佛道，也要教導眾生將布施和修行的功德迴向早日成佛，這樣我們未來世的弟子福報都會很好，修行也就比較順遂，如此一來，也會使我們自己的佛道更加順利，能夠早日圓成佛菩提果的修證。

第二目　《地藏經》以大悲心布施貧窮，福德等同供佛

前面提過，當我們把修行或布施的功德迴向成佛時，可以讓我們所得的果報廣大無邊。《地藏經》也是這麼說的：我們把布施功德迴向給法界一切眾生，這樣的福德、功德果報是無量無邊的。

我們學佛的人都知道，供養佛陀的功德無量無邊，因爲布施給修行越好的人果報也越殊勝！例如，布施給畜生未來世可得百倍的果報，布施給破戒人可得千倍果報，而布施給解脫的聖者則可得無量倍果報，乃至布施供養佛陀更是功德無量無邊。但佛在《優婆塞戒經》及《地藏經》中也說，如果具備大慈悲心來作布施，那麼就算布施給畜生，或是窮困的人，也跟恭敬供養諸佛一樣有無量無邊的功德！[25]《地藏經》中甚至提到這樣具大慈悲心布施給窮人，可獲得如同供養一百恆河沙數諸佛那麼多的功德！

《地藏菩薩本願經》卷二〈校量布施功德緣品　第十〉：

佛告地藏菩薩：「南閻浮提，有諸國王、宰輔大臣、大長者、大刹利、大婆羅門等，若遇最下貧窮，乃至癃殘瘖瘂，聾癡無目，如是種種不完具者。是大國王等，欲布施時，若能具大慈悲，下心含笑，親手遍布施，或使人施，軟言慰喻。是國王等，所獲福利，如布施百恒河沙佛功德之利。何以故？緣是國王等，於是最貧賤輩，及不完具者，發大慈心，是故福利，有如此報：百千生中，常得七寶具足，何況衣食受用？」

白話翻譯如下：

佛告訴 地藏王菩薩說：「在南閻浮提世界中，有各國國王、宰輔大臣、大長者、大刹利、大婆羅門等，倘若碰到那些最下等、最貧窮的人，甚至是身上長瘤、駝背、手腳殘缺、五官不正；耳朵又聾、眼睛又瞎；神經錯亂、癡傻呆蔫；嗓子沙啞、啞巴或講話結巴等殘疾人士，這些國王、長者等人想要布施時，倘若能抱著大慈悲心，以謙卑調柔、平易近人的態度，含笑安慰，一個一個親手布施，或讓手下的人去作布施，那麼這些國王、長者等人所獲得的福報利益，就相當於是供養一百倍恆河裡所有的沙子數目那麼多佛一樣的功德利益。爲什麼呢？因爲這些國王等，對於那些最貧賤、以及色身殘疾不全的人們，能發起大慈悲心來，所以就可以獲得這麼大的福德果報。在未來無量的轉世過程中，常常可以得到充足的七寶，更何況是衣服飲食等的受用呢？」

接著 佛陀又繼續開示說：「另外，地藏！倘若在未來世，有那些國王、大臣、長者、刹利及婆羅門等，見到佛的塔、寺，或者見到佛的形像，甚至是菩薩像、聲聞羅漢像、辟支佛像等等，能親自經營辦理，供養布施。那麼這些國王等人，可以在三大劫的長時間裡獲得帝釋之身，享受殊勝微妙的快樂。倘若進一步能把這功德迴向法界一切眾生的話，這些國王等人，在十劫中可以經常獲得大梵天王之身，受用大梵天王之福報。

再者，地藏！倘若在未來世，有那些國王、大臣、長者、刹利及婆羅門等，遇到供奉已經示現涅槃的過去諸佛之塔廟，或是遇到那些過去佛的經典、佛像，遭受毀壞、破損、斷落等情形，能夠發心去修補。這些國王等人，或是親自操辦，或是勸人操辦，乃至勸導成百上千人一起共襄盛舉布施結緣，那麼這些國王等，在後世的百千生中常常可以作轉輪聖王；而那些與他共同布施結緣的人，在後世的百千生中，也常常可以作小國的國王。如果還能在佛的塔廟前，發迴向無上正等正覺之心祈願成佛，那麼這些國王及共同布施的人，最終一定都能成就佛道。爲什麼呢？因爲這樣的果報功德是極大的，大到無量無邊呀！

其次，地藏！倘若在未來世，有那些國王、大臣、長者、刹利及婆羅門等，見到那些年老的、生病的以及產婦，若能在一念間發起大慈悲心，布施醫藥、飲食、坐臥之具等等，使他們能夠得到安樂。這樣的福德利益是最不可思議的：

在一百大劫之中，常常可以成爲淨居天天主；在二百大劫之中，常常可以成爲欲界六天的天主；修學佛道最終必定能夠成佛，永不墮入惡道之中，甚至在後世的百千生中，都不會聽到眾生受苦的音聲。

還有，地藏！倘若在未來世中，有許多國王及婆羅門等，能夠作以上種種的布施，所獲得的福德眞是無量無邊；若能更進一步把這些功德迴向給法界一切眾生，不論功德或多或少，最終必定能夠成佛，更別說帝釋、大梵天王或轉輪聖王等等的福報了。因此，地藏啊！應當廣泛地向一切眾生宣揚這其中的道理，廣泛地勸導一切眾生學習這樣的菩薩行誼才對啊！

此外，地藏！在未來世中，倘若有善男子、善女人在佛法中種很少的善根，即使如同汗毛、灰沙那麼一點點，他們所受的福報也都大得沒法比喻了。另外，地藏！在未來世中，倘若有善男子、善女人見到佛的形像、菩薩的形像、辟支佛的形像、甚至轉輪王的形像，能夠去布施、供養，就可以獲得無量的福德，常常可以生在人間或天上享受最微妙的安樂。如果把這些功德迴向給法界一切眾生的話，那這個人的福德利益也就多到無法比喻了。

或者，地藏！在未來世中，倘若有善男子、善女人，見到大乘經典，或是聽到、看到一首偈甚至只是一句偈，能發尊重心、殷切心、讚歎、恭敬、布施、供養，這樣的人可獲得極大的果報，大到無量無邊。若能把這些功德迴向法界一切眾生，那他所得的功德也就無法用比喻能說清楚了。

再說，地藏！在未來世中，倘若有善男子、善女人，遇到佛的塔寺、大乘經典，若是新的就去布施、供養、瞻仰、禮拜、讚歎，恭敬合掌作禮；若是老舊的或是已經損壞的，發心去修補、抄寫、印刷、裝訂，或是獨自一個人發心，或是勸許多人共同發心，像這樣跟著布施的人，在三十生中，常常可以當小國王。那位領頭發心的人，則常常可以當轉輪聖王，還以種種善法、善政去教導、教化這些小國王。乃至，地藏！在未來世中，倘若有善男子、善女人，在佛法中所種的善根：或是布施供養，或是修補塔寺，或是裝理經典，少到哪怕只是一根汗毛、一點灰塵、一粒沙子或一滴水，像那麼一丁點兒的善事，只要能迴向法界一切眾生，那麼這人的功德，在百千生中都會受用人天最美妙的快樂。倘若只是迴向給自己的親人或自身，那所得的福德果報，就只是三生受快樂，若是迴向法界一切眾生，那功德可以成千上萬地翻倍，眞叫作『捨一得萬』啊！所以，地藏！布施所可獲得的功德，因與果之間的關係，就如上所說的那樣。」26

第三目　菩薩的布施與愛語

這一節我們談大福從心生，說布施時要發大慈悲心，以及要將布施的功德迴向自己早日成佛，同時也要迴向給一切眾生能夠早日成佛。舉出這些經論的目的，主要就是在說菩薩成佛就是要攝受眾生，希望眾生也能走向佛道。菩薩道有四攝法，除了布施之外還要愛語、利行和跟眾生同事。平實導師在《優婆塞戒經講記》第二輯第二二九～二三〇頁中開示：

四攝法是依佛世時天竺的狀況來說。四攝就是布施、愛語、利行、同事。菩薩要利益眾生，首先是布施：法布施、財布施、無畏布施。所以我們出來弘法，是法施；從來不收人家錢財納爲己有，我們並且出錢贊助來買講堂，是財施；使人了知無餘涅槃中的實相，捨壽面對生死時無所畏懼，就是無畏布施。四攝的第二法是爲眾生說法時要和顏悅色，不要老是板著臉孔看不起人；而且說話要柔軟，要慈愛，這就是愛語。然後，當眾生正在爲佛教做事時，我們不可置身其外，要與眾生共行，這就是同事。所做的事情都是利益眾生的行爲，並且又與眾生共同爲佛教正法的永續流傳而做事，對眾生有利，叫作利行。利行等事都不是爲了利益自己，而是利益現在的佛教，也利益未來世所有的佛門學人；但是做這些事情時不必單獨由自己做，可以與眾生共事一起來做，所以利行之事也可以同事。以這四種方法來攝受眾生，就是四攝法。

平實導師常常教導我們，在面對眾生時都要愛語，而四攝法中最重要的就是愛語，因爲愛語會是其餘三者能否順利成就的助伴。《瑜伽師地論》卷四十六〈菩薩功德品 第十八〉中說：「愛語攝事，於諸攝事最爲殊勝。」

平實導師在《優婆塞戒經講記》第二輯第一五四頁開示說：

菩薩不要學中國古時「齊人不食嗟來之食」的富者行爲。古時飢荒時，總是有人開粥廠，施粥救濟逃荒者；有個富翁看見一個從齊國逃難來的人，這位富翁覺得自己有錢布施，心裡洋洋得意的施粥施飯，他看到那個齊人時就吆喝說：「嗟！來吃！」口氣很不好、很自大，瞧不起那個齊人，齊人覺得受辱，就不願吃，不多時就餓死在那兒。後來這位富翁很反悔，有人就寫了一篇文章敘述這件「齊人不食嗟來之食」的眞實故事。我們行菩薩行的人，對這件故事可得嚴肅的看待，一定要如法的擁護眾生，千萬不可生起輕視之心。

平實導師教導我們，跟眾生面對面交談時，或在網路上跟別人對話作佛法布施時，都要把握四攝法中的「愛語」，隨時注意自己的口氣要好，要委婉、柔軟、親切。如此，可以跟眾生廣結善緣，而且這也是迅速攝受佛土又不必多花本錢的好方法。

第四目 菩薩的布施：攝受眾生、成就佛道

布施修福除了可以當作往生人道或生天的資糧外[27]，還可以是出生二乘解脫智慧，乃至是菩薩般若智慧出生的資糧。《大智度論》卷十二〈序品〉：

若人布施，心不染著，厭患世間，求涅槃樂，是爲阿羅漢、辟支佛布施；若

人布施爲佛道，爲衆生故，是爲菩薩布施。如是等種種布施中分別知，是爲布施生般若波羅蜜。

也就是說，如果有人布施，心不貪著，厭惡這個世間，希望出離而求取涅槃解脫之樂，這樣的布施會成爲阿羅漢或辟支佛果的資糧。而如果有人布施是爲了成就佛道，是爲了眾生的緣故，那這樣的布施就是菩薩的布施；所以說，布施也是菩薩成就佛道的資糧。《大智度論》卷十二〈序品 第一〉又說：

復次，菩薩布施時，思惟三事實相，如上說。如是能知，是爲布施生般若波羅蜜。

復次，一切智慧功德因緣，皆由布施。如千佛始發意時，種種財物布施諸佛，或以華香、或以衣服、或以楊枝布施而以發意。如是等種種布施，是爲菩薩布施生般若波羅蜜。

意思是說，菩薩布施時，是從實相智慧中來觀察思惟三輪體空，這樣就是布施生起般若波羅蜜。因爲一切智慧功德的因緣，都是由布施而來的。就像千佛過去無量劫前開始發心學佛時，也都是用種種財物布施諸佛，或用各種花、香、衣服等等布施眾生來累積福德。所以，菩薩在智慧上的實證，也是要從布施、攝受眾生、累積福德爲基礎，有了福德作爲基礎，才能支撐起佛道實證智慧的高樓。

平實導師在《優婆塞戒經講記》第二輯第一八八～一九一頁中開示：

菩薩種姓的學佛人，一定是在具足二乘所證純無漏無爲法以外，還要加修一切的無漏有爲法；當一切無漏的有爲法圓滿具足了，才能成就一切種智、四智圓明，否則必定無法成就一切種智，當然不可能成佛。因此菩薩要無量世在無漏的有爲法上進修，否則一切種智具足親證的因緣就無法出現，一切種智當然就不能具足圓滿。除此之外，久學菩薩出現在人間，一定不會當窮鬼；有的人窮到鬼都怕，這種福德不具足的人，不可能當菩薩的；如果這一世當了菩薩，那一定是新學菩薩。久學菩薩一定會示現富裕之相：生活無虞，不必受人供養。這就是菩薩行施而得的可愛異熟果報。看看經中所講的大菩薩們，哪一位大菩薩是需要人家供養呢？……他根本不需要，他可以種種所需布施給一切眾生。西方的大勢至菩薩，那是多麼莊嚴，每踩一步都是無比的莊嚴；你們看看《觀經》怎樣的描寫，就知道那是很大的福德才能夠成就的。大家也可以看看文殊、普賢、維摩、地藏，這些菩薩哪一位是需要人家供養的？

都沒有！甚至維摩居士妻妾成群，有才華的兒子很多，他又是巨富長者，這不都是有為法嗎？是的！菩薩生生世世布施（財施與法施），利益無量眾生，請問他們生生世世感得的福報會很小嗎？當然不會！這是什麼原理呢？後面經文中佛會詳細的開示。

不說別的，光說一個餓字；有時看見一條餓狗，我們買個肉包子布施給牠；不曉得現在肉包子一個要幾塊錢，如果以十塊錢計算，佛說可以得到來世百倍之報，那麼布施的菩薩在來世可以得多少世間福，你們自己算算看。做這個生意最好賺了！哪裡還有比這個生意的利潤更好的？一般的大企業，譬如統一企業好了，如果每年的歲後盈餘有百分之八或百分之十，他們就很歡喜了！

但是你布施給不能回報的無福眾生，來世還得百倍之報，有什麼生意比這個更好做？而且還可以帶到未來世去，這一世的錢財都還帶不去呢！你想，菩薩生生世世布施下來，他應該是生生世世都不愁吃、不愁穿、不愁住、不愁行，什麼都有。所以有的菩薩說：「我這一生乾脆賺到這裡就好，剩下的福報留到下輩子再用。」這一輩子仍然繼續在布施，累積來世更多的福德，作爲成佛的道糧。菩薩就是這樣子做啊！一直累積！累積到後來無量的福德滿足了，三十二相便成就了！這時終於可以成佛了。

因此，菩薩布施，目的在於未來世的可愛異熟果報，可以無所遮障的繼續順利學佛。這種可愛的異熟果報有兩種：一是正報，生而爲人，而且生在有福報的地方，不要生到窮鬼所住的地方。二是依報，自身富有資財，不必受人供養。這就是菩薩的世世可愛異熟果。凡是久學菩薩都有這種異熟果。如果不具備這種可愛的異熟果，就不能稱爲久學菩薩，因爲他沒有生生世世努力布施，導致世間法上的福報不具足。那麼可愛異熟果若沒有圓滿具足，三十二大人相當然不可能圓滿，也就不能成佛，因爲福德仍然欠缺的緣故，所以不要一味的排斥有爲法。

有爲法既然分爲無漏的有爲法和有漏的有爲法二種，諸位對此就應要有所理解，不能夠一直要去追求純無漏無爲的法，而去排斥無漏的有爲法；如若不然，菩薩道一定不可能成就，佛道更無法成就。這就是說，在無漏有爲法上來爲大眾宣說，說十方諸佛一定都是福德滿足、慧學滿足，才能成佛，如果其中的一種有絲毫的欠缺，就無法成佛。以上是講世間相上的無漏有爲法，可是還有一切種智中的無漏有爲法，那就是如來藏本身的無漏有爲法，這種有爲法是純無漏性的，因爲都不與貪瞋癡相應。不過這部分你得要破參了，才會知道少分，我們這裡不可以明講。至於多分的了知，得要等到入地時；全部的了知，則是佛地的事。

所以布施對菩薩來說是非常重要的。而我們布施或供養三寶時，也要勸導眾生一起來作，譬如《優婆塞戒經》卷五〈雜品 第十九〉中云：【善男子！若人多財，無量歲中供養三寶，雖得無量福德果報，不如勸人共和合作。】

平實導師在《優婆塞戒經講記》第六輯第一五八頁中也開示：

「如果有人錢財很多，他在很多年中不斷的供養三寶，都是自己在做；雖然未來世可以得到無量的福德果報，但是自己做不如勸別人共同和合來做。」

所以修集福德不必全部自己一個人做成，能分一部分給別人共同來做最好；而自己節省下來的部分，另外再尋找別的植福因緣，再找別人一起做；這樣做的人，未來世不但很有福德，而且還會有非常多、非常多的世間法及佛法上的眷屬，未來世做事時絕對不會是孤單一個人，所以親眷、法眷都很多，所以佛說「不如勸人共和合作」。

因此我們除了自己布施以外，也要勸導眾生一起來布施，讓大家都可以成爲有大慈悲心的菩薩！

第五目　智者的五種布施方法

布施還有許多要注意的方便善巧，可以讓果報更加殊勝。《優婆塞戒經》卷四〈雜品　第十九〉：

善男子！有智之人施有五種：一者至心施、二者自手施、三者信心施、四者時節施、五者如法求物施。善男子！至心施者，得何等果？若至心施者，是人則得多饒財寶金銀、琉璃、車渠、瑪瑙、眞珠、珊瑚、象馬、牛羊、田宅、奴婢、多饒眷屬，至心施者得如是果。自手施者得何等果？自手施已，所得果報如上所說；得已能用，自手施者得如是報。信心施者得何等果？信心施已，所得果報如上所說；得已能用，常爲父母兄弟宗親一切眾生之所愛念；信心施者得如是報。時節施者，得何等果？時節施者所得果報如上所說；所須之物隨時而得，時節施者，兼如是果。如法財施得何等果？如法財施所得果報如先所說；得是財已，王賊水火所不能侵。若好色施，以是因緣是人獲得微妙上色；若以香施，是人因是名稱遠聞；若以味施，是人因是眾樂見聞，既見聞已，生愛重心；若好觸施，是人因是得上妙觸。受者受已，則能獲得壽命色力安樂辯才。

佛陀在這段經文中提到，有智慧的人都能具足這五種方法來行布施，因爲這五種方法可以讓我們的果報更加殊勝。

第一、**要至心施**。也就是我們要以至誠心來布施，如果心不甘情不願的，那果報就無法殊勝；若能以至誠心布施，那果報就會很大。

第二、**要親手施**。布施不要透過別人；透過別人布施，那將來這個福報的實現也要經由他人之手，無法隨意自在地使用；譬如有的人很有錢，可是沒辦法隨意使用，必須經過第三者例如父母或另一半同意，他才可以使用。這就是過去世沒有自手施的緣故。因此我們如果是大老闆或高位者，布施時最好不是命令屬下去作，應該要自己至誠地親手布施給他人，並且配合愛語，這樣對方也會感受到我們的誠意，那我們未來的福報就會很好！接受我們恩惠的人也會因我們的謙恭有禮，而種下樂於親近我們，接受我們教化的種子。

第三、**要信心施**。也就是對布施的因果要具足信心，這樣未來的果報才會好，父母、兄弟和宗親及一切眾生也都會愛念我們，不會生起忌妒或嫌棄之心，這就是信心施的果報。

第四、**是時節施**。也就是要及時布施，像及時雨那樣使受施者獲得及時的救助。及時施未來世的果報，就是當我們需要財物時就即時可以得到，因為我們過去就是這樣及時地幫助了眾生，果報自然也會是如此。

第五、**要如法財施**。也就是我們布施的財物必須是合法取得的，不是像有的人劫富濟貧那樣。如法的布施，可以讓我們未來世的財物，不會被國王、盜賊、大水、大火等所侵奪損害；譬如有的人賺了很多錢，可是卻要繳很多不合理的稅，被國王大量徵收；或者不幸被盜賊搶走、偷走，或是遇到水災、火災而失去了財物，這就是過去生布施的財物不是以合法手段取得的果報。

接著，佛陀又說：如果是以好的食物、好的物品來作布施，未來世就會得到好的色身或是好的財物。如果以香布施，未來世可以得到的果報就是好的名稱，善名遠播。如果是以好的味覺，譬如好吃的食物來作布施，未來世大家看見他都會喜歡他，聽到他的名字時也都會喜歡他，會生起愛重之心。如果用好的觸覺來布施，例如好的衣服、棉被……等，那未來世也會獲得上妙的觸覺享受，穿的、睡的、用的都是觸感很好的物品。總而言之，施主讓接受布施的眾生，獲得壽命的增長、或身體得到力氣、或身心得到安樂、或得到辯才，那麼施主未來世也會得到相同而且更加殊勝的果報。以上 佛陀所說布施時的五個重點：**至心施**、**親手施**、**信施因果**、**時節施**、**如法財施**，也是佛弟子們應該努力實踐的，不僅可以讓我們未來世的福報更好，也可以迅速增益我們未來世行菩薩道時實證菩提的資糧。28

第六節　布施的種類與方法

俗話說：「種瓜得瓜，種豆得豆。」布施也是如此，各種不同的布施可以讓我們得到不同的果報。在上一節舉出《優婆塞戒經》卷四〈雜品 第十九〉的經文提到：

若好色施，以是因緣是人獲得微妙上色；若以香施，是人因是名稱遠聞；若以味施，是人因是眾樂見聞，既見聞已，生愛重心；若好觸施，是人因是得上妙觸。受者受已，則能獲得壽命、色力、安樂、辯才。

佛說以色聲香味觸等五欲之法布施給眾生，施者將能獲得各種不同的殊勝果報利益。又如《大智度論》卷十二〈序品 第一〉中說：

布施飲食得力、色、命、樂、贍；若布施衣服，得生知慚愧，威德端正，身心安樂；若施房舍，則得種種七寶宮觀，自然而有五欲自娛；若施井、池、

泉水種種好漿，所生則得無飢、無渴，五欲備有；若施橋、船及諸履屣，生有種種車馬具足；若施園林，則得豪尊，為一切依止，受身端政，心樂無憂。如是等種種人中因緣，布施所得。

論中說，布施飲食，未來可得到強健的體魄、殊勝的妙色身、長壽、身心快樂、眾生喜樂親近；布施衣服，未來世可以得到與生俱來的慚愧善法，威儀德行端正莊嚴，身心安隱快樂；如果布施房舍，可以得到七寶莊嚴的宮殿樓閣；如果布施井、池等清淨好水，不但後世可以得到好的漿水，並且能夠無飢、無渴，五欲充足；如果布施造橋、船及鞋子，將得到車、馬等交通工具充足；如果布施園林，未來會得豪富尊貴的地位，一切人都會依止他，身相也會很端正，心中安樂而無憂無慮。像這些種種的依正莊嚴，都因為所作布施的因緣而得。

第一目　各種財物布施的果報

布施的種類可分為財施、法施及無畏施三種。佛在《優婆塞戒經》卷四〈雜品 第十九〉開示說：

善男子！復有三施：一以法施、二無畏施、三財物施。……自於財寶破慳不吝，若好若醜若多若少，牛羊象馬房舍臥具，樹林泉井奴婢僕使，水牛駝驢車乘輦轝，瓶甕釜鑊、繩床坐具、銅鐵瓦器，衣服瓔珞燈明香花，扇蓋帽履机杖繩索，犁鎒斧鑿、草木水石，如是等物，稱求者意隨所須與，是名財施。

首先，我們先來談財布施，財施之目的除了讓我們未來世的果報富裕，讓我們未來世有資財可以利益眾生之外，另外還有一個很重要的目的，就是破除我們的貪心及慳吝心。平實導師常提到：「當我們布施財物給眾生時，其實不只是布施財物，而是同時把自己的慳貪心布施出去了。」[29] 因此，發願當菩薩的學佛人，若要破除對財寶的慳貪之心，就得先從財布施下手。而財布施不只限於金錢施，舉凡各種財物，包括各種生活必需品，不論是食、衣、住、行、育、樂之物品，或是各種金、銀、銅錢乃至各種珍寶，都是可布施之物。依於布施物品的不同，未來世所獲得的果報也會有所不同。譬如《優婆塞戒經》卷二〈自他莊嚴品 第十一〉中說：【無量世中常施衣燈，以是因緣獲得上色。……無量世中常施飲食，以是因緣身力具足。】

我們接著引用《佛為首迦長者說業報差別經》來作說明，這部經主要是 佛陀對首迦長者說明眾生所作善惡業報的差別法門相，其中對於布施也有所教導。

經中說奉施諸佛菩薩各種不同的物品，所得到的功德果報也有不同。例如：布施供奉寶蓋，未來可以身心安隱、得到大威德的菩薩眷屬……等十種功德。[30] 布施供奉繒幡，未來可以得到國王、大臣、親友、知識的恭敬……等十種功德。[31] 布施供奉鍾鈴，未來可以得到梵音聲、大名聞，說的話眾人都尊敬接受……等十種功德。[32] 布施供奉衣服，未來得到肌膚細滑、面貌端嚴……等十種功德。[33] 布施供奉器皿，未來可以離諸渴愛；若口渴，自然有流泉湧出，並且終不生於餓鬼道……等十種功德。[34] 布施供奉飲食，未來得到壽命、好形色和強壯有力，乃至眾人敬仰愛樂……等十種功德。[35] 布施供奉鞋履，未來能得到足下安平、遊步輕健甚至未來可以得到神足通……等十種功德。[36] 布施供奉香花，未來身常香潔、鼻根不壞，甚至相貌莊嚴、貌美如花……等十種功德。[37] 布施供奉燈明，未來得到不壞的肉眼，得到好的智慧，在世間流轉終不在黑暗之處，甚至得到天眼通……等十種功德。[38] 而我們布施供奉這些物品給諸佛菩薩、解脫者或持戒人，未來世可以得到大福報，並且可以在命終之後生天，乃至可以速證涅槃。

經中還特別提到，人間眾生富樂貧苦的先後差別，不論是先樂後苦、先苦後樂、先苦後亦苦、先樂後亦樂等，皆因施主及福田的勝劣，而有種種的業報差別。《佛爲首迦長者說業報差別經》卷一開示如下：

復有業——初樂後苦：若有眾生爲人所勸，歡喜行施，施心不堅，後還追悔。以是因緣，生在人間，先雖富樂，後還貧苦。是名先樂後苦。

復有業——初苦後樂：若有眾生爲人勸導，俛仰少施，施已歡喜，心無悋悔。以是因緣，生在人間，初時貧苦，後還富樂，是名初苦後樂。

復有業——初苦後苦：若有眾生離善知識，無人勸導，乃至不能少行惠施。以是因緣，生在人間，初時貧苦，後還貧苦，是名初苦後苦。

復有業——初樂後樂：若有眾生近善知識，勸令行施，便生歡喜，堅修施業。以是因緣，生在人間，初時富樂，後亦富樂。

復有業——貧而樂施：若有眾生先曾行施，不遇福田，流轉生死，在於人道。以不遇福田故，果報微劣，隨得隨盡；以習施故，雖處貧窮，而能行施。

復有業——富而慳貪：若有眾生未曾布施，遇善知識，暫行一施，值良福田。以田勝故，資生具足，先不習故，雖富而慳。

復有業——富而能施：若有眾生值善知識，多修施業，遇良福田。以是因緣，巨富饒財，而能行施。

復有業——貧而慳貪：若有眾生離善知識，無人勸導，不能行施。以是因緣，生在貧窮，而復慳貪。

上述經文義理淺顯易懂，簡單的說，眾生這一世的果報是先富後貧、先貧後富；或先富後富、先貧後亦貧等，這都與他過去生是否常行布施，並發願未來世亦樂行布施？或是否值遇眞善知識等良福田而能行布施？這些都會導致他今生富裕或貧窮，乃至他今生繼續慳貪或繼續樂善好施，以致未來世又會繼續貧窮或富裕等等差別。譬如，有的眾生雖然很貧窮但樂善好施，那是過去世沒有遇到良福田，所以得資財匱乏的果報，但因爲有布施的習性，所以雖然貧窮但苦惱少，即使能施之物微少，仍喜愛布施；此世若能值遇到良福田，並以至誠心、恭敬心、無悔心而布施，那麼他未來世所獲得的果報將是殊勝無比的。或有的人是非常慳貪吝嗇的小氣鬼，此世很有資財，珍寶具足，但他平常卻都不布施，他的資財豐厚是因過去世運氣好遇到了大善知識良福田，他剛好在那一次布施了；他那一世僅僅布施這麼一次，因爲福田勝的關係，所以他今生非常的富裕，但因爲習性慳貪，所以他這一世還是捨不得布施，而且雖有錢卻不會受用，顯示不出豪貴的威儀；也有人布施時是發心的，但布施出去馬上又後悔或猶疑，這樣他的未來世果報，雖然是會有錢，但錢財似乎與他無關，因爲他吃的穿的用的都感受不到有錢的樣子。也有眾生很樂善好施，又能值遇善知識良福田，這樣的眾生就會世世都富有資財而又樂於布施。最悲慘的是貧窮又慳貪的人，過去世從不布施，今生又繼續不布施，導致未來生生世世都是既貧窮又慳貪，甚至會有下墮三塗的果報。

第二目　佛說三十七種布施法

我們再舉《佛說布施經》來說明布施與所得果報利益的關係。《佛說布施經》卷一中說：

如是我聞：一時佛在舍衛國祇樹給孤獨園，與大苾芻眾說布施法。有三十七種：
一、以信重心而行布施，當得離眾嫉妬，人所崇敬；
二、依時施，得三業清淨，四時安隱；
三、常行施，得身心適悅，無散亂失；
四、親手施，得手指纖長，身相端正；
五、為他施，復得他人行大捨施；
六、依教施，心離取相，得無為福；
七、以妙色具施，得身色端嚴，眾所愛樂；
八、以上妙香具施，恒得旃檀之香，受用供養；
九、以上味施，得味中上味，充益肢體；
十、如法尊重施，得安隱快樂，眾人喜見；
十一、以廣大心施，得無量廣大之福；
十二、以美食施，得離飢饉，倉庫盈溢；
十三、以漿飲施，得所往之處無諸飢渴；

十四、以衣服施，得上妙衣，莊嚴身相；
十五、以住處施，得田宅寬廣，樓閣莊嚴；
十六、以臥具施，得生貴族，資具光潔；
十七、以象、馬車輦施，得四神足，無擁妙用；
十八、以湯藥施，得安隱快樂，無諸疾病；
十九、以經法施，得宿命等通；
二十、以花果施，得七覺支花；
二十一、以花鬘施，得脫貪、瞋、癡垢；
二十二、以香施，得離煩惱臭穢；
二十三、以傘蓋施，得法自在；
二十四、以鈴鐸施，得言音美妙；
二十五、以音樂施，得梵音深妙；
二十六、以然燈施，得天眼清淨；
二十七、以繒綵、疋帛施，得解脫衣服；

二十八、以香水灑如來塔廟；
二十九、以香水浴如來身；
三十、以香油塗飾佛像，共得三十二相、八十種好；
三十一、以香水施浴眾僧，得富貴家生，少病安樂；
三十二、以慈心施，得顏貌和悅，無諸瞋恨；
三十三、以悲心施，得離殺害；
三十四、以喜心施，得無所畏，遠離憂惱；
三十五、以捨心施，得離罣礙，證寂滅樂；
三十六、以種種施，得種種福；
三十七、以無住無相心施，得無上正等正覺。

佛告諸苾芻：「如是三十七種，智者所行，微妙施行，汝今受持。」

爾時舍衛國王白佛言：「世尊！我等云何而行布施？」

佛言：「大王！若求勝妙福報而行施時，慈心不殺，離諸嫉妬；正見相應，遠於不善；堅持禁戒，親近善友；閉惡趣門，開生天路；自利利他，其心平

> 等。若如是施，是眞布施，是大福田。復次行施，隨自心願，獲其報應。或以妙色、名香、珍味、軟觸，親手布施，得衆人尊重、眷屬圓滿、富貴安樂之報；或以飲食布施，而得大力；或以酥油之燈布施，而得天眼；或以音樂布施，而得天耳；或以湯藥布施，而得長壽；或以住處布施，而得樓閣、田園；或以法說布施，而得甘露。」
>
> 佛言：「大王！若以十善行施，復得十種報應。十善者：不殺生、不偷盜、不婬欲、不妄語、不綺語、不惡口、不兩舌、不貪、不瞋、不癡，而得命不中天、財無散失、眷屬清潔、所言誠諦、離諸嫉妬、人所喜見、親友和睦、不墮貧賤、顏貌端正、智慧相應，獲報如是。」
>
> 佛言：「大王！若以上妙飲食供養三寶，得五種利益：身相端嚴、氣力增盛、壽命延長、快樂安隱、成就辯才。如是，南贍部洲一切衆生、父母、妻子、男女眷屬，如上布施，隨願所求，無不圓滿。」
>
> 說此法已，皆大歡喜，作禮而退。

經中開示的內容已是簡明易懂，我們無須贅言解釋。由經文的開示可知，有關布施與果報的因緣差別，牽涉到施主、施物與福田三者的交互關係，其實是非常錯綜複雜的；同樣的布施，但布施時的身口意行作意有各種不同，所得的果報是有很大不同的，猶如經文的最後一項——**以無住無相心施，得無上正等正覺**。這才是布施的最高層次、最終目的，也就是說，轉依實相心來布施時，正當布施的時候，在實相境界中沒有施者、沒有施物、也沒有受施者，便是布施到彼岸的三輪體空——布施波羅蜜。像這樣子布施才能雙具功德與福德，也才能成就開悟明心乃至成就佛菩提果。如果想要求得世間福報乃至出世間果——解脫果或佛菩提果，都需要這一類次法的修集漸至圓滿，也就是布施之論、持戒之論、生天之論，其中尤以布施爲首要。布施雖然只是次法，卻是世間或世出世間都不能缺少的福德；乃至到了等覺位菩薩，都還要百劫修相好而作大布施——無一時非捨命時，無一處非捨身處的盡捨外財、內財，一切無不能施；等覺菩薩在這百劫期間受生的目的都是爲了施與眾生，如此方能圓滿等覺位，成就未來佛地的三十二大人相、八十種隨形好的大功德與大福德。因此，學佛的佛弟子們！對於布施，務必要確實的認識與實踐，才能廣具資糧，並且還要持守戒行，也才能修十善業道而升天，乃至進一步修證解脫及佛菩提道。

第三目　施主不分貴賤，貧窮亦復能施

有的人可能會說我很窮，那怎麼布施？佛陀也教了我們很多種方法，《優婆塞戒經》卷四〈雜品　第十九〉：

善男子！智者常作如是思惟：「欲令此物隨逐我身至後世者，莫先於施。」復當深觀貧窮之苦，豪貴快樂，是故繫心常樂行施。善男子！若人有財，見有求者，言無言儩；當知是人已說來世貧窮薄德，如是之人名爲放逸。善男子！無財之人自說無財，是義不然；何以故？一切水草，人無不有；雖是國主不必能施，雖是貧窮非不能施，何以故？貧窮之人亦有食分，食已洗器，棄蕩滌汁，施應食者亦得福德；若以塵麨施於蟻子，亦得無量福德果報；天下極貧，誰當無此塵許麨也？誰有一日食三揣麨，命不全者？是故諸人應以食半、施於乞者。善男子！極貧之人，誰有赤裸無衣服者？若有衣服，豈無一綖施人繫瘡、一指許財作燈炷耶？善男子！天下之人，誰有貧窮當無身

者？如其有身，見他作福，身應往助，歡喜無厭，亦名施主，亦得福德。或「時」有分，或有與等，或有「勝」者；以是因緣，我受波斯匿王食時，亦呪願王及貧窮人，所得福德等無差別。

佛陀開示說，有智慧的人應當常思惟——希望此世富有資財並且未來世能於財富得自在，唯有行布施，一切莫過於布施；並且還要深入觀察貧窮是多麼痛苦，豪貴是多麼快樂自在。因此就會願意努力地布施，常繫念思惟布施的功德，並付諸實行樂於布施。佛陀又開示說，如果明明有錢財，遇到他人來乞求時，卻推脫說沒錢而不願布施；當他這樣說時就像是發了惡願——已經預記自己來世會是貧窮薄福的人了，這樣的人就是放逸之人。而且就算是錢財拮据困窘的人，也不應該說自己沒有能力布施，因爲貧窮的人其實也是有能力布施的，經中說：「一切水草，人無不有。」一切無主的水與草，任何人都可以取來作布施的啊！譬如，在佛世時有一位很貧窮的老婆婆，大阿羅漢迦旃延尊者爲了讓她種福田來累積福德，故意去找她請求布施淨水，以使她未來世不再貧窮並具大功德（布施給已證果的人天應供，果報是不可思議的大啊！）那位貧窮的老女僕死後就因此而生天享福去了。

這個故事請參看本章第二節第二目中的敘述，這裡就不再重複說明了。平實導師更開示說：如果沒有錢也沒關係！你可以對牛布施，割幾把草送給牠吃也可以。牠吃了你的草，你來世就能獲得福德；不但如此，牠未來世若生到人間，遇到你時還要當你的徒弟，見了你就跟定你了，所以 佛陀說「**雖是貧窮，非不能施**」。

佛陀另外又說，就算是當了國王也不一定樂於布施，而貧窮人也不是就不能布施。因爲，最貧窮的人總是有飲食的時候，當他吃完飯後，用少許的水蕩滌一下碗裡的殘渣湯汁等，這些湯汁就可以用來布施給需要的眾生，例如昆蟲、螞蟻……等；或是有剩下少許的麵粉殘渣，也一樣可以用來布施給螞蟻、蟲子等，這樣的布施也能得到福德。而如果貧窮的人還有三餐可以飲食，也應該把自己的飲食分一半布施給來求乞的人，自己並不會因此餓死啊！

再說，最貧窮的人身上也會有衣服，也可以從衣服上抽下一條線，布施別人綁身上的膿瘡，讓它快些結痂掉落。也可以剪下一些破碎的布線，綁成燈炷送給別人點燈，甚至用在佛像前點起燈來供養，這也是布施，未來世都可以得到無量的福德。

佛陀又開示說：「**天下之人有誰貧窮到沒有身體的呢？**」只有無色界的天人沒有身體，在人間的人都有身體；如果有身體，當看見別人在造福業修福時，我們應該也可以用身體前去幫助他完成；心中歡喜而無厭倦，這樣的人也叫作施主，未來世也可以得到許多福德。如果我們有時間，時間也可以拿來布施利益別人；更不用說財物……等也可以布施給別人，或者因爲有超越於別人的特殊身分，或超勝於別人的智慧，也都可以用來布施；如果這個身分與智慧可以對別人有利益的話，就應該不吝於貢獻出去而前往幫忙；總之，不應放棄任何一個可以種福田的機會。因此即使是 佛陀都還繼續在修福，譬如 佛陀常常身往護助有緣眾生；有一次，佛陀在接受波斯匿王的食物供養時，不但咒願波斯匿王未來世福德無量，也同時咒願貧窮人所得到的福德與波斯匿王相等而沒有差別。[39] 另外，佛世時的十大弟子之一的阿那律尊者，他的眼睛瞎了，有一次他要縫補衣服時，就喊著說：有哪個人在呀！可以來幫我縫補衣服嗎？這時 佛陀以天耳聽到了，就藉機帶領諸比丘們去巡寮房，特地走到阿那律尊者住處，就拿起衣服來縫補，阿那律尊者就問說：「**您是誰啊？這麼善心！**」佛陀就回答說：「**我是佛陀！**」阿那律尊者聽了嚇一跳說：「佛陀怎麼還會來做這種事呢？」佛陀說：「修福那還嫌多嗎？」由此可知，尊貴如 佛陀都如此了，我們一般的眾生怎能不學習效法呢？

第四目 輕嫌損福，隨喜增福

眾生都不知道這一張嘴二片薄皮，可以成就與減損多大的福德。因此人人可以修福，人人亦可損福：隨喜讚歎，增長福德；貶抑輕蔑，損減福德；口德好修，也是難修。

布施不一定需要財物，法施、無畏施都是布施；若無法可施，布施無畏也是很殊勝的布施。令人不生恐怖畏懼就是無畏施，布施慈悲柔軟語即是無畏施，於眾生不生嫌惡之心亦是無畏施。多看他人的優點，任何人都可以輕易賺到隨喜讚歎的福德，又不用花本錢，何樂而不為。眾生都喜樂被別人稱讚，當有人修福時，我們見了也能隨喜讚歎，對方聽了歡喜；也顯示自己沒有嫉妒心，增加了心性上面善法的功德，更可以跟對方結下善緣，因為「**大福從心生**」。

另外，平等施也是大福德與大功德，佛陀在《優婆塞戒經》卷四〈雜品 第十九〉也有說：

善男子！如人買香：塗香、末香、散香、燒香，如是四香，有人觸者、買者、量者，等聞無異，而是諸香不失毫釐；修施之德亦復如是，若多若少、若麁若細，若隨喜心、身往佐助，若遙見聞心生歡喜，其心等故，所得果報無有差別。善男子！若無財物，見他施已，心不喜信，疑於福田，是名貧窮。若多財寶自在無礙，有良福田，內無信心不能奉施，亦名貧窮。是故智者隨有多少任力施與，除布施已，無有能得人天之樂至無上樂。是故我於契經中說：「智者自觀餘一揣食，自食則生，施他則死，猶應施與」，況復多耶？

佛陀的意思是說：譬如有人買香，不論是哪一種香，凡是接觸到香的人、買者或賣者，或是稱量計算的人，大家都可以平等而無差別的聞到香，而這些香並不會因爲是買是賣或稱量接觸而有所差異，一樣散發出香味來不失毫釐，這就是平等施的意思。而修布施的福德也是這樣；布施的財物、身力，或多或少，或粗或細，或者只是隨喜心，或者親身前往相助，或是有人在很遠的地方看見、聽到了而心生歡喜，由於心是平等性的緣故，所得到的果報就沒有差別：同樣都有福德，因為他有隨喜心與隨喜行。

所以平等心很重要，當遇到有布施的因緣時，不去比較能布施的財物多少、物品優劣，所布施的對象尊貴或下賤，完全以至誠心、恭敬心、平等無差別的心來布施，如此功德將殊勝無比！等視一切眾生是非常不容易做到的，因為眾生總是活在分別當中（能分別的是意識心，只要存在就必定會有分別），時時刻刻都在計較與比較當中；殊不知當菩薩以無所得心來布施時，就已經有「有所得」的世間財與法財跟隨而來了。對一個已證悟明心的人來說，那就更能體會平等的眞實義了；當我們自己身邊剛好沒有財物可以布施，也應該以歡喜心來隨喜讚歎他人的布施，並且轉依法界實相平等心的非境界，來現觀施者、受者以及施物三者都無所得、平等平等；這樣的布施波羅蜜，已非世間法的布施所能比。

如果自己沒有財物布施，或有財物而卻捨不得布施，或看見他人布施時心中卻不高興，生起了嫉妒之心；又不相信布施的果報，懷疑種福田的因果是不是眞的？那這樣的人就已大大的減損福德了，他的果報除了此世是貧窮人，來世也是無法脫貧的。或是有人此世有很多財寶能自在支配使用，而且他有因緣遇到良好的福田，但心中卻沒有對布施的因果生起信心，所以不能於此大良福田作布施護持，那麼他的未來世必定將成爲貧窮人；如果再加上慳貪不願布施，則下一世未必能再受生爲人，可能會墮入餓鬼道。所以，有智慧的人應當隨分，隨著自己有多少財物與能力而歡喜布施；因爲除了布施之外，沒有方法能夠得到人間或天上的快樂，乃至佛菩提道無上的解脫快樂。所以 佛陀在經典中常說：「有智慧的人觀察到自己雖然很餓，只剩下一口的食物，自己吃了就可以維持生存，但此時也有一個即將餓死的人出現在面前，智者都應將這一口食物布施給對方，讓他得以繼續活命。」這才是菩薩啊！布施救護眾生的生命，成就的福德與功德不可限量啊！因爲是及時施；更何況是具有很多錢財，怎麼能夠不布施呢？

平實導師在《金剛經宗通》第三輯第六十六～六十八頁也開示說：

另外一種福德叫作「隨喜讚歎」。譬如某甲菩薩努力來作義工，有的人心裡面酸溜溜地，開口就說：「哎呀！我就是沒時間啦！不像你那麼好命啦！我都沒辦法啦！」酸溜溜地說出口，就削減了自己的福德。爲什麼不改一個方式說：「你眞的有福報，有時間不必去賺錢，可以來作義工，功德無量！」

你在說別人功德無量的時候，你也就增加自己的福德了，這叫作隨喜讚歎的福德。然而那幾位老哥、老姊不是這樣想，心裡總是酸溜溜地；講出話來，讓人家聽了多不爽快；於是在本來福德已經很少的情況下，自己再削減掉一大半。所以千萬不要講自己沒有福德，因爲越講就越沒有福德。要改口說自己很有福德，向對方隨喜讚歎完了以後，就說：「我眞有福氣，能跟你當同修。」因此自己的福氣又增加了，這有什麼不好？應該這樣子才對。

譬如有的人都沒有辦法供佛，因爲眞的缺錢，那他可以用什麼來供佛？用嘴巴讚佛。用嘴巴公開讚佛，他的福德就增長了；所以有的菩薩此世沒有錢財，她就每天不斷地讚佛，這樣也能使福德增長。所以隨喜讚歎是一個修福德很重要的方法，千萬不要像某些沒有智慧的人，人家今天捐來一萬塊錢，他就酸溜溜地說：「哎呦！我都不像你那麼有錢啦！我捐不起啦！我不如你啦！」講話酸溜溜地，不但沒有隨喜的福德，還削減了自己的福德。如果看見人家捐錢，立刻讚歎：「你眞是功德無量！我有你這樣的人當同修，眞是有福報。」人家捐錢，他也同樣可以獲得福德。隨喜讚歎也有福德，這個道理在《菩薩優婆塞戒經》裡早就講過了。

又如看見別人證悟了，講話不可以酸酸地，要歡喜說：「我雖然這一次沒有悟，但是你能夠悟了，我眞的高興；有你這樣的同修鼓勵，我遲早也會悟的，我眞有福報。」應該這樣才對！這樣修行，自己的性障越來越少，福德越來越增加，這樣也是修福德。所以謹言慎行也是修福德，隨喜讚歎也是修福德。沒有智慧的人看見別人捐錢捐多了，自己作不到，心裡面就酸酸的，那就不對了！那就會削減自己的福德。這一些是隨時隨地、隨手可修的福德，諸位也要懂得怎麼樣去修它。

由此可知，我們看到他人修福時，都要隨喜讚歎，這麼簡單又隨時隨地可修的福德，我們一定要好好把握喔！

第五目　七種不損財物獲大果報的布施

另外，布施一定都需要有財物嗎？其實　佛陀有教我們很多布施的方法，甚至有不損失財物的布施方法，仍然可以獲得大果報的。《雜寶藏經》卷六〈七種施因緣〉：

佛說有七種施，不損財物獲大果報：

一名**眼施**：常以好眼視父母、師長、沙門、婆羅門，不以惡眼，名爲眼施。捨身受身，得清淨眼；未來成佛，得天眼、佛眼，是名第一果報。

二名**和顏悅色施**：於父母、師長、沙門、婆羅門不顰蹙惡色。捨身受身，得端正色；未來成佛，得眞金色，是名第二果報。

三名**言辭施**：於父母、師長、沙門、婆羅門出柔軟語，非麤惡言。捨身受身，得言語辯了；所可言說，爲人信受；未來成佛，得四辯才，是名第三果報。

四名**身施**：於父母、師長、沙門、婆羅門起迎禮拜，是名身施。捨身受身，得端正身、長大之身、人所敬身；未來成佛，身如尼拘陀樹、無見頂者，是名第四果報。

五名**心施**：雖以上事供養，心不和善，不名爲施；善心和善，深生供養，是名心施。捨身受身，得明了心、不癡狂心；未來成佛，得一切種智心，是名心施，第五果報。

六名**床座施**：若見父母、師長、沙門、婆羅門，爲敷床座令坐，乃至自以已所自坐，請使令坐。捨身受身，常得尊貴七寶床座；未來成佛，得師子法座，是名第六果報。

七名**房舍施**：前父母、師長、沙門、婆羅門，使屋舍之中得行來坐臥，即名房舍施。捨身受身，得自然宮殿、舍宅；未來成佛，得諸禪屋宅，是名第七果報。

是名七施，雖不損財物獲大果報。

上述所引經文的意涵，《正覺電子報》已經詳細解說過，我們不須再多做說明，以下的語譯直接引用《正覺電子報》第七十三期佛典故事內容：

佛說有七種的布施是不必損失財物，卻可以獲得廣大的異熟果報。

第一種布施是**眼施**：常常以柔和恭敬底好眼光來觀視父母、師長，以及出家、在家的修行人，而不是以輕慢鄙視底惡眼來觀視他們，這樣的布施就名爲眼施。捨壽後再受身時，會得清淨眼；未來成佛即得天眼與佛眼，是名第一種布施的果報。

第二種布施是**和顏悅色施**：對於父母、師長、出家修行人與在家修行人，不是皺眉嫌惡的表情面貌，而是常面帶笑容。這樣布施的人，當他捨壽後，未來世受身時是容貌端正；並且未來成佛時，能得眞金色光，是名第二種布施的果報。

第三種布施是**言辭施**：對於父母、師長、出家修行人與在家修行人，凡有所言說皆是溫言軟語，不口出暴厲惡言。這樣布施的人，他捨壽以後，未來世受身時，他是言辭善辯而了達；凡是他所言說的話語，眾人普皆信受；未來成佛更得四種無礙的辯才，是名第三種布施的果報。

第四種布施是**身施**：對於父母、師長、出家修行人與在家修行人相會時，必定起身迎接，並且禮拜問訊，是名身施。這樣布施的人，他捨壽之後，於未來世受身時，即得身材高大且相貌端正之身量，並且是人人看見皆恭敬歡喜之色身；未來成佛時身量如尼拘陀樹，無見頂者，是名第四種布施的果報。

第五種布施是**心施**：雖然以如上所說的布施來供養敬田，但若心不和善，就不能稱爲眞正的布施；應該以發自深切的至誠、至善之心來行供養，如此才是心施。這樣布施的人，他捨壽以後，於未來世受身時，會得智慧明了心、不愚癡狂亂心；未來成佛時得一切種智心，如是名爲心施，這是第五種布施的果報。

第六種布施是**床座施**：若看見父母、師長、出家修行人與在家修行人，能夠親手安置座椅，讓他們可以安隱得坐，乃至將自己已坐的座椅恭敬地讓給這些福田坐。這樣布施的人，於他捨壽後，在未來世受身時，會常常得到尊貴的七寶床座；而且未來成佛時得師子法座，如是名爲第六種布施的果報。

第七種布施是**房舍施**：對於前面所說的父母、師長、出家修行人與在家修行人，使他們於自己的房屋宅舍之中，可以順暢的行來坐臥，即名房舍施。這樣布施的人，他於捨壽之後，未來世受身時，可得自然宮殿[40]、舍宅的果報受用；未來成佛時得諸種禪定及無量三昧功德屋宅[41]，如是名爲第七種布施的果報。

以上這七種布施的方式，雖然不必損失財物，卻可以獲得廣大的異熟果報，何樂而不爲。但是有心求證菩提的人，還是可以開始試著以小量錢財漸漸養成布施的習慣，因爲布施時就會同時把貧窮與慳貪布施出去，未來世的證道資糧就會開始越來越具足，然後就能證法了。

第七節　法布施

除了前面提到的「隨喜讚歎」與「不損財物得大果報」的布施，還有一種布施也是不損財物，更可以獲得「財」與「法」二種廣大的異熟果報，那就是法布施。《優婆塞戒經》卷二〈自他莊嚴品 第十一〉：【無量世中常樂說法，以是因緣多饒財寶。】《優婆塞戒經》卷四〈雜品 第十九〉中云：

善男子！施有二種：一者法施、二者財施。法施則得財法二報，財施唯還得財寶報。菩薩修行如是二施，為二事故：一令眾生遠離苦惱、二令眾生心得調伏。善男子！復有三施：一以法施、二無畏施、三財物施。以法施者，教他受戒出家修道白四羯磨，為壞邪見說於正法，能分別說實非實等，宣說四倒及不放逸，是名法施。

佛陀說，布施除了財布施外，還有法布施。財布施唯得財寶報，但佛法的布施，後世卻可以得到財物及佛法上的兩種回報。菩薩修這二種布施的目的，一是為了要幫助眾生遠離貪瞋癡所帶來的痛苦與煩惱，二是為了讓眾生因聞正法而能夠調伏心性，將來於佛法上有所實證。法施還可以教導眾生如何受戒、出家、修學法道，爲破壞眾生的邪知邪見而爲眾生演說正法，說明眞實法與非眞實的差異所在，宣說四倒——非常計常、非樂計樂、非我計我、非淨計淨及如何修不放逸行等，使眾生聽聞以後生起擇法眼而可以正確地趣向實證之路，如是名爲法布施。

除了前二種布施之外，還有另一種無畏施，是布施無畏給眾生。如果眾生遭遇困難或恐怖之事，我們幫助、救護他們遠離恐怖困苦，就是無畏施，在下一節我們會詳細說明。

第一目　法布施的功德

《優婆塞戒經》卷五〈雜品　第十九之餘〉：

善男子！施有二種：一者財施、二者法施。財施名下，法施名上。云何法施？若有比丘、比丘尼、優婆塞、優婆夷，能教他人具信、戒、施、多聞、智慧；若以紙墨令人書寫、若自書寫如來正典，然後施人，令得讀誦，是名法施。如是施者，未來無量得好上色，何以故？眾生聞法，斷除瞋心，以是因緣，施主未來無量世中得成上色；眾生聞法，慈心不殺，以是因緣，施主未來無量世中得壽命長；眾生聞法，不盜他財，以是因緣，施主未來無量世中多饒財寶；眾生聞已，開心樂施，以是因緣，施主未來無量世中身得大力；眾生聞法，斷諸放逸，以是因緣，施主未來無量世中身得安樂；眾生聞法，斷除癡心，以是因緣，施主未來無量世中得無礙辯；眾生聞法，生信無疑，以是因緣，施主未來無量世中信心明了；戒施聞慧，亦復如是；是故法施勝於財施。

佛陀在這段經文中說——財施名爲下施，法施名爲上施，也就是法施遠遠殊勝於財施的意思。平實導師在《優婆塞戒經講記》第六輯第一二八～一二九頁中開示：《金剛經》大家都會背，如果有人以一個四句偈爲人解說，另外一個人是以遍滿三千大千世界的金銀珠寶來布施，結果是用四句偈做法布施的人，福德遠勝過無量財寶布施的人。遍滿三千大千世界就是說，遍布一個銀河系所有星球的珍寶來布施。誰能準備那麼多的金銀珠寶？可是這樣無量珍寶的布施，還不如四句偈的法布施，想想：法施的功德有多大呢？所以佛說，布施有兩種（這是把無畏施暫置不談，單說二種布施）：第一、財物布施，第二、佛法的布施。財施是二施中的下等布施，法施才是上等的布施。如前所說，財物布施已經不得了了，但是與法布施相比較，卻變成下等了。什麼是法布施？如果有比丘、比丘尼、優婆塞、優婆夷能教導別人具足對三寶的信心，具足持戒之法，具足布施的知見，能讓聽法的人多聞，而且產生了智慧，這叫作法布施。……佛法布施，可以提供紙墨教別人來書寫經典，或者自己親自書寫如來的經典，然後送給別人去讀或課誦，這叫作法布施。

平實導師也教導我們說，助印和流通經典或正法的書籍，那也都是法布施。如果我們自己覺得口才不好，無法親自為人解說，那我們就送正法的經書給別人看，這樣也成就了間接的法布施。法布施得到的果報就是未來無量世得好上色，每一世都不會長得醜，而且都會很健康。因為眾生聽你說法，或因為你送給他正法經典書籍，他讀過之後開始斷除瞋心；因為幫助眾生斷除瞋心，所以未來無量世我們就可以得到上妙色。在前面第一章中我們引用的《佛說罪福報應經》卷一中有提到：【為人端正，顏色潔白，暉容第一，手體柔軟，口氣香潔，人見姿容，無不歡喜，視之無厭；從忍辱中來。】

所以斷除瞋心的果報就是端正，因為生氣時臉色會很難看；並且從醫學的角度來看對身體也不好，會產生毒素，而忍辱不生氣正是讓未來世得上妙色的因緣。而眾生因為我們的法布施之後，能夠慈心不殺害其他眾生，使得其他眾生壽命增長，因為這個關係也會使得我們未來世壽命增長。眾生因為我們法布施之後，不去偷盜他人的財物，由於這個因緣，施主未來世都會有很多財寶。眾生聞法之後樂於布施，所以就有更多人得到財物上的布施，也許就不必挨餓受凍，身體也有力氣了；是因為我們教導的結果，因此我們未來世也會得到大力。

眾生聽法之後開始精進、斷諸放逸，不放逸的結果就是未來世得到安樂；因此施主於未來無量世也會得到種種安樂。我們這一世不間斷地法布施而為人說法，眾生聽了我們說法之後生起很多智慧，所以我們的果報也是會得到很多智慧，可以有無量辯才。眾生因為我們布施佛法給他們而對佛、法、僧三寶有信心而不懷疑，那未來無量世的我們也因此對三寶更有信心。所以，不是只有財物布施才會有財物的回報，法布施也都會得到財物的回報，還可以得到智慧上面的回報；因此佛說：法布施勝過財布施。

第二目　度眾說法的方便善巧

當有因緣作法布施時，除了對法義的通達與否很重要之外，態度也是不可忽略的，即使說的是如實語的正知正見，也要能善觀因緣並注意說話的口氣技巧以及態度，不可以強勢先否定對方；即使有理也要以愛語來攝受對方，這是身為菩薩的人所應該身體力行的一課。

所以　平實導師也常常教導我們，愛語是度眾生非常重要的方便善巧，《瑜伽師地論》卷四十六〈菩薩功德品　第十八〉說：「**愛語攝事，於諸攝事最為殊勝。**」根本大論聖　彌勒菩薩說：在種種攝受眾生的事項中，以愛語來和眾生同事利行所獲得的效果是最殊勝的。如果布施時卻不能以愛語施，那這種布施已失去攝受眾生的功德，雖有福德卻也打了很大的折扣。因為眾生的我慢（表現在自尊心上面）都很熾盛，我們要攝受對方，當然不能和對方一樣落入我慢中。因此　平實導師說，我們跟眾生面對面交談時，以及在網路上跟別人對話或作佛法布施時，都要「愛語」，注意口氣要好，口氣要委婉、柔軟、親切。如此可以跟眾生廣結善緣，而且這也是快速攝受佛土而又不必多花本錢的好方法。

所以我們一定要謹記，在網路上或是平常面對眾生時，明知對方有錯，但只要他不是公開毀謗正法，我們不要一下子就說：「你錯了！你不對！」等等，要先溫言軟語問訊對方：「阿彌陀佛！」讓對方先卸下敵對的心防，而且對方也不見得全部都是不正確的，因此先隨順對方的心，讚歎他，讓眾生知道我們其實並沒有惡意而生起好感之後，我們再爲他仔細地說明解釋。當然這個部分說來容易，作起來並不是那麼簡單；因爲眾生剛強濁重，但這不也是我們磨練自己心性將瞋斷得更徹底的好機會嗎？因爲我們是要當上品菩薩，不是下品菩薩呀！如同佛在經典上的教導，請見《優婆塞戒經》卷二〈自利利他品 第十〉：

善男子！若沙門、婆羅門、長者、男女，或大眾中有諸過失：菩薩見已，先隨其意，然後說法，令得調伏；如其不能先隨其意，便爲說法，是則名爲下品菩薩。

這段經文，平實導師在《優婆塞戒經講記》第三輯第一○八～一一○頁中說：

諸位一定不想當下品菩薩，不過我告訴諸位，你們常常在當下品菩薩，因爲你有一句口頭禪不好，當人家說某一件事情時，你發覺他的說法不對，你脫口就說：「欸！你這樣不對，應該如何、如何……」你一開始就說他不對，這樣就成爲下品菩薩。以後請諸位把這句話改一下，就能夠自利利他。怎麼改呢？你要先隨順他的心意，你說：「當然啦！你這樣講也不錯啦！但是我們可以再討論看看。」他一聽，覺得自己的講法已經被你接受了，就不討厭你了，願意試著聽聽你的想法了。譬如想要讓馬隨順你，就得要順著牠的毛方向輕撫下來；可別由下往上推，把牠弄痛了，還會隨順你嗎？牠會覺得你是在欺負牠。你要順著牠的毛愛撫，牠覺得主人很愛護牠，才會隨順你。……所以你得先讚歎他：「你說得不錯，很有道理，但我們可以深入再談一談。」他對你的第一個印象是好的，就不會討厭你，然後你再用比較委婉的口氣進一步說明他的錯誤所在，這樣才是上品菩薩，因爲已能調伏眾生心了。

度眾生跟寫書不一樣，寫書對破斥邪見要針針見血，要直扎惡見的心臟，把邪見的心臟給戳破，但是你度化眾生時不能當面把他破斥。所以常常有人當面跟我說一些邪見，我都不會當面戳破他，因爲這是你應該把握的原則。有時候甚至有的人跑到我面前來炫耀說他的修證多高、多好，我也都是笑一笑，都不當面戳破。可是他如果膽敢寫書或以言語公開破壞正法，那我就不客氣了，等我出書辨正時就不一樣了，一定針針見血，招招要命：一定要殺掉他的邪見之命。邪見邪命如果不殺盡，你救不了他。這時你就不可以隨便應付一下，把他摺倒就算了。一定要很詳盡地說明，如果篇幅夠的話，你就引盡其理而說；除非篇幅不夠，略說一下，這是上品菩薩應該有的觀念。所以佛說解脫道時，六十二外道見、九十六外道見一一都破斥，沒有一種邪見可以逃得過。講經就是要這樣，所有的外道見都要破盡，不可請求說：「佛陀啊！您何必破盡一切外道？人家某某外道，他也沒有毀謗您。」雖然如此，你怎麼知道未來世那種外道見不會來破壞佛教正法？佛在世時有大威德，他們不敢來破，未來就會破你，所以得要盡破。

平實導師在書中告訴我們，寫書跟一般度眾時是不一樣的；寫書是爲破邪顯正——若不破邪，無以顯正，所以除了將正確法義以現量、比量、聖教量鋪陳出來之外，更將諸大法師的邪見落處拿來比對，讓今時後世學人不再受其誤導，不會再三炒作千古以來的同一盤冷飯，既然是要流傳千古的，當然手段要霹靂！將邪見內容完整詳實分析破斥，讓眾生得以瞭解所謂邪見爲何是邪？邪在哪裡？他們才不會繼續破壞正法。這時完全不該講人情，應就事論事！然而，我們在網路上或是平常面對眾生時，就不可以用霹靂的破斥方式，要先慈悲調柔對待眾生，像佛說的一樣先隨其意，然後說法令得調伏。

平實導師要求弟子們對眾生要慈悲，導師自己也從來都不會起瞋大聲辱罵弟子或任何眾生；即使弟子們犯了過失，甚至法難時退轉而誹謗導師的法，導師依然沒有起瞋或煩惱（入地菩薩煩惱障已斷現行），依然本著慈悲心爲利益他們而寫了很詳細的勝妙法義，想要救他們，印書出來流通便同時攝受更多有緣眾生。我們應該要學習效法　平實導師的身口意行，在佛菩提道上廣度一切有緣眾生，因攝受眾生即攝受佛土；而且要能善觀因緣，不一定非得與對方論法，若對方只適合聽世間法，就與他說世間法就夠了；若可談布施的因果，就爲他說布施的因果，不必急著要說更多更勝妙的法，菩薩應當如是而爲。如《瑜伽師地論》卷四十八〈攝受品　第二〉中說的：「**舒顏平視，遠離顰蹙，柔和美語，先言問訊，含笑爲先。**」如此，我們就是上品菩薩，不論在網路上或平常面對眾生說法時，都能「**度眾說法一切無礙**」。

第八節　無畏施——談放生

無畏施就是施與眾生無畏，例如不侵犯眾生、不殺害眾生，不讓眾生對我們產生畏懼之心；無畏施能得未來世健康長壽果報，而且眾生樂於親近，因爲能夠布施無畏給眾生的人，心必定是慈悲不起瞋的，等視一切眾生如父如母、如兄如弟，故能施無畏。《優婆塞戒經》卷二〈自他莊嚴品 第十一〉：

佛言：「善男子！菩薩摩訶薩無量世中慈心不殺，以是因緣獲得長壽。」

本節主要從放生的觀點來談無畏施，佛經中也提到說菩薩應以慈心行放生業，如《梵網經》卷下中說：

若佛子以慈心故行放生業，應作是念：一切男子是我父，一切女人是我母，我生生無不從之受生，故六道眾生皆是我父母；而殺而食者，即殺我父母，亦殺我故身。一切地水是我先身，一切火風是我本體，故常行放生業，生生受生。若見世人殺畜生時，應方便救護，解其苦難。

菩薩行放生業就是要救護眾生，當看見眾生有災難時當予以救護，使其免於災難；

如此也同時攝受了眾生及未來成佛時的佛土。為什麼放生是無畏施呢？平實導師在《優婆塞戒經講記》第一輯第七十一～七十二頁中說：

譬如放生，目的在哪裡呢？就是未來世要收牠當徒弟啊！就是在攝取佛土啊！可是很多人不瞭解這個道理，只是當作在行善；不曉得把牠買來放生以後，牠對你這個關係是很深的，因為這是救命之恩。因為這個救命之恩，牠未來世見了你，就會沒來由地喜歡你，一天到晚都想要親近你，聽你講話；你想要他學佛，他就順從地學佛，因為你在往世救過他的性命。菩薩要有這種心量，所以「眾生無邊誓願度」，發願要度很多、很多的眾生，這才叫作菩薩嘛！

放生，顧名思義，就是放眾生一條生路。為什麼需要放眾生一條生路呢？表示牠有生命存亡的災難，若不及時救護牠，生命即將陷入危險，所以及時伸出援手，這才是放生的眞實義，也是無畏施的一種。但現見有許多的宗教團體都在做集體放生的事業，為什麼說是事業呢？因為他們多是有計劃的長期性的執行放生工作，因此購買了大量各類動物、昆蟲來放生，譬如鳥、魚、蚯蚓乃至蛇類（甚至是毒蛇）等等，因爲是有計劃性的，就會有許多不肖商人配合而事先去刻意捕捉，在過程中反造成許多傍生類的死傷，而這些被捕抓的眾生也很痛苦！因爲被放生到不適合牠們居住的地方，不但是加速牠們的死亡，也間接傷害了當地其他的動物，更破壞了生態的平衡。這些無知的信眾被誤導，自以爲放生是在行善，卻造了更多的惡業，但他們卻是完全不知這個眞相，眞可憐憫！

本會《正覺電子報》第六十八期的〈般若信箱〉中有一篇關於放生問題的詳解，供大眾參考，對於放生應有正確的觀念與作爲：

問：菩薩戒中有說：「若見世人殺畜生時，應方便救護。」因此現在很多道場都是在放生，但是我想要問的是：放生的意義何在？現在很多人都在放生，而且集體放生，造成生態的失衡。菩薩戒中又說要行放生業，那我們學佛人應怎麼面對放生？什麼樣的儀軌才是最好的放生儀軌？

答：梵網戒第二十個輕戒，戒條是說：【若佛子以「慈心」故行「放生業」，應作是念：一切男子是我父，一切女人是我母，我生生無不從之受生，故六道眾生皆是我父母；而殺而食者，即殺我父母，亦殺我故身。一切地水是我先身，一切火風是我本體，故常行「放生業」，生生受生。若見世人殺畜生時，應「方便救護」，解其苦難，常教化講說菩薩戒，救度眾生；若父母兄弟死亡之日，應請法師講菩薩戒經律，福資亡者得見諸佛，生人天上；若不爾者犯輕垢罪。】

大概的意思是說：菩薩若遇緣時，不行放生護生之業行，或者父母兄弟至親之忌日，不請菩薩法師講戒（說法）來迴向，若不爾者，即是違犯了輕垢罪。此戒攝屬重戒中殺戒延伸出來之輕戒，也就是希望把不殺生改爲更積極的護生。但是對於放生的情形我們得要以智慧來簡擇，因爲放生的重點乃是基於「慈心」爲出發點，慈乃與樂，悲則拔苦，放生業乃是給予眾生生命的安樂；一般眾生最寶愛的就是這個五陰的命根，樣樣都是基於保護自己的生命爲優先。此生命對於菩薩來說是道器，也就是能夠行菩薩事業的工具，菩薩對於生命也是要保護好，這樣才能正常的行菩薩道。因此慈心不殺的重點乃是給予眾生能夠生存的安樂爲主要考量，菩薩若有遇到殺生之業的時候，應該盡己所能而方便行「放生業」，但是這個放生的業行是什麼？身行放生業行、口行放生業行、意行放生業行。

另外，既然有放生，那就有被捕捉。也就是若遇到有人捕捉眾生而欲殺之，則能盡己所能而給與救助，這應該要以隨緣遇見而買來放生的方式來作，才是如法的，訂購動物來放生是完全不如法的。若是預定何時要放生而向商人訂購某種動物，商人便因此而去網捕動物，造成大量的傷亡，這個殺業得要由訂購動物參與放生的所有人共同承擔。當放生需要的動物被放生到不適合的環境時，又衍生不適應而死亡，或者原生種生物被新放生的動物獵食，這些也導致生態不平衡的問題；這些殺業當然都必須由放生的主持人及參與者共同揹負，未來世必然要在業緣成熟時受報，也導致道業遮障與攝受眾生的困難。由這些原因，與其放生不如護生，在保護環境上面用心，讓動物們有安全而且食物充足的生存環境，比買動物放生要好多了。而非如有人用作生意般的拼業績方式來進行放生業，因此而建立很多儀軌，這也是目前的放生事業偏頗的地方。所以護生與放生的簡別要分清楚宗旨。

再者，我們素食也是護生之一，因此鼓勵少吃肉，甚至吃全素，人間殺害有情的惡業便會減少，那更是實行放生業的一分；因此我們應時時身口意行放生的事業，也就是應該從心中就決定對於眾生不起殺害之心行，於口中也不讚歎隨喜殺生的口行，於身行之中亦是離殺，如是名爲放生；因爲只有眾生會殺眾生，我們這些眾生不要生起殺眾生的身口意行，即是最好的放生業。對於事相上面所行的儀軌，我們建議佛弟子對於身行放生業的時候，首先要對此眾生說明歸依三寶的好處，然後對眾生進行三歸依；但是這得要有一個前提，也就是自己的三歸依戒乃是具足成就的，若是信受藏傳佛教而不曾在顯教中歸依者，是沒有三歸戒的，因爲藏傳佛教是喇嘛教，他們所有的喇嘛們都不是僧寶；若是修習藏傳佛教喇嘛教雙身法者，或者藏傳佛教應成派中觀的誹謗如來藏者，他們根本不信有法界的實相第八識如來藏存在，也就是他們根本不信因果的所依第八識如來藏的實存；因此這些不信因果之人，根本無有三歸依的戒體，因此施設再多的儀軌也無歸依的功德。不過他們若是如法地隨緣買來放生，而不是預定動物的種類與數量而由商人去捕捉者，還是有放生的福德，只是這是雜染的福德；甚至有的人在放生時，還在有情身上刻上放生者之名字，這也是雜染執著的一種。或者有的人因爲聽説放生福德甚大，因此購買一千隻小鳥來放生，結果商人得要捕捉兩千隻小鳥才能有一千隻存活，那是因爲你要實行放生的儀軌，造成另外一千隻小鳥的死亡，那這個行爲到底是放生還是殺生呢？有智者應該能夠明白分辨，因此，殺戒的精神乃是心中時時皆起不殺生之念，口欲亦離食眾生肉，亦離讚歎殺生之語，身則是隨緣遇到有人正在殺生時能方便救護，如此方是行放生業最好的儀軌。

在對於眾生行放生業的時候，同時方便布施佛法給此眾生，例如最基本的就是三歸依，若遇有緣者，受持、讀誦、方便解説正覺總持咒亦是好的儀軌，因爲正覺總持咒乃是整個佛法的梗概，讓此被放生的眾生結下佛法之緣，亦即佛於經中説布施之時亦要方便攝受眾生於佛法中，行放生業乃是行無畏施，同時攝受入佛法中，乃是最佳的儀態與軌則，是名「儀軌」。簡單説明如上。（摘錄自《正覺電子報》第六十八期〈般若信箱〉，頁121-124。）

第九節 總結 布施不持戒、修福不修慧——大象掛瓔珞

世間人布施的目的多半是求未來世脫離貧窮，得到富裕之果報；眞正的學佛人行布施，則是爲了離開慳吝、貪著，放下身心世界，作爲將來得證解脫的因緣；菩薩的布施則是福慧兼修，布施貪瞋癡作爲實證智慧之修道資糧，同時也攝受眾生、莊嚴佛土，更是因爲「**眾生無邊誓願度，煩惱無盡誓願斷，法門無量誓願學，佛道無上誓願成**」四宏誓願的緣故。因此，菩薩修學六度波羅蜜是以布施爲首要，佛道的成就必須**福德與智慧圓滿**，**布施是成佛之重要因緣**。

我們布施時，應該也要持戒不犯眾生，讓眾生對我們無所畏懼。如果一個人一隻手常常布施救濟眾生，另外一隻手卻同時在作傷害眾生的事，譬如殺害眾生、偷盜乃至常常侵犯他人的眷屬；那這個布施的人也不是眞正的善人，因爲他身口意行不一致，很可能他的布施只是心血來潮，或是另有動機。而佛經上也曾開示：如果有人常行大布施，但卻於戒行輕忽乃至犯戒，則未來世就難受生爲人，墮落畜生道去了。如《大智度論》卷十二〈序品 第一〉中云：

不持戒人，若鞭打拷掠，閉繫枉法，得財而作布施，生象、馬、牛中，雖受畜生形，負重鞭策，羈靽乘騎，而常得好屋好食，爲人所重，以人供給。

《大智度論》卷八〈序品第一〉中又說：

業報因緣，各各不同：或有人有見佛因緣，無飲食因緣；或有飲食因緣，無見佛因緣。

譬如黑蛇而抱摩尼珠臥；有阿羅漢人乞食不得。

又如迦葉佛時，有兄弟二人出家求道；一人持戒、誦經、坐禪；一人廣求檀越，修諸福業。

至釋迦文佛出世：一人生長者家；一人作大白象，力能破賊。

長者子出家學道，得六神通阿羅漢，而以薄福，乞食難得。

他日持鉢入城乞食，遍不能得；到白象廐中，見王供象種種豐足，語此象言：

「我之與汝，俱有罪過。」

象即感結，三日不食。

守象人怖，求覓道人，見而問言：「汝作何呪，令王白象病不能食？」答言：

「此象是我先身時弟，共於迦葉佛時出家學道。我但持戒、誦經、坐禪，不行布施；弟但廣求檀越作諸布施，不持戒、不學問。以其不持戒、誦經、坐禪故，今作此象；大修布施故，飲食備具，種種豐足。我但行道，不修布施故，今雖得道，乞食不能得。」以是事故，因緣不同，雖值佛世，猶故飢渴。

大略語譯如下：

每個眾生的業報因緣各各不同，有的眾生有遇見佛的因緣，但在世間法的福德卻不好，甚至沒有飲食的因緣；有的眾生世間福報雖好，卻沒有見佛得法的因緣。

就好像有一隻黑蛇雖然是畜生，卻可以時時抱著寶珠而躺著睡覺；另有一位已證阿羅漢的聖者，卻常常托空缽而得不到食物可吃。

又譬如在 迦葉佛[42]出世時，有兩個兄弟都出家求道；其中一人努力的持戒、誦經和坐禪[43]；另一位則是常廣邀各大施主共同去作種種布施善業，所以修集了很廣大的福德。

到了釋迦牟尼佛出世的時候，過去世的這兩兄弟，一位生在長者家，另一位出生爲大白象，力氣很大可以破除賊人。長者的兒子後來出家學佛，成爲具有六神通的大阿羅漢，但因爲過去世少修福的緣故，這一世福報淺薄，所以常常托空缽，得不到食物而餓肚子。

有一天他進城托缽，走遍大街小巷都沒得到任何食物供養；這時剛好走到了大白象的廄中，看見了國王供養白象飲食及各種所需全都豐厚具足，羅漢因爲有神通知道這是他過去生的兄弟，於是就跟白象說：「我跟你，過去世都有罪過與不足，今生才會有此際遇！」白象因此而感知自己過去世的所作所爲，心裡很糾結難過，於是三天都不進食。負責看守照顧大象的人就很害怕，去尋找阿羅漢，問說：「您是施了什麼咒語，讓大王的白象生病都不吃東西呢？」

羅漢說：「此白象是我過去生的弟弟，我們一起在迦葉佛時代出家修行。當時我只專心持戒、誦經、坐禪，但都不作布施；我弟弟他則是與大施主往來廣作大布施，卻不持戒也不作修道上應學應問的事。因爲他既不持戒又不修智慧，衣食住行等事全都受人供養而不能老實修行，因此現在墮落畜生道成爲一隻大白象；但因爲有參與大布施的福德因緣，所以飲食和各種受用都非常豐足。而我因爲不修布施，雖然今生能夠證解脫果成爲阿羅漢，但托缽時卻常得不到食物。」

由這個故事可以知道，眾生在世間一切身口意的因緣各各差別不同，導致果報也千差萬別；即使値遇諸佛出世，也會因爲所作不同而有已證果的修道人雖具智慧，卻連最基本的飲食都很難得到（聲聞人因爲一心只想捨離三界的緣故，對於福德一向都不積極去修）；或是只在布施上用心，卻無布施波羅蜜的知見，徒有世間福德而無解脫智慧，就會如同這隻掛瓔珞的大白象一般，受用豐裕卻依舊只是個畜生，對於修道的事就無所能爲了。

因此修行人應當知道，福慧兼修的道理，尤其福德是般若智慧的基石，如果缺乏福德，智慧的修證也會很困難；徒有智慧卻不具福德，這種智慧就只是乾慧，很難有功德受用。所以福與慧就如鳥之雙翼、車的兩輪，缺一不可；當福德不斷累積到一個程度時，智慧的修證自然就容易水到渠成。而福德除了布施之外，持戒也是修福德，眾生五戒持守得好，未來必定重新生而為人，但如果他只是專精在戒行上用心而缺少布施的話，就仍然會是個貧窮人。而常作大布施但卻不持守戒行，結果就可能會像這隻掛瓔珞的大象一樣，這一生飲食福報雖好，生長在非常富足的環境，但卻因為不持戒修行，難免違背清淨修行的戒律，因此受生為大象。雖然牠是隻生活超級富裕的大象，還可以掛著各種瓔珞莊飾，但牠終究是隻大象，無法像人那樣有智慧可以修行；就像人們家中可愛的寵物一樣，有些寵物的福報非常好，衣食無缺，可是牠們卻因為過去生犯戒而當畜生。所以我們在努力布施之外，還要進一步去持戒，接著我們會在下一節來為讀者說明持戒之因果與好處，敬請您繼續閱讀。

[1]龍樹菩薩的《大智度論》卷十一〈序品 第一〉中也有提到布施的利益：

問曰：檀有何等利益故，菩薩住般若波羅蜜中，檀波羅蜜具足滿？

答曰：檀有種種利益：檀爲寶藏，常隨逐人；檀爲破苦，能與人樂；檀爲善御，開示天道；檀爲善府，攝諸善人（施攝善人，與爲因緣，故言「攝」）；檀爲安隱，臨命終時心不怖畏；檀爲慈相，能濟一切；檀爲集樂，能破苦賊；檀爲大將，能伏慳敵；檀爲妙果，天人所愛；檀爲淨道，賢聖所遊；檀爲積善福德之門；檀爲立事聚眾之緣；檀爲善行愛果之種；檀爲福業善人之相；檀破貧窮、斷三惡道；檀能全護福樂之果；檀爲涅槃之初緣，入善人聚中之要法，稱譽讚歎之淵府，入眾無難之功德，心不悔恨之窟宅，善法道行之根本，種種歡樂之林藪，富貴安隱之福田，得道涅槃之津梁，聖人大士智者之所行，餘人儉德寡識之所效。

復次，譬如失火之家，黠慧之人，明識形勢，及火未至，急出財物；舍雖燒盡，財物悉在，更修室宅。好施之人，亦復如是，知身危脆，財物無常，修福及時，如火中出物；後世受樂，亦如彼人更修宅業，福慶自慰。愚惑之人，但知惜屋，怱怱營救，狂愚失智，不量火勢，猛風絕焰，土石爲焦，翕響之間，蕩然夷滅；屋既不救，財物亦盡，飢寒凍餓，憂苦畢世。慳惜之人，亦復如是，不知身命無常，須臾叵保，而更聚歛守護愛惜，死至無期，忽焉逝沒，形與土木同流，財與委物俱棄，亦如愚人憂苦失計。

復次，大慧之人，有心之士，乃能覺悟，知身如幻，財不可保，萬物無常，唯福可恃，將人出苦，津通大道。

復次，大人大心，能大布施，能自利己；小人小心，不能益他，亦不自厚。

復次，譬如勇士見敵，必期吞滅；智人慧心，深得悟理，慳賊雖強，亦能挫之，必令如意。遇良福田，值好時節（時：應施之時也。遇而不施是名失時），覺事應心，能大布施。

復次，好施之人，爲人所敬，如月初出，無不愛者；好名善譽，周聞天下，人所歸仰，一切皆信。好施之人，貴人所念，賤人所敬；命欲終時，其心不怖，如是果報，今世所得；譬如樹華，大果無量，後世福也。生死輪轉，往來五道，無親可恃，唯有布施若生天上、人中，得清淨果，皆由布施；象、馬畜生得好櫪養，亦是布施之所得也。

布施之德，富貴歡樂；持戒之人，得生天上；禪智心淨，無所染著，得涅槃道。布施之福，是涅槃道之資糧也；念施故歡喜，歡喜故一心，一心觀生滅無常，觀生滅無常故得道。

如人求蔭故種樹，或求華，或求果故種樹；布施求報亦復如是，今世、後世樂如求蔭，聲聞、辟支佛道如華，成佛如果。

是爲檀種種功德。（《大正藏》冊二十五，頁 140，上 23-下 14）

2

《雜譬喻經》卷二：【昔王舍城中人民多豐饒，九品異居不相雜錯，別有一億里，有一億財者，便入中。時有居士，規欲居中，便行治生，苦身節用廣諸方計，數十年中九十萬數未滿一億，得病甚篤自知不濟。有一子年七八歲，囑語其妻曰：「吾子小大，付與財物令廣治生，使足滿一億，必居其中，全吾生存之願矣！」言竟終亡。喪送事畢，將子入，示其寶物：「父有遺教，須汝長大具一十萬足滿一億，居億里中。」子報母言：「何必須大？便可付我早共居之。」母即付之。於是童子以財物珍寶，供養三尊，施與貧乏者，半年之中財物盡了。其母愁惱，怪子所作。童子未幾身得重病，遂便喪亡。其母既失物，子又幼喪，憂愁憶之。中有最富者，八十居而無子姓，於是童子往生其家，爲第一婦作子。滿十月生，端正聰明自識宿命，母自抱乳確不肯食，青衣抱養亦復如是。兒前母聞生子如是，偶往看。見愛之，即抱嗚㖃，開口求食。長者大喜，重雇其價使養護子。長者便與夫人議曰：「吾少子性，他人抱養不肯飲食，此婦抱撮兒輒歡喜，吾今欲往迎取以爲小妻，令養視吾子，爲可爾不？」夫人聽之，便以禮娉迎來，別作屋宅分財給與無所乏短。兒便語母：「爲相識不？」母大怖懅而言：「不相識。」兒白母言：「我是母之前子，取母九十萬分用布施，今共來作八十億主，不勞力而食福，爲何如耶！」母聞是言，且悲且喜。其兒長大，化一億里爲摩訶衍道。故謂：「正使億千出之，一邑里能爲室舍，安諸施以道，菩薩所入如是」。】（《大正藏》冊四，頁 508，中 22-下 22）

3 欲界的第二天，又稱三十三天，天主就是釋提桓因，也就是道教所說的玉皇上帝。

4 《賢愚經》卷五〈迦旃延教老母賣貧品 第二十六〉：**迦旃延教老母賣貧品**（丹本爲三十七）【如是我聞：一時佛在阿梨提國。時彼國中，有一長者，多財饒寶，慳貪暴惡，無有慈心。時有一婢，晨夜走使，不得寧處，小有違失，便受鞭捶，衣不蔽形，食不充體，年老困悴，思死不得。時適持瓶，詣河取水，思惟是苦，舉聲大哭。時迦旃延，來至其所，問言：「老母！何以悲泣懊惱乃爾？」白言：「尊者！我既年老，恒執苦役，加復貧窮，衣食不充，思死不得，以故哭耳。」迦旃延言：「汝若貧者，何不賣貧？」母言：「貧那可賣？誰當買貧？」迦旃延言：「貧實可賣。」如是至三，女人白言：「苟貧可賣，我宜問方。」即言：「大德！貧云何賣？」迦旃延言：「審欲賣者，一隨我語，答言唯諾。」告言：「汝先洗浴。」洗已告言：「汝當布施。」白言：「尊者！我極貧困，如今我身，無手許完納，雖有此瓶，是大家許，當以何施？」即授鉢與，「汝持此鉢，取少淨水。」如教取來，奉迦旃延。迦旃延受，尋爲呪願。次教受齋，後教念佛種種功德。即問：「汝有住止處不？」答言：「無也。若其磨時，即磨下臥，舂炊作使，即臥是中，或時無作，止宿糞堆。」迦旃延言：「汝好持心，恭勤走使，莫生嫌恨，自伺大家一切臥竟，密開其户，於户曲內，敷淨草座，思惟觀佛，莫生惡念。」爾時老母，奉教而歸，如勅施行，於後夜中，即便命終，生忉利天。大家早起，見婢命終，恚而言曰：「此婢恒常不聽入舍，今暮何故，乃於此死？」即便使人，草索繫脚，拽置寒林中。時彼天中，有一天子，五百有天子以爲眷屬，宮殿嚴麗。爾時天子福盡命終，此老母人即代其處。生天之法，其利根者，自知來緣，鈍根生者，但知受樂。爾時此女，既生天中，與五百天子娛樂受樂，不知生緣。時舍利弗，在忉利天，知此天子生天因緣，問言：「天子！汝因何福生此天中？」答言：「不知。」時舍利弗借其道眼，觀見故身生天因緣由迦旃延；即將五百天子，來至寒林，散花燒香，供養死屍。諸天光明，照曜村林，大家見變，怪其所由，告令遠近，詣林觀看。見諸天子供養此屍，即問天曰：「此婢醜穢，生存之時，人猶惡見，況今已死。何故諸天而加供養？」彼時天子具說本末生天因緣，即皆迴詣迦旃延所。時迦旃延爲諸天人廣說諸法，所謂施論、戒論、生天之論，欲不淨法，出離爲樂。爾時彼天及五百天子，遠塵離垢，得法眼淨，飛還天宮。時諸會眾，聞此法已，各獲道迹，乃至四果，莫不歡喜，頂戴奉行，敬禮而去。】（《大正藏》冊四，頁 383，下 29-頁 384，中 19）

《妙法蓮華經》卷六〈隨喜功德品 第十八〉：

【佛告彌勒：「我今分明語汝，是人以一切樂具，施於四百萬億阿僧祇世界六趣眾生，又令得阿羅漢果，所得功德，不如是第五十人聞法華經一偈隨喜功德，百分、千分、百千萬億分不及其一，乃至算數譬喻所不能知。」

「阿逸多！如是第五十人展轉聞法華經隨喜功德，尚無量無邊阿僧祇；何況最初於會中聞而隨喜者，其福復勝，無量無邊阿僧祇，不可得比。」】（《大正藏》冊九，頁 46-頁 47，上 2）

6 平實導師每週二晚上於正覺同修會台北講堂宣演大乘經典，全省各講堂每週二晚上亦播放 平實導師講經的 DVD，不限聽講資格。

7 各地講堂地點與播放時間，讀者可於《正覺電子報》書末〈佈告欄〉單元的公告資訊查詢。

《雜寶藏經》卷四〈大愛道施佛金縷織成衣并穿珠師緣〉：

【昔佛在世，大愛道爲佛作金縷織成衣，齎來上佛，佛即語言：「用施眾僧。」大愛道言：「我以乳餔長養世尊，自作此衣，故來奉佛，必望如來爲我受之。云何方言與眾僧也？」佛言：「欲使姨母得大功德。所以者何？眾僧福田，廣大無邊，是故勸爾。若隨我語，已供養佛。」時大愛道，即持此衣，往到僧中，從上座行，無敢取者。次到彌勒，彌勒受衣，即著入城乞食。彌勒身有三十二相，紫磨金色，既到城裏，眾人競看，無與食者。有一穿珠師，見諸人等無與食者，即前跪請，將至家中，與彌勒食。彌勒食訖，時穿珠師，以一小座，敷彌勒前，求欲聽法。彌勒有四辯才力，即便爲説種種妙法。時穿珠師，願樂聽聞，無有厭足。

先有長者，將欲嫁女，雇穿珠師，穿一寶珠，與錢十萬。當此之時，彼嫁女家，遣人索珠。時穿珠師，聽法情濃，不暇爲穿，即答之言：「且可小待須臾之頃。」已復來索，乃至三返猶故不得。彼長者瞋，合其珠錢還來奪去。穿珠師婦，瞋其夫言：「更無業也，須臾穿珠，得十萬利，云何聽此道人美説？」其夫聞已，意中恨恨。爾時彌勒，知其恨恨，即問之言：「汝能隨我，至寺以不？」答言：「我能。」即隨彌勒，往僧坊中，問上座言：「有人得金滿十萬斤，何如歡喜聽人説法？」憍陳如言：「假使有人得金十萬，不如有人以一鉢食施持戒者，況能信心須臾聽法，復勝於彼百千萬倍。」於是又問第二上座，上座答言：「設復有人得十萬車金，亦不如以一鉢之食施持戒者，況復聽法歡喜，經於時節。」又復問於第三上座，上座答言：「若有人得十萬舍金，亦復不如施持戒人一鉢之食，況復聽法？」又問第四上座，上座答言：「若其有得十萬國金，亦復不如施持戒人一鉢之食，況復聽法，百千萬倍。」

如是次問乃至阿那律，阿那律言：「有人得滿四天下金，猶故不如施持戒人一鉢之食，況復聽法？」

彌勒答言：「尊者說言有施比丘一鉢之食，乃至勝得滿四天下金，云何如是？」

尊者答言：「以自身爲證，憶念往昔九十億劫，有一長者，有其二子，一名利吒，二名阿利吒，恒告之言：『高者亦墮，常者亦盡，夫生有死，合會有離。』長者得病，臨命終時，約勅兒子：『愼莫分居。譬如一絲不能繫象，多集諸絲，象不能絕。兄弟並立，亦如多絲。』時彼長者，囑誡子竟，氣絕命終。以父勅故，兄弟共活，極相敬念。後爲弟娶婦，生活未幾，而此弟婦語其夫言：『汝如彼奴。所以者何？錢財用度，應當人客，皆由汝兄，汝今唯得衣食而已，非奴如何？』數作此語。爾時夫婦，心生變異，求兄分居。兄語弟言：『汝不憶父臨終之言？』猶不自改，數求分居。兄見弟意，正便與分居，一切所有，皆中半分。弟之夫婦，年少遊逸，用度奢侈，未經幾時，貧窮困匱，來從兄乞。其兄爾時，與錢十萬，得去未久，以復用盡，而更來索。如是六返，皆與十萬。至第七返，兄便責數：『汝不念父臨終之言，求於分異，不能乃心生活，數來索物；今更與汝十萬之錢，從今已往，不好生活，重復來索，更不與汝。』得是苦語，夫婦二人，用心生活，以漸得富。兄錢財喪失，以漸貧窮，來從弟乞，其弟乃至不讓兄食，而作是言：『謂兄常富，亦復貧耶？我昔從汝，有所乞索，苦切見責，今日何故，來從我索？』兄聞此已，極生憂惱，自作念言：『同生兄弟，猶尚如此，況於外人？』厭惡生死，遂不還家，入山學道，精懃苦行，得辟支佛。其弟後亦以漸貧窮，遭世飢饉，賣薪自活。時辟支佛，入城乞食，竟無所得，空鉢還出。時賣薪人，見辟支佛空鉢出城，即以賣薪所得稗麨，而欲與之，語辟支佛言：『尊者能食麤惡食不？』答言：『不問好惡，趣得支身。』時賣薪人，即便授與。辟支佛受而食之，食訖之後，飛騰虛空，作十八變，即還所止。時賣薪人，後更取薪，道見一兔，以杖撩之，變成死人，卒起而來，抱取薪人項，彼取薪人，種種方便，欲推令去，不能得離，脫衣雇人，使挽却之，亦不得離；展轉至闇，負來向家，既到家中，死人自解，墮在於地，作眞金人。時賣薪人，即便截却金人之頭，頭尋還生，却其手脚，手脚還生，須臾之間，金頭金手滿其屋裏，積爲大積。隣比告官：『此貧窮人，屋裏自然有此金積。』王聞遣使，往覆撿之。即到屋裏，純見爛臭死人手頭。其人自捉金頭，來以上王，便是眞金。王大歡喜：『此是福人。』即封聚落。從是命終，生第二天，爲天帝釋，下生人中，爲轉輪聖王、天王、人王，九十一劫，不曾斷絕。今最後身，生於釋種，初生之日，四十里中，伏藏珍寶，自然踊出。後漸長大，兄釋摩男，父母偏愛，阿那律母，欲試諸兒，時遣語無食。阿那律言：『但擔無食來。』即與空器，時空器中，百味飯食，自然盈滿。設以四天下金，用爲乳哺，不足一劫，況九十一劫，常受快樂。所以我今得此自然飲食，適由先身施此一鉢之食，今得此報，上至諸佛，下至梵天，淨持戒者，皆名持戒。」時穿珠師，聞是語已，心大歡喜。】（《大正藏》冊四，頁 470，上 14-頁 471，上 25）

8 《優婆塞戒經》卷三〈供養三寶品 第十七〉：【眾僧三種：一報恩田、二功德田、三貧窮田。以是因緣，菩薩已受優婆塞戒，應當至心勤供養三寶。】（《大正藏》冊二十四，頁 1051，下 10-13）

9 《雜阿含經》卷二十三：【又復，如來將諸比丘僧入城乞食。時，王共二童子沙土中戲，逢見佛來，捧於塵沙，奉上於佛。時，世尊記彼童子：「於我滅度百歲之後，此童子於巴連弗邑當受王位，領閻浮提，名曰阿育。當廣布我舍利，一日之中，當造八萬四千塔。」今王身是也，我爾時亦在於中。」而說偈曰：「王於童子時，以沙奉上佛，佛記於王時，我亦親在中。】（《大正藏》冊二，頁 170，

上 12-20）

10 《撰集百緣經》卷九：【佛在舍衛國祇樹給孤獨園，時彼城中，有一長者財寶無量，選擇族望，娉以爲婦，作倡伎樂以娛樂之。其婦懷妊，足滿十月產一男兒，端政殊妙世所希有，其兩手中有金錢出，取已還有；如是展轉，取不可盡。召諸相師占相此兒，相師睹已：「此兒產時，有何瑞相？」父母答言：「其兩手中有金錢出，取已還生。」因爲立字，名曰：「寶手」。年漸長大，稟性賢柔，慈心孝順，好喜惠施。有從乞者，申其兩手，有好金錢，尋以施之。將諸親友出城觀看，漸次遊行到祇洹中，見佛世尊三十二相八十種好，光明普曜如百千日。心懷喜悅，前禮佛足，合掌請佛及比丘僧：「慈哀憐愍，納受我供。」時彼阿難在佛左右，問小兒言：「若欲設供，當須財寶！」於是小兒聞阿難語，尋申兩手，金錢雨落，須臾積聚。佛敕阿難：「汝今取此金錢寶物，營理餚膳，請佛及僧。」阿難受教，營理飲食。供養訖竟，佛爲說法；心開意解，得須陀洹果。歸白父母，求索入道；父母愛念，不能違逆；將詣佛所，求索出家。佛即告言：「善來比丘！」鬚髮自落，法服著身，便成沙門。精懃修習，得阿羅漢果，三明六通，具八解脫，諸天世人所見敬仰。爾時阿難見是事已，前白佛言：「今此寶手比丘宿殖何福？生於豪族大長者家，然其兩手有此金錢，取已還生，值佛世尊，復獲道果。」爾時世尊告阿難言：「汝今諦聽！吾當爲汝分別解說。此賢劫中，波羅奈國有佛出世，號曰迦葉；教化周訖，遷神涅槃。時彼國王名曰迦翅，收取舍利，造四寶塔，時有長者見其豎棖，心生隨喜，持一金錢安置棖下，發願而去。緣是功德不墮惡趣，天上人中常有金錢申手而出，乃至今者遭值於我，故有金錢，取已還有，出家得道。」爾時諸比丘，聞佛所說，歡喜奉行。】（《大正藏》冊四，頁 245，中 4-下 11）

11 此賢劫有一千尊佛出世，因此稱爲賢劫。

12 白話翻譯引用自《正覺電子報》第四十二期的佛典故事選輯：〈供佛功德——寶手比丘緣〉，頁93-95。

13 引用自蕭芳芳一九五八電影《苦兒流浪記》插曲：http://www.youtube.com/watch?v=IlpUcV7iO4k（擷取日期：2012.12.24）

14 此段經文的白話解釋引用自《正覺電子報》第八十四期的佛典故事選輯：〈**孝順之法道**〉，頁108-109。

15 維基佛學大辭典：毘曇論，四肘爲一弓。五百弓爲一拘盧舍。今之二里也。八拘盧舍爲一由旬。今十六里也。

16 《佛本行集經》卷五十五〈羅睺羅因緣品 第五十六上〉：【汝諸比丘！我念往昔過無量世，有一群牛在於牧所。其牛主妻自將一女，至牛群搆取乳酪，所將二器並皆盈滿，其器大者遣女而負，其器小者身自擔提。至其中路，語其女言：「汝速疾行！此間路嶮，有可怖畏。」爾時，彼女語其母言：「此器大重，我今云何可得速疾？」其母如是再語、三語：「汝速疾行！今此路中，大有恐怖。」爾時，彼女而作是念：「云何遣我負最大器，更復催促遣令急行？」其女因此，便生瞋恚，而白母言：「母可且兼將此乳器，我今暫欲大小便耳。」而彼女母，取此大器負擔行已，其女於後，徐徐緩行。爾時，彼母兼負重擔，遂即行至六拘盧舍。爾時，佛告諸比丘言：「汝等若有心疑，彼女有瞋恚心，乃遣其母負重，行六拘盧舍者？莫作異見，耶輸陀羅釋女是也。既於彼時，遣母負重，行其道路六拘盧舍，由彼業報，在於生死煩惱之內，受無量苦；以彼殘業，今於此生，懷胎六歲。」

「諸比丘！所有諸業，非是虛受，隨造善惡，還自受之。是故汝等諸比丘輩！恒須捨此身口意惡。何以故？作身口意善惡因緣，汝諸比丘！現見如是善惡果報。汝等比丘！應當如是修學善業。」爾時，世尊與淨飯王及彼大眾說微妙法，使令歡喜，顯示宣通教化訖已，從座而起，還於本處。】（《大正藏》冊三，頁 908，上 16-中 13）

17《地藏菩薩本願經》卷一〈閻浮眾生業感品 第四〉：【佛告定自在王菩薩：「一王發願早成佛者，即一切智成就如來是。一王發願永度罪苦眾生，未願成佛者，即地藏菩薩是。復於過去無量阿僧祇劫，有佛出世，名清淨蓮華目如來，其佛壽命四十劫。像法之中，有一羅漢，福度眾生。因次教化，遇一女人，字曰光目，設食供養。羅漢問之：『欲願何等？』光目答言：『我以母亡之日，資福救拔，未知我母生處何趣？』羅漢愍之，為入定觀，見光目女母墮在惡趣，受極大苦。羅漢問光目言：『汝母在生，作何行業？今在惡趣，受極大苦。』光目答言：『我母所習，唯好食噉魚鼈之屬。所食魚鼈多食其子，或炒或煮，恣情食噉。計其命數，千萬復倍。尊者慈愍，如何哀救？』羅漢愍之，為作方便，勸光目言：『汝可志誠念清淨蓮華目如來，兼塑畫形像，存亡獲報。』」】（《大正藏》冊十三，頁 780，下 12-28）

18《地藏菩薩本願經》卷一〈閻浮眾生業感品 第四〉：【光目聞已，即捨所愛，尋畫佛像，而供養之。復恭敬心，悲泣瞻禮。忽於夜後，夢見佛身，金色晃耀，如須彌山，放大光明，而告光目：「汝母不久，當生汝家，纔覺飢寒，即當言說。」】（《大正藏》冊十三，頁 780，下 28-頁 781，上 3）

19《地藏菩薩本願經》卷一〈閻浮眾生業感品 第四〉：【其後家內，婢生一子，未滿三日，而乃言說，稽首悲泣，告於光目：「生死業緣，果報自受。吾是汝母，久處暗冥，自別汝來，累墮大地獄。

蒙汝福力，方得受生。為下賤人，又復短命，壽年十三，更落惡道。汝有何計，令吾脫免？」光目聞說，知母無疑，哽咽悲啼，而白婢子：「既是我母，合知本罪，作何行業，墮於惡道？」婢子答言：「以殺害毀罵二業受報。若非蒙福，救拔吾難，以是業故，未合解脫。」光目問言：「地獄罪報，其事云何？」婢子答言：「罪苦之事，不忍稱說，百千歲中，卒白難竟。」】（《大正藏》冊十三，頁781，上3-14）

20 《地藏菩薩本願經》卷一〈閻浮眾生業感品 第四〉：【光目聞已，啼淚號泣，而白空界：「願我之母，永脫地獄。畢十三歲，更無重罪，及歷惡道。十方諸佛，慈哀愍我，聽我為母所發廣大誓願：若得我母永離三塗，及斯下賤，乃至女人之身，永劫不受者，願我自今日後，對清淨蓮華目如來像前，却後百千萬億劫中，應有世界，所有地獄，及三惡道，諸罪苦眾生，誓願救拔，令離地獄惡趣、畜生、餓鬼等。如是罪報等人，盡成佛竟，我然後方成正覺。」】（《大正藏》冊十三，頁781，上14-23）

21 《地藏菩薩本願經》卷一〈閻浮眾生業感品 第四〉：【發誓願已，具聞清淨蓮華目如來而告之曰：「光目！汝大慈愍，善能為母發如是大願。吾觀汝母，十三歲畢，捨此報已，生為梵志，壽年百歲。過是報後，當生無憂國土，壽命不可計劫。後成佛果，廣度人天，數如恒河沙。」】（《大正藏》冊十三，頁781，上23-28）

22 《地藏菩薩本願經》卷一〈閻浮眾生業感品 第四〉：【佛告定自在王：「爾時羅漢福度光目者，即無盡意菩薩是；光目母者，即解脫菩薩是；光目女者，即地藏菩薩是！過去久遠劫中，如是慈愍發恒河沙願，廣度眾生。未來世中，若有男子、女人不行善者，行惡者乃至不信因果者，邪婬妄語者，兩舌惡口者，毀謗大乘者，如是諸業眾生，必墮惡趣。若遇善知識，勸令一彈指間歸依地藏菩薩，是諸眾生，即得解脫三惡道報。若能志心歸敬，及瞻禮讚歎，香華衣服，種種珍寶，或復飲食，如是奉事者，未來百千萬億劫中，常在諸天受勝妙樂。若天福盡，下生人間，猶百千劫，常為帝王，能憶宿命因果本末。定自在王，如是地藏菩薩，有如此不可思議大威神力，廣利眾生，汝等諸菩薩，當記是經，廣宣流布。」】（《大正藏》冊十三，頁 781，上 28-中 14）

23 《優婆塞戒經》卷五〈雜品之餘〉：

【若施畜生得百倍報，施破戒者得千倍報，施持戒者得十萬報，施外道離欲得百萬報，施向道者得千億報，施須陀洹得無量報，向斯陀含亦無量報，乃至成佛亦無量報。

善男子！我今為汝分別諸福田故，作如是說：得百倍報至無量報。若能至心生大憐愍、施於畜生，專心恭敬施於諸佛，其福正等，無有差別。言百倍者，如以壽命色力安辯施於彼者，施主後得壽命色力安樂辯才，各各百倍乃至無量，亦復如是。是故我於契經中說：「我施舍利弗，舍利弗亦施於我；然我得多，非舍利弗得福多也。」】（《大正藏》冊二十四，頁 1058，下 4-16）

24 《優婆塞戒經》卷一〈集會品 第一〉：【善男子！外道斷欲所得福德，勝於欲界一切眾生所有福德。須陀洹人勝於一切外道異見，斯陀含人勝於一切須陀洹果，阿那含人勝於一切斯陀含果，阿羅漢人勝於一切阿那含果，辟支佛人勝於一切阿羅漢果，在家之人發菩提心，勝於一切辟支佛果。】（《大正藏》冊二十四，頁 1035，中 6-12）

25 《優婆塞戒經》卷五〈雜品之餘 第十九〉之餘：【若能至心生大憐愍、施於畜生，專心恭敬施於諸佛，其福正等，無有差別。】（《大正藏》冊二十四，頁 1058，下 10-12）

26 《地藏菩薩本願經》卷二〈校量布施功德緣品 第十〉：

【復次，地藏！若未來世，有諸國王，至婆羅門等，遇佛塔寺，或佛形像，乃至菩薩、聲聞、辟支佛像，躬自營辦，供養布施。是國王等，當得三劫為帝釋身，受勝妙樂。若能以此布施福利迴向法界，是大國王等，於十劫中，常為大梵天王。

復次，地藏！若未來世，有諸國王，至婆羅門等，遇先佛塔廟，或至經像，毀壞破落，乃能發心修補。是國王等，或自營辦，或勸他人，乃至百千人等，布施結緣，是國王等，百千生中，常爲轉輪王身；如是他人同布施者，百千生中，常爲小國王身。更能於塔廟前，發迴向心，如是國王，乃及諸人，盡成佛道，以此果報，無量無邊。

復次，地藏！未來世中，有諸國王及婆羅門等，見諸老病及生產婦女，若一念間具大慈心，布施醫藥、飲食、臥具，使令安樂。如是福利最不思議：一百劫中，常爲淨居天主；二百劫中，常爲六欲天主；畢竟成佛，永不墮惡道，乃至百千生中，耳不聞苦聲。

復次，地藏！若未來世中，有諸國王及婆羅門等，能作如是布施，獲福無量；更能迴向，不問多少。畢竟成佛，何況釋梵轉輪之報。

是故，地藏！普勸眾生，當如是學。

復次，地藏！未來世中，若善男子、善女人於佛法中種少善根，毛髮沙塵等許，所受福利不可爲喻。

復次，地藏！未來世中，若有善男子、善女人遇佛形像、菩薩形像、辟支佛形像、轉輪王形像，布施供養，得無量福，常在人天受勝妙樂。若能迴向法界，是人福利不可爲喻。

復次，地藏！未來世中，若有善男子、善女人，遇大乘經典，或聽聞一偈一句，發殷重心、讚歎恭敬、布施供養，是人獲大果報，無量無邊。若能迴向法界，其福不可爲喻。

復次，地藏！若未來世中，有善男子、善女人，遇佛塔寺、大乘經典，新者布施供養，瞻禮讚歎，恭敬合掌；若遇故者或毀壞者，修補營理，或獨發心，或勸多人同共發心，如是等輩，三十生中，常爲諸小國王。檀越之人，常爲輪王，還以善法教化諸小國王。

復次，地藏！未來世中，若有善男子、善女人，於佛法中所種善根：或布施供養，或修補塔寺，或裝理經典，乃至一毛一塵，一沙一渧。如是善事，但能迴向法界，是人功德，百千生中受上妙樂。如但迴向自家眷屬，或自身利益，如是之果，即三生受樂，捨一得萬報。是故，地藏！布施因緣其事如是。】（《大正藏》冊十三，頁 786，中 28-頁 787，上 14）

27 《大智度論》卷十二〈序品 第一〉：【若人布施修作福德，不好有爲作業生活，則得生四天王處；若人布施，加以供養父母，及諸伯叔兄弟姊妹，無瞋無恨，不好諍訟，又不喜見諍訟之人，得生忉利天上、焰摩、兜術、化自在、他化自在。如是種種分別布施，是爲菩薩布施生般若。」】（《大正藏》冊二十五，頁 153，上 8-14）

28 學人欲知此段經文的眞義，可詳細閱讀 平實導師所著的《優婆塞戒經講記》第五輯。（正智出版社，2010 年 10 月初版三刷）

29 摘錄自 平實導師著《起信論講記》第五輯。（正智出版社，2010.10 初版三刷）

30 《佛爲首迦長者說業報差別經》：【「若有眾生奉施寶蓋，得十種功德：一者，處世如蓋，覆護眾生；二者，身心安隱，離諸熱惱；三者，一切敬重，無敢輕慢；四者，有大威勢；五者，常得親近諸佛、菩薩大威德者，以爲眷屬；六者，恒作轉輪聖王；七者，恒爲上首，修習善業；八者，具大福報；九者，命終生天；十者，速證涅槃。是名奉施寶蓋得十種功德。」

31 「若有眾生奉施繒幡，得十種功德：一者，處世如幢，國王、大臣、親友、知識恭敬供養；二者，豪富自在，具大財寶；三者，善名流布，遍至諸方；四者，形貌端嚴，壽命長遠；五者，常於生處，施行堅固；六者，有大名稱；七者，有大威德；八者，生在上族；九者，身壞命終，生於天上；十者，速證涅槃。是名奉施繒幡得十種功德。」

32「若有眾生奉施鍾鈴、得十種功德：一者，得梵音聲；二者，有大名聞；三者，自識宿命；四者，所有出言，人皆敬受；五者，常有寶蓋以自莊嚴；六者，有妙瓔珞，以爲服飾；七者，面貌端嚴，見者歡喜；八者，具大福報；九者，命終生天；十者，速證涅槃。是名奉施鍾鈴得十種功德。」

33「若有眾生奉施衣服、得十種功德：一者，面目端嚴；二者，肌膚細滑；三者，塵垢不著；四者，生便具足上妙衣服；五者，微妙臥具，覆蓋其身；六者，具慚愧服；七者，見者愛敬；八者，具大財寶；九者，命終生天；十者，速證涅槃。是名奉施衣服得十種功德。」

34「若有眾生奉施器皿、得十種功德：一者，處世如器；二者，得善法津澤；三者，離諸渴愛；四者，若渴思水，流泉涌出；五者，終不生於餓鬼道中；六者，得天妙器；七者，遠離惡友；八者，具大福報；九者，命終生天；十者，速證涅槃。是名奉施器皿得十種功德。」

35「若有眾生奉施飲食、得十種功德：一者，得命；二者，得色；三者，得力；四者，獲得安無礙辯；五者，得無所畏；六者，無諸懈怠，爲眾敬仰；七者，眾人愛樂；八者，具大福報；九者，命終生天；十者，速證涅槃。是名奉施飲食得十種功德。」

36「若有眾生奉施靴履，得十種功德：一者，具足妙乘；二者，足下安平；三者，足趺柔軟；四者，遠涉輕健；五者，身無疲極；六者，所行之處不爲荊棘瓦礫損壞其足；七者，得神通力；八者，具諸給使；九者，命終生天；十者，速證涅槃。是名奉施靴履得十種功德。」

37「若有眾生奉施香華，得十種功德：一者，處世如花；二者，身無臭穢；三者，福香戒香，遍諸方所；四者，隨所生處，鼻根不壞；五者，超勝世間，爲眾歸仰；六者，身常香潔；七者，愛樂正法，受持讀誦；八者，具大福報；九者，命終生天；十者，速證涅槃。是名奉施香花得十種功德。」

38「若有眾生奉施燈明，得十種功德：一者，照世如燈；二者，隨所生處，肉眼不壞；三者，得於天眼；四者，於善惡法，得善智慧；五者，除滅大闇；六者，得智慧明；七者，流轉世間，常不在於黑闇之處；八者，具大福報；九者，命終生天；十者，速證涅槃。是名奉施燈明得十種功德。」】（《大正藏》冊一，頁 894，下 7-頁 895，中 7）

39 讀者若欲了知此段經文的詳細解釋以及殊勝妙義，請看 平實導師著作，正智出版社出版的《優婆塞戒經講記》第五輯。

40 諸佛菩薩所得自然宮殿乃是無量無邊的廣大，平實導師開示過：【從十方諸佛世界來的九地以下菩薩，各個都得到幾萬以上的三昧，都可以增益他們自己。被十方諸佛灌頂後的十地菩薩，因爲這個緣故，所以又現起了大寶蓮花宮殿，那個大寶蓮花宮殿，無量的廣大，據說我們的娑婆世界也只是大寶蓮花宮殿中的一個小點而已，我們無法想像那是什麼境界。】（《起信論講記》第二輯，正智出版社，頁 308-309。）

41 《央掘魔羅經》卷二：【三昧樂爲妻，眞諦法爲子，慈悲心爲女，以空爲舍宅。】（《大正藏》冊二，頁 531，上 16-17）

《大乘本生心地觀經》卷五〈無垢性品 第四〉：【阿蘭若處是三昧室，能得百千大三昧故。……清淨如空以爲舍宅，心無障礙得大智故。】（《大正藏》冊三，頁 315，中 11-13）

《漸備一切智德經》卷五〈金剛藏問菩薩住品 第十〉：【菩薩如是住興光地，爲眾屋室，處在於世，禪定脫門三昧正受，則而無限，能問一切定意之宜。其嫉妬山清淨寶城，是爲五神通之屋宅也，無限仙人所殿居耳，若千品山。】（《大正藏》冊十，頁 494，上 3-7）

《大般涅槃經》卷二十七〈師子吼菩薩品 第十一〉：【善男子！如來正覺智慧牙爪，四如意足，六波羅蜜滿足之身，十力雄猛，大悲爲尾，安住四禪清淨窟宅。】（《大正藏》冊十二，頁 522，下 10-12）

42 為現在賢劫千佛中之第三尊佛，釋迦世尊是此賢劫的第四尊佛。

43 坐禪的意思不只是修定，更要有靜慮的智慧，觀行五陰十八界等虛妄乃至斷我見、我執等等。

第三章 持戒之論

第一節 為什麼要持戒

世間人總是喜歡有道德的人，有道德的人就是不會做出傷天害理之事的人，不會去侵犯他人；佛教中的持戒就是如此，持戒有非常多的利益，接著就爲大家來說明，請讀者繼續看下去。

第一目 持戒之利益——得生善處

在上一個單元我們說到了「布施不持戒、大象掛瓔珞」的故事，我們就可以瞭解到：**持戒的目的就是要讓我們未來世可以不墮三惡道**！經典上常說，五戒不犯才可以得人身。我們修行的目的就是要修正自己的身口意行，而持戒的目的也是在此，我們因爲持戒而不犯眾生，其實也算是一種無畏布施，布施無畏給眾生。

持戒，就是身口意行不惱害眾生，也就是不殺生、不偷盜、不邪淫、不妄語、不兩舌、不惡口、不綺語，不飲酒等等。而持戒不僅讓我們這一世可以得到快樂、受到別人的尊敬、得到好人緣、好的名聲，也可以讓我們未來世不墮惡道，生在人道或天上，過著富裕長壽的日子；另外也是要讓我們的心地清淨，煩惱越來越少。譬如在 龍樹菩薩的《大智度論》卷十三〈序品〉說：

華香、木香不能遠聞；持戒之香，周遍十方。

持戒之人，具足安樂，名聲遠聞，天、人敬愛，現世常得種種快樂。

若欲天上、人中富貴、長壽，取之不難；持戒清淨，所願皆得。

佛在經典上也常說持戒得大福德。《優婆塞戒經》卷六〈尸波羅蜜品〉云：

善男子！若在家、若出家，若三歸、若八齋、若五戒，若具足、若不具足，若一日一夜、若一時一念、若盡形壽至心受持，當知是人得大福德。

彌勒菩薩的《瑜伽師地論》卷十四中說：

又有三種為諸樂欲增上生者所說眞實增上生道：一者、布施得大財富。二者、持戒得往善趣。三者、修定遠離苦受，得生一向無有惱害樂世界中。

《大智度論》卷十三〈序品〉中也說：【佛言三事必得報果不虛：布施得大富，持戒生好處，修定得解脫。】因此持戒的目的就是讓我們往生善趣，得生好處。《大智度論》卷十三〈序品〉又說：【若下持戒生人中，中持戒生六欲天中，上持戒又行四禪、四空定，生色、無色界清淨天中。】也就是說持戒如果分成三品，下品的持戒人可以生在人道；中品的持戒人可以往生欲界六天；而上品的持戒人如果離欲並加修四禪八定，可以往生色界四禪、無色界的四空定諸天。

第二目 持戒與三界六道輪迴

接著我們先來簡單地說明三界流轉、六道輪迴。三界就是欲界、色界、無色界，六道就是天道、阿修羅道、人道、畜生道、餓鬼道、地獄道。因爲造作了各種不同的業因，後世就會生到相應的六道之中。《佛爲首迦長者說業報差別經》：

或有業能令眾生得地獄報；或有業能令眾生得畜生報；或有業能令眾生得餓鬼報；或有業能令眾生得阿修羅報；或有業能令眾生得人趣報；或有業能令眾生得欲天報；或有業能令眾生得色天報；或有業能令眾生得無色天報。

無色界天是眾生修得了四空定後的果報，在那裡純粹只有意識境界，色界天是中性身的世界，是修得四禪的果報，有分為初禪天、二禪天、三禪天和四禪天；色界天人以禪悅為食，沒有男女、飲食以及睡眠。而往下的欲界就是沒有證得初禪（不能離欲）的眾生所住的世間，因此有男女欲和飲食等等五欲的受用與希求，所以欲界是有男性、女性分別的世界。在欲界中有欲界六天和人道的善趣，還有畜生道、餓鬼道和地獄道等三惡道也是在欲界中，而阿修羅則是遍於五道中的，在人間或天上都有，三惡道也有所謂的阿修羅。

《普曜經》卷四〈告車匿被馬品〉：「**五戒為人，十善生天，慳墮餓鬼，觝突畜生，十惡地獄。**」眾生如果行善可以往生到人天善處，也就是當人，或生天當天人。也就是說持守五戒者則生為人，再增上修十善業者可以生天，在天界享受種種快樂，關於天界的介紹我們留到生天之論再作詳細敘述。而阿修羅遍於五道中，是指雖修善業但帶有嚴重慢習與瞋習的有情。而慳吝則會墮入餓鬼道中，造作惡業會墮落三惡道，若惡業較輕則墮入餓鬼或畜生道，嚴重的惡業則墮入地獄道。《佛為首迦長者說業報差別經》中云：

復有十業能令眾生得地獄報：一者、身行重惡業，二者、口行重惡業，三者、意行重惡業，四者、起於斷見，五者、起於常見，六者、起無因見，七者、起無作見，八者、起於無見，九者、起於邊見，十者、不知恩報，以是十業得地獄報。

總之墮入地獄就是因爲身、口、意造了嚴重的惡業，譬如殺人、偷盜、邪淫、大妄語，乃至起常見外道，或無因論（也就是不信因果，不相信有第八識如來藏者），或有宣揚斷滅的見解，認爲死後就一無所有，沒有未來世；主張這些邪見而毀謗佛法與造作惡業者就會墮入地獄，墮入地獄是極爲痛苦的。若是造作五逆罪（殺母、殺父、殺阿羅漢、破和合僧、出佛身血），那會墮入最痛苦的地獄——阿鼻地獄（無間地獄）。另外，還有其他各種地獄，在《地藏菩薩本願經》與諸多經典中都有詳細介紹，總之地獄的痛苦實在是苦不堪言，請自行查閱經典。

接著《佛爲首迦長者說業報差別經》說：

復有十業能令眾生得畜生報：一者、身行中惡業，二者、口行中惡業，三者、意行中惡業，四者、從貪煩惱起諸惡業，五者、從瞋煩惱起諸惡業，六者、從癡煩惱起諸惡業，七者、毀罵眾生，八者、惱害眾生，九者、施不淨物，十者、行於邪婬，以是十業得畜生報。

從經文上我們就可以知道，會往生到畜生道，就是因爲身口意造了中等的惡業，以及因爲貪、瞋、癡而起的惡業。譬如我們也可以看到許多狗的習性，就是喜歡到處對別的眾生乃至非眾生大聲吠叫，就是因爲牠們過去生常惡口毀罵眾生的緣故，導致墮落當狗的原因之一。而許多畜生會亂倫邪淫，如俗話罵邪淫者爲：豬哥、豬母、母狗……，那也是過去生造邪淫業的關係，因此才會墮落畜生道受報，生在畜生道如果不被當作寵物，大部分都很可憐！野生動物弱肉強食，禽畜豬鴨被殺來吃，象馬牛驢負重苦力，綿羊犀牛剪毛鋸角；總之不論天上飛的、陸地爬的、水裡游的，甚至微小的昆蟲螞蟻，彼此間都是弱肉強食，並且也都可能會被人類抓來吃，如果您無法體會畜生道的苦，不妨去傳統市場或屠宰場走走，親自見聞牛、羊、豬、雞、鴨等等眾生被殺害之音聲與慘狀。

接著我們再來談談餓鬼道，《佛爲首迦長者說業報差別經》中云：

復有十業能令眾生得餓鬼報：一者、身行輕惡業，二者、口行輕惡業，三者、意行輕惡業，四者、起於多貪，五者、起於惡貪，六者、嫉妬，七者、邪見，八者、愛著資生即便命終，九者、因飢而亡，十者、枯渴而死，以是十業得餓鬼報。

餓鬼道主要的惡業除了身口意的輕惡業外，還有起多貪、惡貪、嫉妒心，和慳吝且貪著自己的財產死都不肯放捨，命終就會淪落鬼道。因爲慳吝的關係，餓鬼道的眾生常常受到饑饉之苦，咽喉細小如針，無法飲食，或是好不容易搶到的一口濃痰被其他大力鬼神搶走。在《佛說鬼問目連經》或《餓鬼報應經》都有介紹餓鬼之苦，讀者可自行查閱經典。

第三目　聞三惡道苦是故應持戒

佛在《優婆塞戒經》卷一〈解脫品〉：【聞三惡苦，心生怖畏，身毛皆竪，涕泣橫流；堅持齋戒，乃至小罪不敢毀犯，當知是人得解脫分法。】

平實導師在《優婆塞戒經講記》第一輯中開示道：

三惡道的痛苦情形，很少有人說明；如果有人把三惡道的無量痛苦詳細說明了，我保證諸位一樣會心生怖畏、身毛皆豎、涕淚橫流的。且不說地獄道，光說餓鬼道就好了：肚大如鼓，可是肚子裡面不是被食物撐飽，而是被餓火撐飽了，所以一張口吐氣就是火，得到食物想要吃時——不論你施什麼食物給他——口一張開，火噴出來就把食物燒成焦炭了，沒得吃啊！他們又很渴，一天到晚找水，希望能止息餓火中燒的痛苦；可是到了所有大河邊，那些水，他們看來卻不是清水，而是濃痰、膿血，根本不能喝。只有我們之中有誰感冒了，擤一擤鼻涕、吐一口濃痰，在他們看來卻是無上美食；他們的業力就是這樣，想想看：餓鬼道的日子好過嗎？想要搶一口濃痰都得要老資格才搶得到，又不是每天有人感冒在吐痰。

可是餓鬼道的果報受完而轉生去畜生道以後，日子就好過了嗎？也不好過。譬如養雞場的來亨雞，都是關在一個小籠子裡；牠們的一生就這樣子過，蛋若是下得少了，就被賣去當炸雞了！日子眞難過。所以眞的不能輕視戒法呀！大家都應該好好的持戒，千萬不要犯了重戒中的任何一戒，尤其不要犯了謗法的重戒；否則，萬一下墮三惡道，受苦都已經沒完沒了了，更不要提解脫分的修證了。

所以佛門中在家與出家二種修行人，至心聽受解脫分法以後，受持不犯；在修學解脫道過程中，聽聞到三惡道之苦，心中產生了恐怖畏懼，恐怕自己不小心犯了戒、造了惡業，會落到三惡道去。

佛陀在《摩訶般若波羅蜜經》卷二十六〈畢定品〉：爲破戒者說法：「諸眾生！破戒法大苦惱，破戒之人自不能益，何能益他！破戒法受苦果報，若在地獄、若在餓鬼、若在畜生；汝等墮三惡道中，自不能救，何能救人？以是故，汝等不應墮破戒心，死時有悔。」

佛說破戒得大苦惱，破戒的人尚且不能利益自己，何況能利益他人！破戒會受苦果報，在地獄、餓鬼、畜生道中受苦。在三惡道中受苦，連自己都不能救了，又如何救他人呢？因此，我們絕對不應該有破戒之心，不然死的時候會後悔莫及的。

第四目　人身難得如盲龜值浮木孔

所以至少要當人才能脫離三惡道苦，而要得人身就必須要修善業，要不造惡業才可以當人。《佛爲首迦長者說業報差別經》說：

復有十業能令眾生得人趣報：一者、不殺，二者、不盜，三者、不邪婬，四者、不妄語，五者、不綺語，六者、不兩舌，七者、不惡口，八者、不貪，九者、不瞋，十者、不邪見，於十善業缺漏不全，以是十業得人趣報。

佛說想要當人，就要行不殺人、不偷盜、不邪淫、不妄語、不綺語、不兩舌、不惡口、不貪、不瞋、不邪見這十種善業；此十種善業若能無缺漏的修行乃至增上，那就會生欲界天。一般來說，持五戒就可以保有人身，但眾生能夠有福德當人的並不多，大部分眾生還是造惡業墮入三惡道中的多，佛說猶如大地的土那麼多；而能夠生天或出生爲人的眾生如爪上的土那麼少。如《出曜經》卷二十四〈觀品〉說：【**佛告比丘：「眾生入地獄者多於地土，從地獄終還生地獄，餓鬼、畜生亦復如是；生天眾生如爪上土。」**】

《百喻經》卷三中云：【**人身難得，譬如盲龜值浮木孔。**】

在《雜阿含經》[60]中，佛陀也有相同的開示：一隻眼盲的烏龜在無量劫中，每一百年牠的頭才從大海中浮出水面來一次；大海中的一塊浮木中間有一個孔，這塊浮木在大海中四處漂流。盲龜的頭要能剛好伸進這個浮木的洞孔，那可眞是非常非常的困難！因爲大海那麼廣大，而盲龜到處游走，浮木也隨著風浪四處漂流，因此幾乎是不可能會相遇到的。

佛陀以此譬喻說盲龜浮出海面時，牠的頭就剛剛好伸進浮木的那個洞中，這樣的機會是多麼的希有難得啊！但愚癡凡夫在五趣六道中輪轉生死，暫時能夠獲得人身的機會，比這盲龜浮出海面時頭剛好進入那個浮木孔還要更加困難，因爲眾生總是造無量惡業的緣故。

第五目　持戒是一切善法乃至能超凡入聖之根本

佛門中的戒律就是一切善法的根本，戒的根本目的是爲了生善滅惡，當然也是超凡入聖之根本，必須要能夠持戒將來才可以得到解脫的聖果，但若破戒則會墮落三惡道；如《優婆塞戒經》卷三〈受戒品〉中云：

是戒[61]即是一切善法之根本也。若有成就如是戒者，當得須陀洹果乃至阿那含果。若破是戒，命終當墮三惡道中。

龍樹菩薩在《大智度論》卷十三〈序品〉中也說：

若人求大善利，當堅持戒，如惜重寶，如護身命。何以故？譬如大地，一切萬物有形之類，皆依地而住；戒亦如是，戒爲一切善法住處。

又云：上持戒有三種：下清淨持戒得阿羅漢，中清淨持戒得辟支佛，上清淨持戒得佛道。

也就是說，上品的持戒又可分成三品，這個上品持戒中的下品清淨持戒未來可以證得阿羅漢果，中品的清淨持戒未來可以證得緣覺辟支佛果，上品的清淨持戒未來可以成就佛道。

因此 世尊開了方便門，把戒律分爲多種：初唱三歸依戒，次申五戒、八關齋戒；復制聲聞戒、菩薩戒等。受持三歸依戒，便可不墮惡道，開啓出世之因緣；受持五戒除了可保人身之外，也是種下了未來親證聲聞解脫果的因緣；清淨圓滿受持八關齋戒一日一夜，未來得有出家修道之因緣；受持菩薩戒乃是種下將來可以開悟明心乃至究竟成佛之因緣。因此，戒律的受持是修行的根本。

《大智度論》卷十三〈序品〉云：

若慈愍眾生故，爲度眾生故，亦知戒實相故，心不猗著；如此持戒，將來令人至佛道，如是名爲得無上佛道戒。

也就是說，菩薩若是爲了慈愍眾生、爲了救度眾生的緣故而持戒，另外也親證了戒的實相之緣故，內心不會貪愛執著持戒的果報；如此持戒，將來能令人往成佛之道邁進，如此持戒則是名爲得到無上佛道戒。

《優婆塞戒經》卷六〈尸波羅蜜品〉：【戒有二果，一諸天樂，二菩提樂。智者應當求菩提樂，不求天樂。】因此，持戒除了可以生天受樂之外，也可以得到佛道的菩提之樂，佛陀說有智慧的人應該要求菩提樂而不求天樂。而我們不論要受持何戒，首先都要受三歸依戒，因此接著就爲大家解說受持三歸依戒的功德與利益。

第二節 受持三歸依戒的功德與利益

第一目 略說三歸依

三歸依就是歸依佛寶、法寶、僧寶，故名三歸依。為什麼要歸依三寶呢？因為**佛**是福慧兩足尊，經過三大阿僧祇劫的修行，使得福德與智慧修集圓滿。佛陀的偉大用無量無邊的偈頌讚美無量阿僧祇劫的時間也說不完，如《大智度論》卷四〈序品〉中說：**【天上天下無如佛，十方世界亦無比，世界所有我盡見，一切無有如佛者！】**因此 彌勒菩薩在《瑜伽師地論》中提到，我們供佛時應該生起六種作意，如此可以讓功德更加殊勝：一、佛是最大的功德田。二、佛是最大的報恩田。三、佛是三界一切眾生中最尊貴者。四、佛如優曇花難值遇。五、每個三千大千世界唯有一尊佛。六、佛是一切法與義的依止，一切世、出世間功德圓滿。[62]

另外，**法寶**就是指 佛陀所說的正法，也就是三乘菩提，也都是以第八識如來藏為依止。因為成佛之道的根本，就在於我們每個眾生都各自本有的第八識——如來藏，我們自己的第八識如來藏含藏了我們所造作的一切善惡業種，並且能夠出生一切法。因為有如來藏所以有二乘解脫道，而開悟明心就是親證如來藏，又名證得般若波羅蜜多；入地後的一切種智之修行，也就是實證如來藏中一切種子之智慧。因此，我們應該要歸依第八識如來藏妙法，此如來藏般若波羅蜜多——又被稱為佛母，因為一切佛道皆由此出生。如《大般若波羅蜜多經》卷三〇五〈佛母品〉中云：

一切預流、預流果，一來、一來果，不還、不還果，阿羅漢、阿羅漢果，皆由如是甚深般若波羅蜜多而得生故；一切獨覺、獨覺菩提，皆由如是甚深般若波羅蜜多而得生故；一切菩薩摩訶薩及諸菩薩摩訶薩行，皆由如是甚深般若波羅蜜多而得生故；一切如來、應、正等覺諸佛無上正等菩提，皆由如是甚深般若波羅蜜多而得生故。

接著第三個僧寶就是指還沒有成佛的大乘菩薩僧，但我們最好能夠歸依有證悟的勝義菩薩僧——菩薩摩訶薩。菩薩摩訶薩非常偉大，如《大般若波羅蜜多經》卷一三二〈校量功德品 第三十〉中說：

憍尸迦！若善男子、善女人等，教化三千大千世界諸有情類，皆令安住獨覺菩提，所獲福聚不如有人教一有情令趣無上正等菩提。何以故？憍尸迦！**若教有情令趣無上正等菩提，則令世間佛眼不斷。**所以者何？**由有菩薩摩訶薩故，便有預流、一來、不還、阿羅漢果、獨覺菩提；由有菩薩摩訶薩故，便有如來、應、正等覺，證得無上正等菩提；由有菩薩摩訶薩故，便有佛寶、法寶、僧寶，一切世間歸依供養。**

佛陀說教導一位眾生趣向佛道當菩薩，就勝過度化三千大千世界的無量眾生成爲獨覺聖者——辟支佛。爲什麼呢？因爲聲聞、獨覺都會入無餘涅槃而無法再利益眾生，菩薩摩訶薩常住世間的緣故，才能夠使得世間佛法不會斷絕，世間才能繼續有解脫道與佛菩提道的正法存在。所以，只有菩薩摩訶薩才能利益無量眾生，令得成就解脫果乃至佛菩提果。因爲有菩薩摩訶薩，世間便有佛、法、僧三寶，所以我們應該歸依勝義菩薩僧。

在《優婆塞戒經》中的〈淨三歸品〉皆有詳細說明三歸依的內涵，詳情請看 平實導師所著的《優婆塞戒經講記》第六輯的深細解說，這裡只大略說明一下：

佛陀提到對來求乞的人，我們應當先教導他受持三歸依，然後再布施。爲什麼要受三歸依呢？佛陀說爲了破除諸苦，斷除煩惱，得到無上寂滅之樂，因此要受三歸依。那什麼是三歸依呢？三歸依就是歸依佛、法、僧。「佛」是能爲眾生宣說壞斷煩惱之因，使眾生得到眞正的解脫。「法」是能破壞煩惱的因，也就是眞實的佛法，讓眾生得到眞實的解脫。「僧」就是從佛秉受破壞煩惱之因，獲得眞正的解脫，也能教導眾生證得解脫。而有的人可能會說：「**其實三歸無非是一歸嘛！無非就是歸依於法！**」佛陀說：這樣的講法是不對的！因爲如來有時出現於世間，大部分時間不出現於世間，但是不論佛在不在世間出現，正法是常住的、常有的，可是卻沒有任何人能秉受正法，只有 佛陀出興於世，世人才有因緣知道這個常住之法，所以要歸依佛。佛陀示現入滅之後，也只有佛弟子眾才能秉受 佛陀的教化而爲人分別法義；因爲佛弟子眾能秉受故，是故應當歸依僧。三歸依的傳承，有人具足，有人不具足；具足的人是歸依於佛、法、僧三寶，佛弟子全部都得歸依；不具足者就只有一種聖人，就是如來歸依於法。所以 佛陀作了結論說：「**眞正得到三歸的人，無不具足三歸，就像比丘、比丘尼、優婆塞、優婆夷接受如來所制的戒法，而成**

就四不壞信一樣，所以三歸依一定要具足。」[63]

另外如果有人問：「如來入滅以後，我們歸依三寶的佛，那是歸依誰啊？因爲如來已經滅了啊！」佛說：「這樣的歸依就叫作歸依佛：過去諸佛無學之法，也就是已經究竟成佛者，所以我釋迦牟尼佛先教導提謂長者說：『你應當歸依未來世僧。』歸依於過去佛也是這樣歸依，不一定需有佛或僧現前存在人間。」也就是說假使正法滅盡了，人間沒有佛，正法、像法和末法也都過去了，那我們要如何歸依佛？佛說可以歸依未來佛，譬如末法期法滅盡了以後，三寶都不存在了，我們可以歸依當來下生　彌勒尊佛。而佛與僧又因爲福田果報有差別，所以佛、法、僧三寶應該差別爲三，故成就三寶而不是一寶或二寶。我們接受三歸依也是一樣，如同我們對　佛陀在世時的供養與　佛涅槃後的供養，果報並沒有差別；而　佛陀所制定的戒法或各種約束，在　佛入滅後犯戒的人還是會獲得罪報；所以我們歸依已入涅槃的過去佛，道理也是一樣，也是福德無量的。[64]

因此我們總結來說：**歸依佛就是歸依無上正等正覺、福慧兩足世尊**。歸依佛就是歸依本師　釋迦牟尼佛，歸依千百億化身　釋迦牟尼佛，歸依圓滿報身　盧舍那佛，歸依清淨法身　毗盧遮那佛，同時也歸依十方一切諸佛。

歸依法就是歸依了義究竟正法，**歸依世尊正教**。也就是：一、歸依三乘通教解脫正道，歸依大乘圓滿佛菩提道。二、歸依了義諸經正義，不以方便法教爲歸。三、歸依十方常住佛法。

歸依僧就是歸依大乘賢聖僧，**歸依大乘正見菩薩僧**。也就是：一、歸依證悟實相諸勝義菩薩僧，二、歸依學地諸正見凡夫菩薩僧，三、歸依十方一切勝義菩薩僧。

因爲**佛**、**法**、**僧三寶**，**具足無量無邊眞實清淨的功德**，**能夠息滅衆生無邊的生死輪迴之苦惱**，**讓衆生遠離大怖畏**，**故爲衆生的究竟歸依處**。但佛法甚深，很難理解與證悟，是故想要修學佛法的學人，應當要歸順依止佛、法、僧三寶以便如實修學；以此緣故，應先歸依人間住持正法之三寶。也就是說我們歸依三寶的目的是要學佛乃至修行成佛，因此修學正法、護持正法是最重要的。正法就是如實宣講第一義諦——如來藏妙義者就是正法。如果我們無法遇到明師，那就難以聽聞到正法，若能值遇眞悟大善知識，爲我們作三歸五戒之證明師，那是非常有福報的人。如今唯一宣揚大乘了義正法之正覺講堂，每年年底 平實導師都會傳授三歸依戒暨五戒，希望有緣的眾生也能夠參與此殊勝的法會，共結難值難遇的了義正法之緣。

第二目　受三歸依的福德無量

三歸依的福德是無量的，佛陀在經典上說：布施無量無數珍寶的福德，不如受持三歸依的福德，也就是說歸依佛、歸依法、歸依僧的福德是無量無邊不可計算的。[65]《優婆塞戒經》卷五〈八戒齋品〉：

善男子！若人能受三歸依者，當知是人，所得福報不可窮盡。善男子！迦陵伽國有「七寶」藏，名賓伽羅；其國人民大小男女，於七日中，七月、七年，常以車乘象馬駝驢擔負持去，猶不能盡；若有至心受三歸齋，是人所得功德果報，出勝彼藏所有實物。善男子！毘提呵國有「七寶」藏，名半陸迦，其國人民男女大小，於七日中，七月、七年，常以車乘象馬駝驢擔負持去，猶不能盡；若有至心受三歸齋，是人所得功德果報，出勝彼藏所有寶物。善男子！波羅奈國有「七寶」，名曰蠰佉，其國人民男女大小，於七日中，七月、七年，常以車乘象馬駝驢擔負持去，亦不能盡；若有至心受三歸齋，是人所得功德果報，出勝彼藏所有寶物。善男子！乾陀羅國有「七寶」藏，名伊羅鉢多，其國人民男女大小，於七日中，七月、七年，常以車乘象馬駝驢擔負持去，亦不能盡；若有至心受三歸齋，是人所得功德果報，勝出彼藏所有寶物。

佛開示說：「如果有人能夠受三歸依，應知他所得的福報不可窮盡啊！」佛又舉例說：「迦陵伽國有七寶的寶藏，這寶藏的地點名稱叫作賓伽羅，迦陵伽國人民不管大小男女，有人七天之中以車子或象馬駝驢來挑擔回去，有人七個月之中每天這樣來搬取，有人七年之中每天這樣搬取，仍然無窮無盡，顯然這個七寶之藏它寶物非常多，但如果有一個人能以至誠心受三歸依及八戒齋，他所得到的功德果報，超過、勝過那個七寶之藏所有的寶物啊！」佛陀不厭其煩重複說明，總共連續舉了四個國家的七寶之藏，來證明三歸齋所得的功德果報超過這些國家的七寶之藏之所有寶物，所以由此可見三歸齋所獲得之福德、功德眞的很大。佛陀又譬喻說：「毘提呵國也有這種七寶之藏叫作半陸迦，他們的人民男女大小，一樣的或者七日中，或者七月中，或者七年中，每天用車乘象馬駝驢來擔負持去，還是不能把它取盡；如果有人至心受三歸齋，他未來所能得到的功德與果報，超出並而且勝過半陸迦七寶之藏的所有寶物。」又譬喻說：「波羅奈國有七寶之藏名爲蠰佉，波羅奈國的人民男女大小同樣是七日中或者七月中，或者七年中，每天用象馬駝驢把它取回去，也是所有人民在七天、七月、七年中，每天用各種車乘象馬……等把寶物取回去，還是取不完；但如果有人至心受三歸依和八戒齋，他所得到的功德果報超過蠰佉七寶之藏的所有寶物。」又譬喻說：「乾陀羅國也有七寶之藏叫作伊羅缽多，這個國家的人民男女大小於七日中、七月中、七年中，每天以車乘駝驢擔負持去，也不能取完；如果有人至心受持三歸依並且持八戒齋，他所得的功德果報，勝過、超出伊羅缽多寶藏的所有寶物。」

第三目 帝釋天三歸依脫離惡道的故事

受三歸依戒除了能獲得無量的福德之外，也可以讓眾生脫離惡道、得生善趣；在經典中有記載這樣的故事，如《法句譬喻經》卷一云：

昔者天帝釋五德離身，自知命盡當下生世間，在陶作家受驢胞胎。何謂五德？一者、身上光滅，二者、頭上華萎，三者、不樂本坐，四者、腋下汗臭，五者、塵土著身。以此五事自知福盡，甚大愁憂。自念：「三界之中，濟人苦厄，唯有佛耳！」於是奔馳往到佛所。時，佛在耆闍崛山石室中，坐禪入普濟三昧。天帝見佛，稽首作禮，伏地至心三自歸命佛、法、聖眾，未起之間其命忽出，便至陶家驢母腹中作子。時驢自解，走瓦坏間，破壞坏器，其主打之，尋時傷胎；其神即還入故身中，五德還備，復爲天帝。佛三昧覺，讚言：「善哉！天帝！能於殞命之際歸命三尊，罪對已畢，不更勤苦。」

爾時世尊以偈頌曰：

所行非常，謂興衰法，夫生輒死，此滅為樂；
譬如陶家，埏埴作器，一切要壞，人命亦然。

帝釋聞偈，知無常之要，達罪福之變；解興衰之本，遵寂滅之行。歡喜奉受，得須陀洹道。

《法句譬喻經》中說到，忉利天的天主**釋提桓因**五衰現前，快要壽盡了。他曉得自己命終之後，會墮在畜生道中，生爲驢子。因爲五衰現前[66]，所以他非常的憂愁，他想到在三界中只有 佛能救度苦厄，因此就立刻飛速地來到佛前。

當時佛正坐禪於普濟三昧中。帝釋天見到佛，馬上就頂禮，趴在地上至誠懇切地三歸依（歸依佛、歸依法、歸依僧），帝釋天還沒來得及起身就死了，神識立刻投胎在驢腹當中。就在這個時候，驢子脫韁亂闖，踏破了主人家的陶坯器具，主人一生氣，就拿鞭子打牠，驢子因此傷了胎氣；於是帝釋天的神識又回復到天帝身中，衰敗的五德又都恢復了，再也沒有五衰的現象。所以，在他伏地至心三歸依後，再起身時他又回復了五德具足的帝釋身。

這時候　佛陀從普濟三昧出，就讚歎說：「善哉！善哉！帝釋天，你能夠在臨終時歸依三寶，應受的罪報也已經結束，不會再入三惡道了。」佛陀就爲他講經說法，帝釋天當下就證得須陀洹果。

第四目　天子受三歸依戒脫離惡道的故事

除了帝釋天歸依三寶後有如此的功德之外，《佛說嗟韈曩法天子受三歸依獲免惡道經》其中提到一位忉利天的天人也是如此。經典上說，這位天人名叫嗟韈曩法，他在天上的福報將要享盡了，只剩下七天的壽命；而且現起了五衰之相，身上沾染了塵垢污穢，頭上的花鬘枯萎，身上出現了臭味，兩邊的腋下都有汗流出來，天人的威德盡失。這時嗟韈曩法不樂於自己的寶座上安住，而是坐在地上非常悲悽哀傷地哭泣。口中不停地說：「苦啊！苦啊！」不論他到哪裡，在曼那吉爾池或到洗浴之池也都這樣說：「苦啊！苦啊！」心裡想到寶車或是歡喜雜林，以及這些所有的園林中，都不能再去遊戲了，美麗的花朵也不能再採摘了，雜寶柔軟之地也沒機會再踩踏了，就一直說著：「苦啊！苦啊！」天上眾多的天女們非常端莊美麗，常常陪伴著他，現在也要捨離他了。這時其他的天子看到他這個樣子，就去稟報帝釋天，說：「這位嗟韈曩法五衰現前了，只剩下七天的壽命，因此在地上悲哀哭泣著，到曼那吉爾池、洗浴之池、寶車、園林等各處都說：『苦啊！苦啊！』眾多天女們現在也要捨離他了。天主！我看到他這樣子，心裡非常難過，因此來跟您報告此事。」

這時天主帝釋天因為慈悲憐憫心的緣故，就到嗟韈曩法的處所，告訴他說：「天子你怎麼啦？你這位賢者怎麼坐在地上悲哀哭泣呢？說自己許多痛苦之事，讓看見你的人都不免哀傷心動呢？」這時嗟韈曩法忽然回過神來，聽聞到天主跟他說的話，就從地上站起來，整理自己的衣服和儀容，合掌而立，稟告帝釋說：「天主！我如今壽命只剩下七天，命終之後，我會下墮閻浮提的王舍大城裡，因為宿世業力的緣故將受生為豬身。天主！我若是受此豬身，那在多年中要吃人類剩下來的廚餘糞穢之物，我觀察到這個痛苦，因此那麼憂愁苦惱。」這時帝釋天主聽聞他說的話之後，心裡非常同情悲憫他，因此告訴嗟韈曩法天子說：「賢者！你可以至誠心歸命三寶，發這樣的誓言：『歸依佛兩足尊、歸依法離欲尊，歸依僧眾中尊。』」這時嗟韈曩法天子很害怕死亡的緣故，更害怕墮落畜生道，於是至誠的跟天帝釋說：「憍尸迦！我今天歸依佛兩足尊、歸依法離欲尊、歸依僧眾中尊。」受三歸依之後，他至誠歸依之心無有間斷，直到命終。在諸天的境界中，下地的天人不能看到上地的境界。這時帝釋天主想觀察嗟韈曩法往生到什麼地方去了？有沒有往生到閻浮提的王舍大城裡去當豬了呢？結果天主極盡他天眼的力量去觀察，都觀察不到；再觀察其他的畜生道和鬼道境界中，也都找不到嗟韈曩法的往生去處，又觀察人間也沒有，乃至四王天、忉利天都找不到他。這時帝釋天主心裡很疑惑，於是就前往祇樹園林拜見 世尊。天帝釋見到 世尊頂禮佛足，然後退坐一面，詳細地報告 佛陀此事，並請 佛陀開示這位嗟韈曩法天子往生到何處去了？佛陀告訴帝釋天主說：「這位嗟韈曩法天子現在往生到兜率陀天[67]，他正在受著五欲的快樂！」這時帝釋天主聽聞了 佛陀說法後非常的高興，踊躍歡喜，然後就在佛前說偈曰：

若歸依於佛　彼不墮惡道　棄捨人身已　當獲得天身

若歸依於法　彼不墮惡道　棄捨人身已　當獲得天身

若歸依於僧　彼不墮惡道　棄捨人身已　當獲得天身

然後又說：

誠心歸命佛　彼人當所得　若晝若夜中　佛心常憶念
誠心歸命法　彼人當所得　若晝若夜中　法力常加持
誠心歸命僧　彼人當所得　若晝若夜中　僧威常覆護

這時帝釋天主說了偈頌之後，世尊就印定他說：「就是這樣！就是這樣！歸命佛法僧，定不墮惡道；棄捨人身已，當獲得天身。」

這時候　世尊說偈頌曰：

若佛陀二字　得到於舌上　同彼歸命等　不虛過一生
若達磨二字　得到於舌上　同彼歸命等　不虛過一生
若僧伽二字　得到於舌上　同彼歸命等　不虛過一生

最後　佛陀又說偈言：

佛法僧名若不知　彼人最下故不獲

> 輪迴宛轉而久處　如迦尸花住虛空

佛開示完了這部經以後，諸位比丘大眾和天帝釋，一切大眾都很歡喜，信受作禮而退。[68]

看完上面兩個受三歸依得大利益的故事，接著我們來談如何受三歸依。

三歸依的對象是佛、法、僧三寶。但現在　佛陀的應身已經不在地球這個世間了，所以我們尋找的三歸依證明師，必須是菩薩法師，也就是修學了義正法的大乘菩薩僧，菩薩僧不是僅有現出家相者，如果現在家相的證悟菩薩，轉依第八識如來藏則是心出家，當然也就是勝義菩薩僧；歸依現在家相的勝義菩薩僧，其功德大過歸依現出家相之未悟的凡夫僧，此中差異難以勝數。因此，我們學佛千萬不要看表相，豈不見　維摩詰菩薩摩訶薩不也是示現在家身相嗎？祂老人家還是金粟如來倒駕慈航，示現為菩薩的呢！豈不見　大悲觀世音菩薩不也是天衣飄飄、頭戴寶冠、寶珠瓔珞種種莊嚴的在家菩薩？所以菩薩僧重要的在於看他的證量，而不看身相上是在家或出家；若是世間有在家的證悟菩薩住世，那我們不論是在家、出家等四眾弟子，都應該要追隨歸依。

受三歸依之後，佛弟子寧願捨棄身命也永遠不歸依一切外道，更不信受一切外道法教，永遠也不會隨順外道言教。如《優婆塞戒經》卷三〈受戒品〉：

若歸佛已，寧捨身命，終不依於自在天等；若歸法已，寧捨身命，終不依於外道典籍；若歸僧已，寧捨身命終不依於外道邪眾。

什麼是外道呢？心外求法是名外道。例如自在天王，說一切萬物都是他所生的，但其實是第八識如來藏才能出生一切萬法，而世間山河大地也都是我們每個有情眾生各自的自心如來——也就是各個有情的如來藏所共同出生的，並非自在天王所生的。

很多人歸依之後，對外道天神就不知道該怎麼對待了，關於這個問題我們在此稍微說明一下！我們學佛三歸依後，見了天神還是可以恭敬對待，但是合掌問訊或拱手作禮就好了，就是代表與對方打招呼致意。佛說：「**假使有人受了三歸後再去造作癡業，去信受外道及大自在天所說的法，由於這個緣故就失掉了三歸**

依戒。……如果有人造作種種雜業，他的目的是爲了享福受樂的緣故，因此而作種種善事，如同市場上的交易一般，他心中的目的是爲了生天享樂，而不是因爲憐憫眾生，那他也是失去三歸依戒了！如果有人爲了保護他的房舍、家宅，或是眷屬的健康及性命，不得不到外道神廟中祭祀，或是許願幫忙建廟，雖然他祭祀諸神，但心中歸依的對象並不是諸神，只是爲了保護自己及眷屬和眾生的身家性命，那這樣的人仍以三寶爲依歸，並沒有失去三歸依戒。但如果他至心信受外道諸神能救護一切眾生的生死怖畏等事，因而歸依禮拜那個外道，這樣他就失掉了三歸依的法體。如果聽聞別人說：『諸天天人或天主曾經見過佛，親自獲得佛所傳授的法。』我們也發現那個天神在佛法修證上的功德勝過我們自己，所以我們禮拜、供養那個天神，這樣仍然不會失去歸依的法體。或者我們禮拜自在天王，如同禮拜世間的諸王、皇帝、長者、貴人、耆舊、有道德者一樣，只是依世間的禮法，那並不是歸依，當然也沒有失去歸依的法體。而禮拜或供養諸天時，只是爲了保護身、命、財或是爲了祈請諸天來保護眾生，但對於外道神祇所說的邪法千萬不能接受。」[69] 此處佛陀說的這些道理，是爲了在家凡夫菩薩而說的，出家以後就是依於　如來及具有三乘菩提威德的僧寶，都不該再禮拜任何外道天神的。關於這段經文的詳細解說請參見　平實導師所著的《優婆塞戒經講記》第六輯。

佛陀又破斥外道邪見說：「外道天主所說邪見，是什麼緣故不能接受呢？有智慧者應當觀察外道所說的法，他們說山河大地、眾生色身及一切物，都是自在天所創造的！若是自在天所創造的，那我今天何必修善業呢？應該不必修善業就可以回歸自在天身中了。還有一種外道說：『以投水、自焚、絕食等自殺行爲而捨命，就可以離苦！』但造作這些事情本身就是受苦的因，又怎麼能說是可以離苦呢？一切眾生都是因爲造作種種善惡業，因此而得到後世的苦樂果報，所以自餓捨命的行爲是苦因，當然不能讓人離苦。另外又有外道說：『一切萬物是時節到了自然就會出現的，或是天上的星宿創造的，或是自在天主作的。』這些都是邪說啊！若眞是如此，爲什麼我將來要受現在所造業的果報？爲什麼我現在要受過去世所造的業果呢？有智慧的人了知往世造了善業要受善報，往世造了惡業要受惡報，怎麼還可以說一切都是時節、星宿、自在天主所創造的呢？如果是因爲時節或星宿的因緣而讓我們受苦樂的話，那麼全天下有很多人都是在同一個時節出生的，那爲什麼同一個時節、星宿出生的人，卻是一人正在受苦而另一人正在受樂呢？或是一人是生爲男人，一人卻是生爲女人呢？另外天人和阿修羅也有同時、同星宿而出生者，當他們互相打仗時，卻是有一邊勝利而另一邊失敗。也有同時節出生的相同星宿的國王，各自治理各自的國家，爲什麼有人會失去了國土，有人則能保住國家呢？就連外道有時都會說：『今年流年不好，是惡年，有惡星宿出現，所以今年大家都要修善，才能把惡運惡事消除掉。』如果是因爲星宿造成大家的命運，那爲什麼又說眾生修善就可以除滅惡運？這樣的道理是講不通的！由這個因緣我們可以知道，這種種外道邪說有智慧的人怎麼可能會信受呢？」70

三歸依後而能不退失就不會墮落惡道了，因爲歸依佛就永不墮地獄，歸依法就永不墮餓鬼，歸依僧就永不墮畜生。菩薩行者還要發四宏誓願：「眾生無邊誓願度，煩惱無盡誓願斷，法門無量誓願學，佛道無上誓願成。」如此功德無量無邊勝過一切聲聞、獨覺，這個部分我們將在本章第四節第二目中爲大家說明。

第三節 受持五戒

第一目 持五戒之功德

受持三歸依戒後也應該要受五戒。五戒是修行最基本的條件，也就是不殺生（主要是指不殺人）、不偷盜、不邪淫、不妄語、不飲酒（加上不抽菸、不吸毒）。受持五戒的功德很大，如《優婆塞戒經》卷六〈五戒品〉云：

善男子！一切施中，施無怖畏最爲第一。是故我說五大施者，即是五戒。如是五戒，能令衆生離五怖畏。是五種施易可修行，自在無礙，不失財物，然得無量無邊福德。離是五施，不能獲得須陀洹果，乃至得阿耨多羅三藐三菩提。善男子！若受戒已，當知是人，爲諸天人恭敬守護，得大名稱。雖遭惡對，心無愁惱；衆生親附，樂來依止。阿那邠坻長者之子，雖爲八千金錢受戒，亦得無量功德果報；善男子！爲財受戒尚得利益，況有至心爲於解脱而當不得？

佛陀說，一切的布施中是以無畏施最爲第一。而這五種無畏的大布施就是五戒，因爲這五戒能夠讓眾生遠離五種怖畏恐懼（如生命傷害、財物的損失、眷屬被侵犯、被詐欺、被誹謗等）。這五種施非常容易修行，不會損失財物而可以獲得無量無邊的福德。離開這五種施（五戒），就無法得到初果解脫，當然更不可能成就佛道。所以佛陀告訴我們，如果是已經受五戒的人，我們應當知道這個人會被許多天神恭敬地守護著，受持五戒就會有二十五位護法神來守護，這點我們將在本章第五節中爲大家說明。這個受五戒的人不僅會在天界中被傳頌因此有大名稱，他在人間即使遭遇到惡人或惡事的對待，在他心裡面也不會生起憂愁與苦惱，因爲他受戒了所以不會記恨或去報復對方。眾生因爲他持五戒都會喜歡親近他、喜歡依止他，因爲跟他在一起不會受到傷害。

佛陀舉例說像阿那邠坻長者的兒子，他是爲了父親給他八千金錢才願意去受五戒，如此也都可以獲得無量功德果報。爲了錢財而去受五戒都尚且可得無量利益，更何況是至誠心爲了求取解脫而受戒呢？如《優婆塞戒經》卷三〈受戒品〉也說：

善男子！諦聽諦聽！僧已和合，聽汝受持優婆塞戒，是戒即是一切善法之根本也。若有成就如是戒者，當得須陀洹果乃至阿那含果。若破是戒，命終當墮三惡道中。善男子！優婆塞戒不可思議，何以故？受是戒已，雖受五欲，而不能障須陀洹果至阿那含果，是故名爲不可思議。

佛陀說**戒是一切善法的根本**，如果成就這樣戒法的人，將來可以得到初果乃至三果的解脫。但如果破戒的話，命終將會墮落三惡道中。爲什麼說受持優婆塞戒功德不可思議呢？受持了這個戒，雖受用色聲香味觸、財色名食睡等五欲諸法，但卻不會障礙你證得初果乃至三果的解脫實證與功德，所以說受戒功德是不可思議。

第二目 爲了金錢受持五戒而生天的故事

在經典中也有類似這樣的故事，爲了得到父母給的錢財而去受五戒，也因此而能夠生天的故事。如《雜寶藏經》卷五：

爾時舍衛國中，有一長者，名曰弗奢，生二女子。一者出家，精進用行，得阿羅漢；一者邪見，誹謗不信。父時語此不信之女：「汝今歸依於佛，我當雇汝千枚金錢，乃至歸依法僧，受持五戒，當與八千金錢。」於是便受五戒。

不久之頃，命終生天，來向佛所，佛為說法，得須陀洹。比丘問言：「此天女者，以何業行，得生於天？」佛言：「本於人間，貪父金錢，歸於三寶，受持五戒；由是因緣，今得生天，重於我所，聞法得道。」

佛世之時，在舍衛國中有一個長者名為弗奢，他生了兩個女兒。一位出家精進修行成為阿羅漢；另一位卻邪見深重誹謗不信。父親跟不信佛法的女兒說：「妳今天歸依佛，我就給妳一千個金錢，如果妳再歸依法寶、歸依僧寶又受持五戒的話，我就給妳八千金錢。」女兒於是便受三歸五戒，不久之後命終生天成為天女，她知道自己生天的因緣是來自於此受戒的功德，因此來到佛所，聽 佛說法，成為證得初果解脫的須陀洹。比丘們問 佛陀說：「這一位天女是因什麼業行，而能生於天中？」佛陀說：「她在人間因為貪父親的金錢，而歸依三寶又受五戒；因為這個因緣可以生天，並且回到這裡，聞法得道成就初果解脫！」可見三歸依加上受持五戒的利益眞是殊勝不可思議。

第三目　五戒可少分、多分或滿分受

而五戒可以滿分受或是少分受；《優婆塞戒經》卷三〈受戒品〉：「善男子！諦聽諦聽！如來正覺說優婆塞戒，或有一分，或有半分，或有無分，或有多分，或有滿分。若優婆塞受三歸已，不受五戒，名優婆塞。若受三歸受持一戒，是名一分；受三歸已受持二戒，是名少分；若受三歸持二戒已，若破一戒，是名無分；若受三歸受持三四戒，是名多分；若受三歸受持五戒，是名滿分。汝今欲作一分優婆塞？作滿分耶？」若隨意說，爾時智者當隨意授。

關於這段經文，平實導師在《優婆塞戒經講記》第四輯中解釋：這時戒師應向戒子說：「如來曾說優婆塞戒的受持有數種：一分、半分、無分、多分、滿分等五種受法。假使受了三歸依以後加受一戒，這是一分受；若是三歸依以後加受二戒，是少分受；受三歸依而受持二戒以後，毀破了一戒，則是戒體無分；如是三歸以後加受三戒或四戒，是多分受；若三歸以後加受五戒，就是滿分戒。你現在是想作一分優婆塞呢？或是作滿分優婆塞呢？」說完就依戒子的意願而傳授一分戒、多分戒、滿分戒。

平實導師在《楞伽經詳解》第一輯中也開示：

五戒者：在家之人於三歸時，或受滿分戒，五戒俱受：不殺生、不竊盜、不邪淫、不妄語、不飲酒。或受多分戒：三戒四戒而受。或受少分戒：一戒二戒而受。此五戒者前四為性戒，犯者不唯得戒罪，亦須未來世中受彼性罪果報。若不犯者，能生持戒功德。若不受戒而犯者，雖無戒罪果報，仍須受性罪果報；如惡意殺人者必下地獄受苦，苦盡返生人間，尚須於緣熟之時，意外枉死於被害人手中。不飲酒戒唯佛教回教有之，此是遮戒，遮止有情飲酒亂性而犯前四重戒；若犯此戒而不犯前四者，無有性罪，唯有戒罪，受戒罪違犯果報。

違犯五戒除了未來世無法當人，除了會墮落於三惡道以外，還會有許多惡業餘報需受，因此建議受持五戒還是要滿分受比較好。如《優婆塞戒經》卷三〈受戒品〉中云：【人有五事現在，不能增長財命；何等為五？一者樂殺，二者樂盜，三者邪婬，四者妄語，五者飲酒。】也就是說：「一個人如果有五種事情存在的話，這個人就不能增長財命；哪五件事情呢？第一、好樂殺生：當他看見眾生時就想要把他殺掉。第二、好樂偷盜：喜歡偷竊別人的財物。第三、邪淫：女人不安己室，或者男人在外勾引別人家室。第四、妄語：就是說謊欺瞞別人。第五、喝酒。」接下來我們一一說明這五個惡業的果報。

第四目 殺生的惡報

一切眾生最愛惜的就是自己的生命！龍樹菩薩在《大智度論》卷十三〈序品〉中說：【佛說十不善道中，殺最在初；五戒中亦最在初。若人種種修諸福德，而無不殺生戒，則無所益。】什麼是殺生？就是毀壞眾生的性命，也就是毀壞眾生的五陰身心。譬如《大般涅槃經》卷七〈如來性品〉中云：【善男子！眾生佛性住五陰中，若壞五陰名曰殺生，若有殺生即墮惡趣。】殺生會墮落惡趣，並且有許多惡報，《優婆塞戒經》卷三〈受戒品〉云：

一切眾生因殺生故，現在獲得惡色惡力惡名短命，財物耗減，眷屬分離，賢聖訶責、人不信用，他人作罪橫罹其殃，是名現在惡業之果；捨此身已，當墮地獄——多受苦惱飢渴長命、惡色惡力惡名等事，是名後世惡業之果；若得人身，復受惡色短命貧窮，是一惡人因緣力故，令外一切五穀果蓏悉皆減少，是人殃流及一天下。

經文中說：一切眾生，因爲殺生的緣故，所以現在世獲得不好的色身，常常生病，色身也沒有力氣；而且得不到好名聲，這一世不長壽而短命、夭壽；而且他的財物很容易耗減，眷屬也往往會分離，諸多賢聖也會訶責他；人家也都覺得他沒有信用，不相信他說的話，往往別人作了罪業，卻由他來承受惡果，常常會被冤枉，這就是現在世的惡業之果。捨了這個色身以後，還有後世惡業果報接續著，就像未來世還要下墮地獄，多受無量無邊的大苦惱：常時飢餓難當，當他想要獲得飲食時，獄卒就用燒熔了的銅液灌入他的嘴裡，從口到下體全部燒爛。非常飢渴而又求死不得，偏偏又是非常長壽。如果地獄受報完了，去餓鬼道受苦；餓鬼道中受完苦報了，還要去畜生道受苦；畜生道中的苦報也受完了，剛來到人間的五百世中，還要接受很不好的色身，一天到晚病痛而且很多世都短命，又加上貧窮，連治病的錢財都沒有。不但如此，他還會連累別人：因爲這個大惡業人的因緣力，會使得身外世界一切五穀水果蓏類全部都會減少；這個人的災殃到處流散而損減眾生的福報延後享受；如果他的惡業很重，甚至會流散殃及一天下。[71] 另外在《分別善惡報應經》卷下中云：

> 復次十惡，獲果有十。何等爲十？殺生十者：一、冤家轉多，二、見者不喜，三、有情驚怖，四、恒受苦惱，五、常思殺業，六、夢見憂苦，七、臨終悔恨，八、壽命短促，九、心識愚昧，十、死墮地獄。

殺生的罪業很重，因爲一切眾生最寶愛的就是自己的身命，如果我們殺害了眾生，那就會使我們的怨家轉多，眾生未來世見到我們當下沒來由地就是不喜歡，甚至心裡還會不由自主的對我們產生憤恨。常造殺業的人，晚上睡也睡不安穩，會常常作惡夢，如果是殺了人對方還可能投生成惡鬼來糾纏，殺業很重不僅會墮入地獄，未來世回到人間或還在畜生道時壽命也是很短促的。《佛爲首迦長者說業報差別經》：

有十種業能令眾生得短命報：一者，自行殺生；二者，勸他令殺；三者，讚歎殺法；四者，見殺隨喜；五者，於惡憎所，欲令喪滅；六者，見怨滅已，心生歡喜；七者，壞他胎藏；八者，教人毀壞；九者，建立天寺，屠殺眾生；十者，教人戰鬪，互相殘害。以是十業得短命報。

佛說有十種業會讓眾生得到短命的果報，第一是自己親手殺生，第二是勸他人殺生，第三是讚歎殺生，第四是看見他人殺生時我們心生隨喜，第五是看到厭惡憎恨的眾生希望對方喪命毀滅，第六是看見跟自己有仇怨的眾生被消滅了心生歡喜，第七是墮胎或幫人墮胎，第八是叫他人墮胎或毀壞胎藏，第九是爲了蓋廟祭祀天神而去屠殺牛、羊等眾生，第十是教人戰鬥互相殺害，造作這十種業會得到短命的果報。

總之，眾生獲得短命的果報就是因爲造作殺業，不管是自己親手殺生，或是勸他人殺（也就是慫恿、教導他人去殺），或是殺的時候是很高興的，乃至見聞他人殺生時生起讚歎隨喜的心念，還有墮胎和勸他人墮胎，或仇恨他人心心念念希望對方消滅或被殺害，乃至斷對方的男根而殺害，施設使用各種方法來殺害對方，驅使他人去殺害對方；造作這些惡業的果報就是會短命。而若想要得到長壽的果報，那就是要遠離這些殺業，不僅自身不造殺業，也不能讚歎隨喜殺業，還要勸他人離開殺業，並且常常隨緣放生和給眾生無畏布施，慈悲照顧病人、布施飲食以及幡燈供養諸佛菩薩等等，造作這些善業是會得到長命的果報。[72]

又如《佛為首迦長者說業報差別經》中也說：

復有十業能令眾生得長命報：一者，自不殺生；二者，勸他不殺；三者，讚歎不殺；四者，見他不殺，心生歡喜；五者，見被殺者，方便救免；六者，見死怖者，安慰其心；七者，見恐怖者，施與無畏；八者，見諸患苦之人，起慈愍心；九者，見諸急難之人，起大悲心；十者，以諸飲食，惠施眾生；以是十業得長命報。

另外，殺生的果報不只是短命而已，其實還有許許多多現象，譬如諸根不具身為殘障人士，也多是因為前世屠殺、射獵、羅網、捕魚等等的關係。《佛說分別善惡所起經》：

佛言：「人於世間，喜殺生無慈之心，從是得五惡。何等五？一者，壽命短；

二者，多驚怖；三者，多仇怨；四者，萬分已後，魂魄入太山地獄中—太山地獄中，毒痛考治，燒炙烝煮，斫刺屠剝，押腸破骨，欲生不得—犯殺罪大，久久乃出；五者，從獄中來，出生爲人，常當短命，或胎傷而死、或墮地而死、或數十百日而死、年數十歲而死者。今見有短命人，若形瘢瘡，身體不完，跛蹇禿傴，或盲聾、瘖瘂、齆鼻塞癨，或無手足，孔竅不通，皆由故世宿命屠殺、射獵、羅網、捕魚，殘殺蚑蚖、龜鼈、蚤虱所致。如是分明，愼莫犯殺！」

由此可知，我們要持守不殺戒，未來世才能夠不墮三惡道，並且可以身體健康、安穩生活、壽命長遠！另外，我們也不可將眾生安樂死，因爲那也是犯殺戒的，焉知對方不是想繼續活下去呢？即使自認爲是善意的，以爲自己是不要讓對方太痛苦，但焉知對方不是有業報要酬償承受，我們又豈可自以爲是地把他殺害而造作殺業！另外佛教也是不允許自殺的，除了《雜阿含經》卷四十七中開示，定性阿羅漢因病苦不堪承受，故將自己殺了提前入無餘涅槃是沒有罪的，否則自殺是有罪，詳情請看正覺教團電視弘法的解說[73]。

然而，菩薩如果是爲了護持正法而不得不殺生，那反而是有大功德。佛在《大般涅槃經》中曾經這樣開示：過去無量劫以前，於 歡喜增益如來入滅後的末法時代，有一位覺德比丘在宣揚 如來正法，許多眷屬徒眾圍繞隨學，規範出家比丘不得畜養奴婢、牛羊等非法之物；當時有一群破戒的惡比丘，聽聞到這樣的說法，都生起惡心，想要殺害那位弘揚正法的覺德比丘。有一位國王名叫有德，他爲了保護宣揚正法的覺德比丘，率眾與那些破戒比丘們戰鬥，讓覺德比丘能夠不被傷害因此殺了不少惡比丘，結果國王自己也身負重傷而死亡，有德國王死後往生到阿閦佛國中，並且成爲 阿閦佛座下的第一菩薩弟子；覺德比丘命終之後也往生到阿閦佛國中，但他只能成爲 阿閦佛的第二聲聞弟子。有德國王率領的人民眷屬中，一同作戰的將士乃至隨喜讚歎者，一切不退轉於佛菩提道者，命終之後都能往生到阿閦佛國。這位捨身護法的國王就是 釋迦世尊的前身。[74]

在《大寶積經》中也開示，在 然燈佛的時代有一位大悲導師，當時有五百商人都是不退轉的菩薩，有一個惡人混在商人之中，想要趁機殺了這五百位菩薩搶奪他們的財寶。海神在夢中告訴大悲導師此惡人的心念，大悲導師思惟著：如何能夠不讓這個惡人因爲殺了這五百位菩薩而下墮地獄受無量苦？想了七天都沒有很好的辦法，最後只剩下一個方法，就是寧可自己先殺了那位惡人自己下墮地獄，也不能讓那位惡人或是五百菩薩知道了以後以惡心殺害對方而造作殺業，因爲他自己下墮地獄受苦百千劫還可以忍受。[75] 於是他殺了那位惡人救了五百菩薩，而且那位惡人命終後也不會下墮地獄而是往生善道天中。

佛陀最後在《大寶積經》卷一〇八中說：【善男子！汝勿有疑。爾時導師則我身是也，五百賈人此賢劫中五百菩薩是也，當於此劫中成阿耨多羅三藐三菩提。善男子！我於爾時行方便大悲故，即得超越百千劫生死之難，時彼惡人命終之後，生善道天上。善男子！汝今當知：勿謂菩薩有如是障礙業報，而得超越百千劫生死之難，即時是菩薩方便力也。】

可知菩薩是很慈悲又有智慧的！菩薩是不願殺害眾生的，但爲了護持正法、救護眾生，乃至爲了避免造惡者可能下墮三塗時，如果沒有別的方法可以阻止造惡之人，只有殺了惡人才能阻止時，這時菩薩也是會殺了惡人的；而這種因爲護持正法和救眾生而殺惡人的行爲卻是有大功德的。所以，我們身爲菩薩要有智慧作出正確的判斷，決不能迂腐鄉愿，在平常的情況下嚴守戒律絕不殺生，但爲了護法或救人不得已時，要學　佛陀往昔還在因地菩薩位時那樣作出正確的決斷。

第五目　偷盜的惡報

偷盜就是不與取，就是沒有經過所有人的同意，擅自偷走或搶走他人的財物。譬如順手牽羊，偷摘他人果樹上的水果，乃至偷拔一枝草、一朵花都算是偷盜的行爲。台灣有句俚語（河洛話發音）說：「**細漢偷挽匏，大漢偷牽牛！**」意思是說：小時偷摘別人家的胡瓜，長大了就會偷牽別人的牛。也就是說，如果小時候偷小的東西我們不去制止導正他，那他長大了以後可能就會偷更大的，甚至他如果是當官乃至當總統，還可能會貪汙竊國而搞得民不聊生。我們應該秉持「**勿以善小而不爲，勿以惡小而爲之**」的原則，如果上班時擅自把公司的公有物品帶回家作私人使用，這樣也是犯了偷盜罪。

接著我們來看看偷盜罪的果報，《優婆塞戒經》卷三〈受戒品〉：

若人樂偷，是人亦得惡色、惡力、惡名、短命，財物耗減，眷屬分離；他人

失物，於己生疑；雖親附人，人不見信；常爲賢聖之所呵責，是名現在惡業之果；捨此身已墮於地獄——受得惡色、惡力、惡名，飢渴苦惱，壽命長遠，是名後世惡業之果；若得人身，貧於財物，雖得隨失，不爲父母兄弟妻子之所愛念；身常受苦，心懷愁惱；是一惡人因緣力故，一切人民凡所食噉，不得色力，是人惡果殃流萬姓。

如果有人喜歡偷竊，這人未來世的身體也會不好，或有殘疾，或身體羸弱，並且也會成就惡名聲，壽命也會減短，而且他所有的財物也會耗減，眷屬也會與他分離；當別人東西遺失了，第一個就會懷疑是他偷的；他雖然好意去親近依止別人，人家也不願意相信他；他常常會被賢聖所呵責，這就是他的現世報。在他死後還要下墮地獄受苦，得到不好的色身、沒氣力、惡名聲，飢渴苦惱，而在受如是種種苦的時候卻是很長壽，這就是他未來世的惡業果報；假使輾轉回到人間當人的時候，還會非常的貧窮，雖然暫時得到了些許財物，但很快就又會失去，這樣的人，父母、兄弟、妻子等眷屬們都不會愛念他；他的色身得常常受苦，所以心裡總是懷著憂愁苦惱；而且因爲他的惡業因緣力緣故，也可能會使得一切人民的飲食，吃了以後反而會傷害身體而得不到好的氣力，這樣的惡人他的惡果是會殃及萬民，並流散影響到全體百姓的。《分別善惡報應經》卷下也說：

復次，偷盜報有十種。何等為十？一、結宿冤，二、恒疑慮，三、惡友隨逐，四、善友遠離，五、破佛淨戒，六、王法謫罰，七、恣縱惕逸，八、恒時憂惱，九、不自在，十、死入地獄。

偷盜也是跟眾生結怨，並且會讓眾生對我們產生疑慮而不能信任我們。而且小偷或盜賊多半結交的都是一起偷盜的惡友，善良有道德的朋友也會遠離他。偷盜不僅是違犯了佛戒，也違犯了世間的法律，會遭受到刑罰，偷盜的人時時都不自在，偷盜的惡業如果太重，將來也會墮入地獄中。《佛說分別善惡所起經》：

佛言：「人於世間偷盜劫人，強取他人財物，求利不以道理，欺詐取財物，輕秤、小斗、短尺欺人，若以重秤、大斗、長尺侵人，道中拾遺取非其財，負債借貸不歸，觝觸以行互人，從是得五惡。何等五？一者，財物日耗減；二者，王法所疾，覺知當辜，少有脫者；三者，若身未嘗安歸，常懷恐怖，亦自欺身；四者，死後魂魄入太山地獄中，太山地獄中考治數千萬毒，隨所作受罪；五者，從獄中來出，隨所負輕重償債，或有作奴婢償者，或作牛、馬、騾、驢、駱駝償者，或作猪、羊、鵝、鴨、鷄、犬償者，諸禽獸、魚鼈之屬，皆是負債者。經言『債不腐朽』所謂也！今見有下賤畜生之屬，皆由故世宿命貪利，強取人財物所致也。畜生勤苦如是，見在分明，慎莫取他人財物！」

從上述的經文中，我們可以知道，不論是我們偷盜他人財物，或是強取他人財物，乃至作生意時輕秤小斗來詐欺別人，或是在路上拾遺取得他人財物，或欠債不還，這些都會讓我們未來世福報不好，甚至墮落畜生道中去還債，而偷盜的罪業也會讓我們未來世得到貧窮孤獨的果報。《分別善惡報應經》卷上云：

復云何業獲報孤貧？有十種業。云何十種？一、恆行劫盜，二、勸他劫盜，三、讚歎劫盜，四、隨喜劫盜，五、毀謗父母，六、謗讟聖賢，七、障礙他施，八、嫉他名利，九、慳悋財物，十、輕毀三寶願常飢饉；如是十種獲報孤貧。

總之我們不可行偷盜，也不應該勸他人偷盜、讚歎他人偷盜，見他人偷盜不應生起隨喜心；反之要努力勸眾生持守不偷盜戒，自己也要持守此戒，如此未來世就可以得到大福德。

另外在佛法上的偷盜就是「**盜法**」，盜法也是非常嚴重的罪業，例如有的道場派人來正覺講堂學開悟明心的如來藏正法，然後再回到原來的道場教導徒眾以獲取名聞利養，這樣的行爲就是盜法之行爲，這個重罪是 佛陀所嚴重呵斥的，未來世果報是受苦無量的。在經典中最有名的故事就是外道須深本欲盜法，後來證果、懺悔的故事。佛陀開示盜法的罪業有多重呢？佛陀在《雜阿含經》卷十四中說：

「時彼罪人，劓以三百矛因緣，受苦極苦劇不？」

須深白佛：「極苦。世尊！若劓以一矛，苦痛難堪，況三百矛，當可堪忍？」

佛告須深：「此尚可耳，若於正法、律盜密出家，盜受持法，爲人宣說，當受苦痛倍過於彼。」

由此可知，譬如犯罪之人被三百枝長矛刺穿身體，此盜法之人將來所受的果報，其痛苦是比三百矛刺更加倍嚴重！另外，如果來正法道場中學習，卻隱匿自己的來處及意圖，那麼就是盜法奸細。如《六祖壇經》云：

時祖師告眾曰：「今有盜法之人，潛在此會。」志誠即出禮拜，具陳其事。師曰：「汝從玉泉來，應是細作。」對曰：「不是！」師曰：「何得不是？」對曰：「未說即是，說了不是。」

有一天，六祖惠能大師告訴大家說：「現在有盜法的人，潛藏在這個法會當中。」說完以後，志誠法師立即出來禮拜六祖，並且把自己奉師命前來盜法的事，據實向六祖稟告。六祖說：「你是從神秀法師那邊來的，應該是盜法的奸細。」志誠回答說：「我不是盜法者！」六祖問說：「如何說不是呢？」志誠法師回答說：「如果我懷有盜法之意，並且不向善知識說明自己的來處，這樣就是盜法的奸細；而我如今已經向善知識說明了，並且也改變了偷盜的心態，所以就不是盜法的奸細。」

由此可知，如今有許多團體（包括很多的一貫道團體）派人來正覺講堂聽經聞法，乃至參加禪淨班的修學課程，然後再回去原來的道場教導徒眾而獲得名聞利養，如此行爲都算是盜法。如果來修學佛法卻信仰老母娘或上帝，而不是歸依三寶，就算他能盜得佛法的表相密意，他仍然是個外道也是個盜法者，有盜法之心就絕不可能眞實的證悟。希望有智慧的菩薩們不要犯下盜法之罪業，應該光明正大據實告知自己的來處，不可有盜法之心態，菩薩們應如《大方廣佛華嚴經》卷五十五中所說的：「**爲求一切佛法故，等心敬奉諸善知識，無異希求，無盜法心，唯生尊重，未曾有意。**」應當不求名聞、不要利養，一起來努力弘揚正法、護持正法、廣度眾生，這樣才是有智慧的學人。[77]

第六目　邪淫的惡報

什麼是邪淫呢？也就是俗話說的劈腿、搞外遇……等不正當的性行爲，或是去染指他人的妻女，或破壞別人的家庭當第三者，也就是俗話說的「小三」。之前有一部很有名的電視劇《犀利人妻》，就是提到男主角結婚十年後外遇有了小三，因此被大家所譴責撻伐。接著我們就來看看邪淫的果報，《分別善惡報應經》卷下云：

> **復次，邪欲報有十種。何等爲十？一、欲心熾盛，二、妻不貞良，三、不善增長，四、善法消滅，五、男女縱逸，六、資財密散，七、心多疑慮，八、遠離善友，九、親族不信，十、命終三塗。**

邪淫的果報就是淫欲心會越來越強，未來世自己的配偶會不貞潔、也常常會到處拈花惹草或紅杏出牆。因為邪淫外遇的關係，會遠離善友，資財也會散失，親朋好友也會不信任你，因此看不起你，而外遇的人因為欺騙自己的配偶，所以心中總是常常擔心疑慮，害怕被大家發現後名譽掃地、妻離子散；乃至命終之後會淪墮三塗，受大苦惱。

《佛說分別善惡所起經》：

佛言：「人於世間婬泆犯他人婦女，從是得五惡。何等五？一者，家室不和，夫婦數鬪，數亡錢財。二者，畏縣官，常與捶杖從事，王法所疾，身當備辜，多死少生。三者，自欺身，常恐畏人。四者，入太山地獄中——太山地獄中，鐵柱正赤，身常抱之，坐犯他人婦女，故得是殃——如是數千萬歲形乃竟。五者，從獄中來，出生為鷄、鳧、鳥、鴨、人，魂魄無形，所著為名。今見有鷄鳧婬泆，不避母子，亦無節度。亦有犬、馬之貞，狗貞於夫，畜生之屬皆有信足，而鷄鳧婬泆獨無止足，皆從故世宿命婬泆，犯他人婦女，受是鷄鳧身，當為人所噉食。如是懃苦，不可數說。如是分明，慎莫犯他人婦女！」

經典上又說邪淫外遇的人，或是染指他人妻女的人，除了會家庭不和、錢財損失之外，也會害怕受到法律制裁；譬如現在法律也是有重婚罪，或是通姦、妨害家庭等罪，意思就是不可以破壞他人的家庭。而邪淫之人除了害怕他人知曉自己的過失外，死後還會墮入地獄，在地獄中要赤身環抱火熱的鐵柱，這樣經過數千萬年；從地獄出來後，還要當雞、水禽、小鳥、鴨子等等邪淫種類的畜生，因爲這類畜生是邪淫亂倫的，甚至不避諱母子關係，也不會節制淫欲。不像有些動物是不會邪淫亂倫的，而雞、鴨等禽鳥之屬，都是因爲過去世邪淫的關係，不但會淪墮到此類畜生中，還要被人家宰殺來吃。像這樣的無量痛苦，難可細數。因此，我們千萬不可以侵犯他人的妻女，造作邪淫惡業。

《大方廣佛華嚴經》卷三十五〈十地品 第二十六〉：**【邪婬之罪亦令眾生墮三惡道；若生人中，得二種果報：一者，妻不貞良；二者，不得隨意眷屬。】**

在佛陀時代，有一位六通具足的阿羅漢——蓮花色比丘尼，她是一位絕色美女，但她在出家前，婚姻一直都不幸福圓滿。首先，她的第一任丈夫跟她媽媽外遇；後來她改嫁另一位丈夫，想不到這位丈夫後來又娶了她以前所生的女兒爲妾。後來她也離開第二任丈夫獨自賣淫爲生，成了一位有名的淫女；不久後她跟一位賣香男子生了一男一女，因爲害怕影響她的工作，因此她先後將這兩個小孩分別遺棄在東門和西門，兒子被東門守衛收養，而女兒被西門守衛收養；兩名守衛因爲感情好，早在過去就約定如果雙方有小孩，分別是一男一女的話要結爲親家；後來東門守衛收養的兒子長大了，有一次被迫跟朋友進入蓮花色的淫坊中與之交歡，因此而深深迷戀蓮花色，並將她迎娶回家甚至還生了兒子。後來東門守衛又要兒子與西門守衛之女結婚，因此東門的兒子又娶了西門的女兒；也就是說，蓮花色與自己的兒子結婚，蓮花色的兒子娶了蓮花色之後，又再娶她所生的女兒（也就是兒子娶了他自己的親妹妹），而蓮花色與自己的兒子又生了小孩。如此亂倫到極點之事，「神通第一」的大阿羅漢目犍連尊者告訴了西門的女兒，如是幾經波折之後蓮花色得度的因緣才終於成熟。

後來 佛陀爲大眾說明，蓮花色爲什麼會有這些不幸的遭遇，以及極盡複雜的亂倫因緣，都是因爲過去生造作的惡業所導致。過去世她專門爲人媒介色情，乃至使得他人父女、母子、兄妹、姊弟等亂倫邪淫。因爲這樣的惡業，導致蓮花色這一世不幸地亂倫到了極點。然而也因爲她往昔供養辟支佛時曾經發願將來能值遇 佛陀，並且能夠親得承事、得大神力，所以她後來才有出家得度並且成爲阿羅漢的因緣。[78]

由此可知，我們應該要持守不邪淫戒，也要勸導眾生受持此戒，如此未來世我們才會有幸福的婚姻，圓滿的眷屬。

第七目 妄語等口業的惡報

相信大家小時候都聽過「狼來了」這個寓言故事；是說有一個牧羊少年，因爲對每天重複的牧羊工作覺得很無聊，有一次他想找些好玩的新鮮事兒，於是就欺騙村民，大喊：「狼來了！狼來了！……」結果，村莊裡的壯丁們就拿著武器要來趕狼，當大家匆匆忙忙趕到時卻沒有看到任何一匹狼，羊群安然無恙悠閒地吃著草，這時少年就哈哈大笑，大家才發現是被牧羊少年給騙了，於是大夥兒只好悻悻然地回去；這個牧羊少年後來故技重施又騙了大家一次，到了第三次他又大喊：「狼來了！狼來了！……」這時狼群是真的來了！但是大家都認為少年又在騙人，結果狼群就把羊都給吃掉了。

異曲同工的，還有中國古代「烽火戲諸侯」的故事。話說在西周這個朝代，為了防禦西邊犬戎部落的侵擾，在鎬京附近的驪山一帶，修建了一座座的烽火台。一旦犬戎入侵，士兵就會在烽火台上燃起烽火，召喚諸侯們到鎬京一起來抗敵。

周幽王是西周晚期的暴君，他為了逗寵妃褒姒一笑，竟派人點燃烽火台上的烽火，讓各路諸侯以為天子有難，急忙率兵趕至鎬京勤王。褒姒在城樓上看到諸侯們慌慌張張的樣貌，就放聲大笑，諸侯們這才知道自己被戲弄了，於是都心生不滿。

後來，犬戎真的入侵鎬京，周幽王急忙點燃烽火示警，但是諸侯們都以為是周幽王欲得褒姒一笑而再次戲弄他們，所以都不理會烽火警報，結果周幽王就被犬戎所殺，西周也因此而滅亡了。

由此可知妄語是不好的行為，現世報就是人們都不會相信他，不僅自身會失去信用，乃至也會因此而喪身滅國。妄語就是欺騙的言行，像現在有很多詐騙集團就是在造作妄語之業，凡是「見言不見，不見言見」都是妄語；最嚴重的妄語是大妄語，也就是「未悟言悟、未得言得」，自己沒有開悟卻說自己開悟了，或是妄說自己在佛法和禪定上的證量；大妄語會下墮無間地獄，並且歷經三惡道，因此我們一定要非常地注意。《佛說輪轉五道罪福報應經》中說：

好喜妄語，傳人惡事，死入地獄；洋銅灌口，拔出其舌，以牛犁之；出墮鵄梟、鵂鶹鳥中，人聞其鳴，莫不驚怖，皆言變怪，呪令其死。

佛在經典上說，喜歡妄語和傳人惡事的人，死後會墮入地獄；在地獄中受苦，被燒熔滾燙的洋銅灌入口中，拔出他的舌頭用牛來耕犁；地獄報受完後還要墮入當烏鴉等各種鳥類，這種鳥類人們聽到牠們的鳴叫聲，都非常的驚怖，說惡兆來臨了，在詛咒又有人將要死亡了。《分別善惡報應經》卷下也說：

復次，妄語報有十種。何等爲十？一、口氣恒臭，二、正直遠離，三、諂曲日增，四、非人相近，五、忠言不信，六、智慧尠少，七、稱揚不實，八、誠語不發，九、愛論是非，十、身謝惡趣。

妄語的惡報有：第一、口氣會一直很臭，二、正直的人會遠離他，三、他會常常向人阿諛諂曲，四、鬼神等非人會接近他，五、他對別人的忠言別人也不會相信，六、他的智慧會越來越少，七、他稱揚別人也不眞實，八、他不會說誠實語，九、他會愛論是非，十、命終之後會下墮惡道。

又，《佛說分別善惡所起經》說：

佛言：「人於世間喜兩舌讒人，喜惡口、妄言、綺語，自貢高，誹謗聖道、嫉賢妬能、啤呰高才，從是得五惡。何等五？一者，多怨憎；二者，自欺身，亦從是人皆不信；三者，數逢非禍；四者，入太山地獄中——太山地獄中，有鬼從人項拔其舌，若以燒鐵鉤其舌斷，若以燒鐵根撐刺其咽，欲死不得，欲生不得，不能語言——如是數千萬歲；五者，從地獄中來出，爲人惡口，齒或兔缺，彌筋謇吃重言，或瘖瘂不能言語。今見有是曹人，皆故世宿命兩舌讒人，誹謗聖道所致也。如是分明，亦可愼惡口！」

佛陀告訴我們，世間凡是喜歡兩舌挑撥離間的人，喜歡惡口、妄語、說不正經或無意義話語的人，貢高我慢、誹謗聖賢或聖賢之道的人，嫉妒賢良有才能的人，輕視詆毀能力高的人，這樣的人會得到五種惡報：第一，他未來世不但會與怨憎眷屬相會，因為習氣的緣故也還是會對他人多增怨懟；第二，因為欺騙他人，所以別人也都不相信他講的話。第三，他會遭遇許多橫禍。第四，他死後會下墮太山地獄中，被鬼卒拔掉他的舌頭，或以燒燙的鐵鉤截斷他的舌頭，或是以燒鐵劖刺他的咽喉，讓他求生不得、求死不能，使他無法說話，像這樣受罪要過數千萬年。第五，當他從地獄出來之後，他的口齒很不好，牙齒缺少或是唇顎缺裂，或是口齒不清有嚴重的口吃，甚至瘖啞而不能說話。現見有這類果報的人，都是因為過去世常常兩舌離間他人，或誹謗聖道等等關係所導致。因果業報如此分明顯現著，所以我們千萬要謹慎不要妄造惡口之業！

第八目 飲酒的過失與惡報

俗話說「酒後亂性」，許多人喝醉酒以後，就容易造作殺人、強盜、邪淫、妄語或惡口……等惡事。而喜歡喝酒的人，身邊一起喝酒的朋友大都只是「酒肉朋友」，並非能互相幫助的善友。《佛說輪轉五道罪福報應經》中云：【喜飲酒醉犯三

十六失者，死墮沸屎泥犁之中；出生墮狌狌中，後還爲人愚癡，生無所知。】

也就是說喜歡喝醉酒的人犯三十六種過失，死後會墮入沸屎地獄中，地獄報受完會出生爲猩猩，畜生道受報完回來當人時，還要再受愚癡的果報。

《分別善惡報應經》卷下中提到喝酒的三十六種過失：

復次，飲酒三十六過。其過云何？一、資財散失，二、現多疾病，三、因興鬪諍，四、增長殺害，五、增長瞋恚，六、多不遂意，七、智慧漸寡，八、福德不增，九、福德轉減，十、顯露祕密，十一、事業不成，十二、多增憂苦，十三、諸根闇昧，十四、毀辱父母，十五、不敬沙門，十六、不信婆羅門，十七、不尊敬佛，十八、不敬僧法，十九、親近惡友，二十、捨離善友，二十一、棄捨飲食，二十二、形不隱密，二十三、淫欲熾盛，二十四、衆人不悅，二十五、多增語笑，二十六、父母不喜，二十七、眷屬嫌棄，二十八、受持非法，二十九、遠離正法，三十、不敬賢善，三十一、違犯過非，三十二、遠離圓寂，三十三、顚狂轉增，三十四、身心散亂，三十五、作惡放逸，三十六、身謝命終墮大地獄受苦無窮。

總之，愛喝醉酒的人，因為常常要買酒以及頭腦總是不清，當然就會家財散失，而且還會常常生病，喝醉酒時常會與人鬥亂爭吵，甚至不小心造了殺業，而智慧和福德也會因此減少，在喝醉酒時不小心就把不能說的祕密都說出去，事業當然不易成就，因此增加許多愁憂苦惱。喝醉酒時各種能力都變差了，喝醉酒時也不懂得尊重他人，也許毀辱父母、不尊敬修行人，善友也跟著離開他。喝醉酒的人就連父母都不喜歡他，眷屬也會嫌棄他，眾人也都不喜歡而遠離他。喝醉酒的人可能會亂性，會說許多不正經的話，因為身心散亂而造作惡業，如果惡業太重了，死後也可能墮入大地獄中受苦無量。

另一部《佛說分別善惡所起經》[79]中也說了喝酒的許多過失。總之，喝酒的人可能會造作殺、盜、淫、妄等各種惡業，喝酒也會使人變得愚癡沒有智慧，因此不飲酒也是五戒之一，雖然是遮戒，卻是為了防止違犯前面四個性戒而施設的戒律。所以我們應該受持此戒，並且勸請有緣人也受持此戒。

60《雜阿含經》卷十五中開示：【如是我聞：一時，佛住獼猴池側重閣講堂。爾時，世尊告諸比丘：「譬如大地悉成大海，有一盲龜壽無量劫，百年一出其頭；海中有浮木，止有一孔，漂流海浪，隨風東西。盲龜百年一出其頭，當得遇此孔不？」阿難白佛：「不能。世尊！所以者何？此盲龜若至海東，浮木隨風，或至海西，南、北四維圍遶亦爾，不必相得。」佛告阿難：「盲龜浮木，雖復差違，或復相得。愚癡凡夫漂流五趣，暫復人身，甚難於彼。所以者何？彼諸眾生不行其義、不行法、不行善、不行眞實，展轉殺害，強者陵弱，造無量惡故。是故，比丘！於四聖諦當未無間等者，當勤方便，起增上欲，學無間等。」佛說此經已，諸比丘聞佛所說，歡喜奉行。】（《大正藏》冊二，頁108，下6-20）

61 此指優婆塞戒之五戒。

62《瑜伽師地論》卷四十四〈供養親近無量品〉云：【如是菩薩於三寶所，由十種相興供養時，應緣如來發起六種增上意樂：一者、無上大功德田增上意樂。二者、無上有大恩德增上意樂。三者、一切無足、二足及多足等有情中尊增上意樂。四者、猶如鄔曇妙華極難值遇增上意樂。五者、獨一出現三千大千世界增上意樂。六者、一切世、出世間功德圓滿一切義依增上意樂。**由是六種增上意樂，於如來所、若於如來法所、僧所，少分思惟而興供養，尚獲無量大功德果，何況其多。**】

63《優婆塞戒經》卷五〈淨三歸品〉：【善生言：「世尊！如佛先說『有來乞者，當先教令受三歸依、然後施』者，何因緣故受三歸依？云何名爲三歸依也？」「善男子！爲破諸苦，斷除煩惱，受於無上寂滅之樂，以是因緣，受三歸依。如汝所問：云何三歸依者？善男子！謂：佛、法、僧。佛者：能說壞煩惱因，得正解脫。法者：即是壞煩惱因，眞實解脫。僧者：稟受破煩惱因，得正解脫。或有說言：『若如是者即是一歸。』是義不然，何以故？如來出世及不出世，正法常有，無分別者；如來出已，則有分別，是故應當別歸依佛。如來出世及不出世，正法常有，無有受者；佛弟子眾能稟受故，是故應當別歸依僧。正道解脫是名爲法，無師獨覺是名爲佛，能如法受是名爲僧。若無三歸，云何說有四不壞信？得三歸者，或有具足，或不具足。云何具足？所謂歸佛法僧；不具足者：所謂如來歸依於法。善男子！得三歸者，無不具足，如比丘、比丘尼、優婆塞、優婆夷戒。」】（《大正藏》冊二十四，頁 1061，中 2-19）

64 《優婆塞戒經》卷五〈淨三歸品〉：【若有問言：「如來滅已，歸依佛者是何歸依？」善男子！如是歸依，名爲歸依：過去諸佛無學之法——如我先教提謂長者：「汝當歸依未來世僧；依過去佛，亦復如是。」福田果報有多少故，差別爲三；若佛在世及涅槃後，供養果報無有差別，受歸依者亦復如是。如佛在世爲諸弟子立諸要制，佛雖過去，有犯之者亦獲罪報；歸過去佛，亦復如是。猶如如來臨涅槃時，一切人天爲涅槃故，多設供養；爾時如來未入涅槃，猶故在世，懸受未來世供養事；歸過去佛，亦復如是。譬如有人，父母在遠，是人或時瞋罵得罪，或時恭敬讚歎得福；歸過去佛，亦復如是。是故我說：我若在世及涅槃後，所設供養，施者受福，等無差別。】（《大正藏》冊二十四，頁 1061，下 2-15）

65 《佛說三歸五戒慈心厭離功德經》：【爲阿那邠邸長者說：「過去久遠，有梵志名毗羅摩，饒財多寶。若布施時，用八萬四千金鉢盛滿碎銀，八萬四千銀鉢盛滿碎金，復以八萬四千金銀澡罐，復以八萬四千牛皆以金銀覆角，復以八萬四千玉女莊嚴具足，復以八萬四千臥具眾綵自覆，復以八萬四千衣裳，復以八萬四千象馬皆以金銀鞍勒，復以八萬四千房舍布施；復於四城門中布施，隨其所欲皆悉與之；復以一房舍施招提僧。如上施福，不如受三自歸。所以然者，受三歸者，施一切眾生無畏。是故歸佛、法、僧，其福不可計量也。」】（《大正藏》冊一，頁 878，下 10-22）

66 五衰現前就是：第一、身光快要滅了，第二、頭上的花枯萎，第三、不樂坐在自己的寶座上面，第四、腋下有汗臭味，第五、塵土著身。

67 兜率陀天是欲界的第四層天，境界高於帝釋天主所住的第二層忉利天，所以帝釋天主看不到他。

68《佛說嗟韈曩法天子受三歸依獲免惡道經》：【如是我聞：一時，世尊在舍衛國祇樹林給孤獨園，與大苾芻眾俱。是時，有一天子名嗟韈曩法，天報將盡，唯餘七日，而乃先現五衰之相：身無威德垢穢旋生，頭上花鬘咸悉萎萃，諸身分中臭氣而出，兩腋之下悉皆汗流。時嗟韈曩法由是之故，不樂本座，宛轉於地，悲哀啼泣，而作是言：「苦哉！苦哉！曼那吉爾池。苦哉！苦哉！洗浴之池。苦哉！苦哉！寶車與麁惡歡喜雜林等，如是諸園苑，不復更遊戲。苦哉！苦哉！跛里耶多羅迦花永不採摘，雜寶柔軟之地永不履踐。苦哉！苦哉！天眾妓女端嚴殊妙，常所侍衛，今相捨離。」是時，有餘天子見斯事已，往帝釋所，白言：「天主！彼嗟韈曩法五衰現前，命餘七日，宛轉在地，悲哀啼泣，作如是言：『苦哉！苦哉！曼那吉爾、洗浴等池。苦哉！苦哉！寶車及麁惡歡喜雜林等，如是諸園苑，不復更遊戲。苦哉！苦哉！跛里耶多羅迦花永不採摘，雜寶柔軟之地永不履踐。苦哉！苦哉！天眾妓女，端嚴殊妙，常所侍衛，今相捨離。』天主！我見是已，心甚傷切，故來告白。」爾時，帝釋天主心悲愍故，往嗟韈曩法所而告之言：「天子！云何而汝賢者，宛轉於地，悲哀啼泣，說諸苦事，傷動見者？」時嗟韈曩法忽聞是語，從地而起，整服肅容，合掌而立。白帝釋言：「天主！我今壽命唯餘七日，命終之後，墮閻浮提王舍大城，以宿業故而受猪身。天主！既受彼身，於多年中，食噉糞穢，我觀此苦，是故愁憂。」

爾時，帝釋天主聞是語已，心甚悲愍。告嗟韈曩法天子言：「賢者！汝可誠心歸命三寶，應作是言：歸依佛兩足尊，歸依法離欲尊，歸依僧眾中尊。」時彼嗟韈曩法天子，以死怖故，畏傍生故，白帝釋言：「憍尸迦！我今歸依佛兩足尊，歸依法離欲尊，歸依僧眾中尊。」時彼天子受三歸已，心不間斷以至命終。諸天之法，下智有見不能觀上。時帝釋天主觀彼天子，生於何處？爲生南閻浮提王舍大城受猪身耶？爲不受猪身？盡彼天眼觀之不見。又觀傍生鬼界，亦復不見；又觀娑訶世界人間，亦復不見；乃至四大王眾天及忉利天，盡彼觀察都不能見。

爾時，帝釋天主既不見已，心生疑慮。於是，帝釋往祇樹林詣世尊所。頂禮佛足，退坐一面，白佛言：「世尊！彼嗟韈曩法天子五衰現前，命在七日，宛轉在地，悲哀啼泣，說諸苦事，傷動見者。我時到彼，見此事已，而問之言：『云何賢者悲啼懊惱，憔悴若此？』時嗟韈曩法而告我言：『我今壽命，唯餘七日，命終之後，墮閻浮提，生王舍城，而受猪身，於多年中以諸糞穢而爲食噉。』我聞此說，心極悲愍，乃告之言：『今汝賢者，欲脫斯苦，當歸命三寶，作如是言：歸依佛兩足尊，歸依法離欲尊，歸依僧眾中尊。』時嗟韈曩法以死怖故，畏傍生故，而白我言：『我今歸依佛兩足尊，歸依法離欲尊，歸依僧眾中尊。』時嗟韈曩法受三歸竟，而後命終。世尊！我今不知，彼嗟韈曩法託生何處？」

爾時，世尊以正遍知，告帝釋言：「憍尸迦！今嗟韈曩法天子已生覩史多天，受五欲樂。」爾時帝釋天主，聞佛語已，歡喜踊躍，心意快然，諸根圓滿。即於佛前說伽陀曰：「若歸依於佛，彼不墮惡道，棄捨人身已，當獲得天身。若歸依於法，彼不墮惡道，棄捨人身已，當獲得天身。若歸依於僧，彼不墮惡道，棄捨人身已，當獲得天身。」復說伽陀曰：「誠心歸命佛，彼人當所得，若晝若夜中，佛心常憶念。誠心歸命法，彼人當所得，若晝若夜中，法力常加持。誠心歸命僧，彼人當所得，若晝若夜中，僧威常覆護。」

爾時帝釋天主說伽陀已，世尊印言：「如是！如是！歸命佛法僧，定不墮惡道，棄捨人身已，當獲得天身！」

爾時，世尊說伽陀曰：「若佛陀二字，得到於舌上，同彼歸命等，不虛過一生。若達磨二字，得到於舌上，同彼歸命等，不虛過一生。若僧伽二字，得到於舌上，同彼歸命等，不虛過一生。」

又說偈言：「佛法僧名若不知，彼人最下故不獲，輪迴宛轉而久處，如迦尸花住虛空。」

佛說是經已，諸苾芻眾、天帝釋等，一切大眾歡喜信受，作禮而退。】（《大正藏》冊十五，頁 129，中 14-頁 130，中 17）

69 《優婆塞戒經》卷五〈淨三歸品〉：【受三歸已、造作癡業，受外道法、自在天語，以是因緣失於三歸。若人質直，心無慳貪，常修慚愧，少欲知足，是人不久得寂靜身。若有造作種種雜業，爲受樂故，修於善事如市易法，其心不能憐愍眾生，如是之人不得三歸。若人爲護舍宅身命，祠祀諸神，是人不名失歸依法；若人至心信其能救一切怖畏，禮拜外道，是人則失三歸依法。若聞諸天有曾見佛，功德勝己；禮拜供養是人，不失歸依之法。或時禮拜自在天王，應如禮拜世間諸王、長者、貴人、耆舊有德，如是之人亦復不失歸依之法。雖復禮拜，所說邪法愼無受之；供養天時，當起慈心，爲護身命財物國土、人民恐怖。】（《大正藏》冊二十四，頁 1062，上 19-中 3）

70《優婆塞戒經》卷五〈淨三歸品〉：【所說邪見，何故不受？智者應觀外道所說：云一切物悉是自在天之所作。若是自在之所作者，我今何故修是善業？或說「投淵赴火，自餓捨命，即得離苦」；此即苦因，云何說言得遠離苦？一切眾生作善惡業，以是業緣自受果報。復有說言：「一切萬物，時節、星宿、自在天作。」如是邪說，我云何受現在造業？亦受過去所作業果？智者了了知是業果，云何說言時節、星宿、自在作耶？若以時節、星宿因緣受苦樂者，天下多有同時同宿，云何復有一人受苦、一人受樂？一人是男、一人是女？天、阿修羅，有同時生、同宿生者，或有天勝、阿修羅負，阿修羅勝、諸天不如。復有諸王同時同宿，俱共治政，一人失國，一則保土。諸外道等亦復說言：「若有惡年惡宿現時，當教眾生，令修善法，以攘卻之。」若是年宿，何得修善而得除滅？以是因緣，智者云何受於外道邪錯之說？】（《大正藏》冊二十四，頁1062，中3-20）

71 請見 平實導師著，《優婆塞戒經講記》第四輯，正智出版社，2011.10，頁162-164。

72《分別善惡報應經》卷上：【「世尊！有情短命，何業所獲？」佛告長者子言：「殺生所獲！復次，殺業然有十種：一、自手殺，二、勸他殺，三、慶快殺，四、隨喜殺，五、懷胎殺，六、勸墮胎殺，七、酬冤殺，八、斷男根殺，九、方便殺，十、役他殺，如是十種獲短命報。復云何業獲報長命？有十種業。何等為十？一、離自手殺，二、離勸他殺，三、離慶快殺，四、離隨喜殺，五、救刑獄殺，六、放生命，七、施他無畏，八、慈恤病人，九、惠施飲食，十、幡燈供養，如是十種獲長命報。」】（《大正藏》冊1，頁896，下19-28）

73 詳情請看《三乘菩提學佛釋疑》第一〇三集，由正光老師開示：〈自殺與殺生〉http://www.enlighten.org.tw/dharma/7/103

74 佛在《大般涅槃經》卷三中云：【迦葉！我於往昔護法因緣，今得成就是金剛身，常住不壞。善男子！護持正法者，不受五戒，不修威儀，應持刀劍、弓箭、鉾槊守護持戒清淨比丘。……過去之世，無量無邊阿僧祇劫於此拘尸那城有佛出世，號歡喜增益如來，……住世無量，化眾生已，然後乃於娑羅雙樹入般涅槃。佛涅槃後正法住世無量億歲，餘四十年佛法未滅；爾時，有一持戒比丘名曰覺德，多有徒眾，眷屬圍遶，能師子吼，頒宣廣說九部經典，制諸比丘，不得畜養奴婢、牛羊非法之物。爾時多有破戒比丘聞作是說，皆生惡心，執持刀杖逼是法師。是時，國王名曰有德，聞是事已，爲護法故，即便往至說法者所，與是破戒諸惡比丘極共戰鬪，令說法者得免危害。王於爾時，身被刀劍、箭槊之瘡，體無完處如芥子許。爾時覺德尋讚王言：「善哉！善哉！王今眞是護正法者，當來之世，此身當爲無量法器。」王於是時，得聞法已心大歡喜，尋即命終生阿閦佛國，而爲彼佛作第一弟子。其王將從、人民眷屬，有戰鬪者，有隨喜者，一切不退菩提之心，命終悉生阿閦佛國。覺德比丘却後壽終亦得往生阿閦佛國，而爲彼佛作聲聞眾中第二弟子。若有正法欲滅盡時，應當如是受持擁護。迦葉！爾時王者則我身是。】（《大正藏》冊十二，頁 383，中 20-頁 384，上 15。）

[75]《大寶積經》卷一〇八：【善男子！爾時大悲導師如是思惟：「作何方便，令彼惡人不墮地獄，五百菩薩全其身命？」作如是思惟已，乃不向一人說是事也。爾時待風餘有七日，當還閻浮提。七日過已如是思惟：「更無方便，唯有除此一惡人者，爾乃可令此五百人得全身命。」復作是念：「若我向餘人說，此五百人當生惡心，生惡心已殺此惡人，彼諸人等當墮惡道。」善男子！大悲導師如是思惟：「我今當自殺之，我以殺此人故，雖百千劫墮惡道中受地獄苦，我能忍之，不令惡人害五百菩薩，作此惡緣受地獄苦。」善男子！爾時，大悲導師生哀愍心作是方便：「吾護五百人故，害此惡人。」】（《大正藏》冊十一，頁 604，下 14-26。）

[76]《分別善惡報應經》卷上：【復云何業獲大福德？有十種業。云何十種？一、離劫盜，二、離勸

他非，三、離隨喜盜，四、孝養父母，五、信崇聖賢，六、慶他名利，七、廣行惠施，八、不嫉名利，九、不慳財寶愛恤孤貧，十、供養三寶；如是十種獲福廣大。】（《大正藏》冊一，頁 897，中 11-15）

77 關於盜法的因果，平實導師在《宗通與說通》書中最後一節有講到「愼莫盜法，以免重罪。」請讀者自行請閱。
http://www.a202.idv.tw/a202-big5/BOOK2012/Book2012-8-6.htm
或可觀看電視弘法系列《三乘菩提之宗通與說通》第一二六～一二八集：
http://www.enlighten.org.tw/dharma/5 。
另外，關於殺生與偷盜，有興趣的讀者也可以收看《三乘菩提之學佛釋疑（二）》第六十三集，由何正珍老師開示：〈如何守護身業？〉
http://www.enlighten.org.tw/dharma/9/63

78 蓮花色比丘尼的故事出自《根本說一切有部毘奈耶》卷四十九〈從非親尼受食學處 第一〉（《大正藏》冊二十三，頁 897，上 22）

79 《佛說分別善惡所起經》：【人於世間喜飲酒醉，得三十六失。何等三十六失？一者，人飲酒醉，使子不敬父母，臣不敬君，君臣、父子無有上下；二者，語言多亂誤；三者，醉便兩舌多口；四者，人有伏匿隱私之事，醉便道之；五者，醉便罵天尿社，不避忌諱；六者，便臥道中，不能復歸，或亡所持什物；七者，醉便不能自正；八者，醉便低仰橫行，或墮溝坑；九者，醉便躄頓，復起破傷面目；十者，所賣買謬誤妄觸觝；十一者，醉便失事，不憂治生；十二者，所有財物耗減；十三者，醉便不念妻子飢寒；十四者，醉便喚罵不避王法；十五者，醉便解衣脫褌袴，裸形而走；十六者，醉便妄入人家中，牽人婦女，語言干亂，其過無狀；十七者，人過其傍，欲與共鬭；十八者，蹋地喚呼，驚動四隣；十九者，醉便妄殺蟲豸；二十者，醉便撾捶舍中付物破碎之；二十一者，醉便家室視之如醉囚，語言衝口而出；二十二者，朋黨惡人；二十三者，踈遠賢善；二十四者，醉臥覺時，身體如疾病；二十五者，醉便吐逆，如惡露出，妻子自憎其所狀；二十六者，醉便意欲前蕩，象狼無所避；二十七者，醉便不敬明經賢者，不敬道士，不敬沙門；二十八者，醉便婬泆，無所畏避；二十九者，醉便如狂人，人見之皆走；三十者，醉便如死人，無所復識知；三十一者，醉或得疱面，或得酒病，正萎黃熟；三十二者，天龍鬼神，皆以酒爲惡；三十三者，親厚知識日遠之；三十四者，醉便蹲踞視長吏，或得鞭搒合兩目；三十五者，萬分之後，當入太山地獄，常銷銅入口焦腹中過下去，如是求生難得、求死難得千萬歲；三十六者，從地獄中來出，生爲人常愚癡，無所識知。今見有愚癡、無所識知人，皆從故世宿命喜嗜酒所致。如是分明，亦可愼酒！酒有三十六失，人飲酒皆犯三十六失。】（《大正藏》冊十七，頁 518，中 24-下 28）

佛菩提二主要道次第概要表——二道並修，以外無別佛法

佛菩提道——大菩提道

遠波羅蜜多

資糧位

十信位修集信心 —— 一劫乃至一萬劫

初住位修集布施功德（以財施為主）。

二住位修集持戒功德。

三住位修集忍辱功德。

四住位修集精進功德。

五住位修集禪定功德。

六住位修集般若功德（熏習般若中觀及斷我見，加行位也）。

外門廣修六度萬行

見道位

七住位明心般若正觀現前，親證本來自性清淨涅槃。

八住位起於一切法現觀般若中道。漸除性障。

十住位眼見佛性，世界如幻觀成就。

一至十行位，於廣行六度萬行中，依般若中道慧，現觀陰處界猶如陽焰，至第十行滿心位，陽焰觀成就。

一至十迴向位熏習一切種智；修除性障，唯留最後一分思惑不斷。第十迴向滿心位成就菩薩道如夢觀。

內門廣修六度萬行

初地：第十迴向位滿心時，成就道種智一分（八識心王一一親證後，領受五法、三自性、七種第一義、七種性自性、二種無我法）復由勇發十無盡願，成通達位菩薩。復又永伏性障而不具斷，能證慧解脫而不取證，由大願故留惑潤生。此地主修法施波羅蜜多及百法明門。證「猶如鏡像」現觀，故滿初地心。

二地：初地功德滿足以後，再成就道種智一分而入二地；主修戒波羅蜜多及一切種智。滿心位成就「猶如光影」現觀，戒行自然清淨。

解脫道：二乘菩提

→ 斷三縛結，成初果解脫

→ 薄貪瞋癡，成二果解脫

→ 斷五下分結，成三果解脫

入地前的四加行令煩惱障現行悉斷，成四果解脫，留惑潤生。分段生死已斷，煩惱障習氣種子開始斷除，兼斷無始無明上煩惱。

近波羅蜜多　大波羅蜜多　圓滿波羅蜜多

修道位　究竟位

心、五神通。能成就俱解脫果而不取證，留惑潤生。滿心位成就「猶如谷響」現觀及無漏妙定意生身。

四地：由三地再證道種智一分故入四地。主修精進波羅蜜多，於此土及他方世界廣度有緣，無有疲倦。進修一切種智，滿心位成就「如水中月」現觀。

五地：由四地再證道種智一分故入五地。主修禪定波羅蜜多及一切種智，斷除下乘涅槃貪。滿心位成就「變化所成」現觀。

六地：由五地再證道種智一分故入六地。此地主修般若波羅蜜多——依道種智現觀十二因緣一一有支及意生身化身，皆自心眞如變化所現，「非有似有」，成就細相觀，不由加行而自然證得滅盡定，成俱解脫大乘無學。

七地：由六地「非有似有」現觀，再證道種智一分故入七地。此地主修一切種智及方便波羅蜜多，由重觀十二有支一一支中之流轉門及還滅門一切細相，成就方便善巧，念念隨入滅盡定。滿心位證得「如犍闥婆城」現觀。

→ 七地滿心斷除故意保留之最後一分思惑時，煩惱障所攝色、受、想三陰有漏習氣種子全部斷盡。

八地：由七地極細相觀成就故再證道種智一分而入八地。此地主修一切種智及願波羅蜜多。至滿心位純無相觀任運恆起，故於相土自在，滿心位復證「如實覺知諸法相意生身」故。

九地：由八地再證道種智一分故入九地。主修力波羅蜜多及一切種智，成就四無礙，滿心位證得「種類俱生無行作意生身」。

十地：由九地再證道種智一分故入此地。此地主修一切種智——智波羅蜜多。滿心位起大法智雲，及現起大法智雲所含藏種種功德，成受職菩薩。

等覺：由十地道種智成就故入此地。此地應修一切種智，圓滿等覺地無生法忍；於百劫中修集極廣大福德，以之圓滿三十二大人相及無量隨形好。

煩惱障所攝行、識二陰無漏習氣種子任運漸斷，所知障所攝上煩惱任運漸斷。→

妙覺：示現受生人間已斷盡煩惱障一切習氣種子，並斷盡所知障一切隨眠，永斷變易生死無明，成就大般涅槃，四智圓明。人間捨壽後，報身常住色究竟天利樂十方地上菩薩；以諸化身利樂有情，永無盡期，成就究竟佛道。

斷盡變易生死成就大般涅槃

圓滿成就究竟佛果

佛子蕭平實　謹製
（二〇〇九、〇二　修訂）
（二〇一二、〇二　增補）

佛教正覺同修會〈修學佛道次第表〉

第一階段

* 以憶佛及拜佛方式修習動中定力。
* 學第一義佛法及禪法知見。
* 無相拜佛功夫成就。
* 具備一念相續功夫—動靜中皆能看話頭。
* 努力培植福德資糧，勤修三福淨業。

第二階段

* 參話頭，參公案。
* 開悟明心，一片悟境。
* 鍛鍊功夫求見佛性。
* 眼見佛性〈餘五根亦如是〉親見世界如幻，成就如幻觀。
* 學習禪門差別智。
* 深入第一義經典。
* 修除性障及隨分修學禪定。
* 修證十行位陽焰觀。

第三階段

* 學一切種智真實正理—楞伽經、解深密經、成唯識論…。
* 參究末後句。
* 解悟末後句。
* 透牢關—親自體驗所悟末後句境界，親見實相，無得無失。
* 救護一切衆生迴向正道。護持了義正法，修證十迴向位如夢觀。
* 發十無盡願，修習百法明門，親證猶如鏡像現觀。
* 修除五蓋，發起禪定。持一切善法戒。親證猶如光影現觀。
* 進修四禪八定、四無量心、五神通。進修大乘種智，求證猶如谷響現觀。

佛教正覺同修會 共修現況 及 招生公告　2021/03/17

一、共修現況：（請在共修時間來電，以免無人接聽。）

台北正覺講堂 103 台北市承德路三段 277 號九樓 捷運淡水線圓山站旁 Tel..**總機** 02-25957295（晚上）（**分機：九樓**辦公室 10、11；知客櫃檯 12、13。 **十樓**知客櫃檯 15、16；書局櫃檯 14。 **五樓**辦公室 18；知客櫃檯 19。**二樓**辦公室 20；知客櫃檯 21。）Fax..25954493

第一講堂 台北市承德路三段 277 號九樓。

禪淨班：週一晚班、週三晚班、週四晚班、週五晚班、週六下午班、週六上午班（共修期間二年半，全程免費。皆須報名建立學籍後始可參加共修，欲報名者詳見本公告末頁。）

增上班：瑜伽師地論詳解：單週六晚班。雙週六晚班（重播班）。17.50～20.50。平實導師講解，2003 年 2 月開講至今，僅限已明心之會員參加。

禪門差別智：每月第一週日全天　平實導師主講（事冗暫停）。

解深密經詳解：本經從六度波羅密多談到八識心王，再詳論大乘見道所證眞如，然後論及悟後進修的相見道位所觀七眞如，以及入地後的十地所修，乃至成佛時的四智圓明一切種智境界，皆是可修可證之法，流傳至今依舊可證，顯示佛法眞是義學而非玄談，淺深次第皆所論及之第一義諦妙義。預定於 2021 年三月下旬起開講，由平實導師詳解。每逢週二晚上開講，第一至第六講堂都可同時聽聞，歡迎菩薩種性學人，攜眷共同參與此殊勝法會現場聞法，不限制聽講資格。本會學員憑上課證進入第一至第四講堂聽講，會外學人請以身分證件換證進入聽講（此爲大樓管理處安全管理規定之要求，敬請諒解）；第五及第六講堂（B1、B2）對外開放，不需出示任何證件，請由大樓側門直接進入。

第二講堂 台北市承德路三段 267 號十樓。

禪淨班：週一晚班。

進階班：週三晚班、週四晚班、週五晚班、週六早班、週六下午班。禪淨班結業後轉入共修。

解深密經詳解：平實導師講解。每週二 18.50~20.50 影像音聲即時傳輸。

第三講堂 台北市承德路三段 277 號五樓。

禪淨班：週六下午班。

進階班：週一晚班、週三晚班、週四晚班、週五晚班。

解深密經詳解：平實導師講解。每週二 18.50~20.50 影像音聲即時傳輸。

第四講堂　台北市承德路三段 267 號二樓。

進階班：週一晚班、週三晚班、週四晚班（禪淨班結業後轉入共修）。

解深密經詳解：平實導師講解。每週二 18.50~20.50 影像音聲即時傳輸。

第五、第六講堂

念佛班　每週日晚上，第六講堂共修（B2），一切求生極樂世界的三寶弟子皆可參加，不限制共修資格。

進階班：週一晚班、週三晚班、週四晚班。

解深密經詳解：平實導師講解。每週二 18.50~20.50 影像音聲即時傳輸。

第五、第六講堂為**開放式講堂**，不需以身分證件換證即可進入聽講，台北市承德路三段 267 號地下一樓、地下二樓。每逢週二晚上講經時段開放給會外人士自由聽經，請由大樓側面梯階逕行進入聽講。

聽講者請尊重講者的著作權及肖像權，請勿錄音錄影，以免違法；若有錄音錄影被查獲者，將依法處理。

正覺祖師堂　大溪區美華里信義路 650 巷坑底 5 之 6 號（台 3 號省道 34 公里處 妙法寺對面斜坡道進入）電話 03-3886110　傳眞 03-3881692 本堂供奉 克勤圓悟大師，專供會員每年四月、十月各三次精進禪三共修，兼作本會出家菩薩掛單常住之用。開放參訪日期請參見本會公告。教內共修團體或道場，得另申請其餘時間作團體參訪，務請事先與常住確定日期，以便安排常住菩薩接引導覽，亦免妨礙常住菩薩之日常作息及修行。

桃園正覺講堂（第一、第二講堂）：桃園市介壽路 286、288 號 10 樓。（陽明運動公園對面）電話：03-3749363（請於共修時聯繫，或與台北聯繫）

禪淨班：週一晚班（1）、週一晚班（2）、週三晚班、週四晚班、週五晚班。

進階班：週四晚班、週五晚班、週六上午班。

增上班：雙週六晚班（增上重播班）。

解深密經詳解：平實導師講解。每週二晚上，以台北正覺講堂所錄 DVD 放映；歡迎會外學人共同聽講，不需出示身分證件。

新竹正覺講堂　新竹市東光路 55 號二樓之一　電話 03-5724297（晚上）

第一講堂：

禪淨班：週五晚班。

進階班：週三晚班、週四晚班、週六上午班。由禪淨班結業後轉入共修

增上班：單週六晚班。雙週六晚班（重播班）。

解深密經詳解：平實導師講解。每週二晚上，以台北正覺講堂所錄 DVD 放映。歡迎會外學人共同聽講，不需出示身分證件。

第二講堂：

禪淨班：週一晚班、週三晚班、週四晚班、週六上午班。

解深密經詳解：每週二晚上與第一講堂同步播放講經 DVD。

第三、第四講堂：裝修完畢，即將開放。

台中正覺講堂　04-23816090（晚上）

第一講堂　台中市南屯區五權西路二段 666 號 13 樓之四（國泰世華銀行樓上。鄰近縣市經第一高速公路前來者，由五權西路交流道可以快速到達，大樓旁有停車場，對面有素食館）。

禪淨班：週四晚班、週五晚班。

進階班：週一晚班、週三晚班、週六上午班。由禪淨班結業後轉入共修

增上班：單週六晚班。雙週六晚班（重播班）。

解深密經詳解：平實導師講解。每週二晚上，以台北正覺講堂所錄 DVD 放映。歡迎會外學人共同聽講，不需出示身分證件。

第二講堂　台中市南屯區五權西路二段 666 號 4 樓。

禪淨班：週一晚班、週三晚班。

第三講堂台中市南屯區五權西路二段 666 號 4 樓。

禪淨班：週一晚班。

第四講堂台中市南屯區五權西路二段 666 號 4 樓。

進階班：週一晚班、週四晚班、週六上午班，由禪淨班結業後轉入共修

解深密經詳解：每週二晚上與第一講堂同步播放講經 DVD。

嘉義正覺講堂　嘉義市友愛路 288 號八樓之一　電話：05-2318228

第一講堂：

禪淨班：週四晚班、週五晚班、週六上午班。

進階班：週一晚班、週三晚班（由禪淨班結業後轉入共修）。

增上班：單週六晚班。雙週六晚班（重播班）。

解深密經詳解：平實導師講解。每週二晚上，以台北正覺講堂所錄 DVD 放映。歡迎會外學人共同聽講，不需出示身分證件。

第二講堂　嘉義市友愛路 288 號八樓之二。

第三講堂　嘉義市友愛路 288 號四樓之七。

禪淨班：週一晚班、週三晚班。

台南正覺講堂

第一講堂　台南市西門路四段 15 號 4 樓。06-2820541（晚上）

禪淨班：週一晚班、週三晚班、週四晚班、週五晚班、週六下午班。

增上班：單週六晚班。雙週六晚班（重播班）。

第二講堂　台南市西門路四段 15 號 3 樓。

解深密經詳解：每週二晚上與第三講堂同步播放講經 DVD。

第三講堂　台南市西門路四段 15 號 3 樓。

進階班：週一晚班、週三晚班、週四晚班、週五晚班（由禪淨班結業後轉入共修）。

解深密經詳解：平實導師講解。每週二晚上，以台北正覺講堂所錄 DVD 放映。歡迎會外學人共同聽講，不需出示身分證件。

高雄正覺講堂　高雄市新興區中正三路 45 號五樓 07-2234248（晚上）

第一講堂（五樓）：

禪淨班：週一晚班、週三晚班、週四晚班、週五晚班、週六上午班。

增上班：單週六晚班。雙週六晚班（重播班）。

解深密經詳解：平實導師講解。每週二晚上，以台北正覺講堂所錄 DVD 放映。歡迎會外學人共同聽講，不需出示身分證件。

第二講堂（四樓）：

進階班：週三晚班、週四晚班、週六上午班。由禪淨班結業後轉入共修

解深密經詳解：每週二晚上與第一講堂同步播放講經 DVD。

第三講堂（三樓）：

進階班：週四晚班（由禪淨班結業後轉入共修）。

香港正覺講堂

香港新界葵涌打磚坪街 93 號維京科技商業中心A 座 18 樓。

電話：(852) 23262231

英文地址：18/F, Tower A, Viking Technology & Business Centre, 93 Ta Chuen Ping Street, Kwai Chung, N.T., Hong Kong.

禪淨班：雙週六下午班、雙週日下午班、單週六下午班、單週日下午班

進階班：雙週五晚上班、雙週日早上班（由禪淨班結業後轉入共修）。

增上班：每月第一週週日，以台北增上班課程錄成 DVD 放映之。

增上重播班：每月第一週週六，以台北增上班課程錄成 DVD 放映之。

大法鼓經詳解：平實導師講解。每週六、日 19:00～21:00，以台北正覺講堂所錄 DVD 放映；歡迎會外學人共同聽講，不需出示身分證件。

美國洛杉磯正覺講堂　☆已遷移新址☆

825 S. Lemon Ave Diamond Bar, CA 91789 U.S.A.

Tel. (909) 595-5222（請於週六 9:00~18:00 之間聯繫）

Cell. (626) 454-0607

禪淨班：每逢週末 16：00~18：00 上課。

進階班：每逢週末上午 10：00~12：00 上課。

解深密經詳解：平實導師講解。每週六下午 13：30~15：30 以台北所錄 DVD 放映。歡迎各界人士共享第一義諦無上法益，不需報名。

二、招生公告　本會台北講堂及全省各講堂、香港講堂，每逢四月、十月下旬開新班，每週共修一次（每次二小時。開課日起三個月內仍可插班）；但美國洛杉磯共修處之禪淨班得隨時插班共修。各班共修期間皆為二年半，全程免費，欲參加者請向本會函索報名表（各共修處皆於共修時間方有人執事，非共修時間請勿電詢或前來洽詢、請書），或直接從本會官方網站(http://www.enlighten.org.tw/newsflash/class)或成佛之道網站下載報名表。共修期滿時，若經報名禪三審核通過者，可參加四天三夜之禪三精進共修，有機會明心、取證如來藏，發起般若實相智慧，成爲實義菩薩，脫離凡夫菩薩位。

三、新春禮佛祈福 農曆年假期間停止共修：自農曆新年前七天起停止共修與弘法，正月 8 日起回復共修、弘法事務。新春期間正月初一～初七 9.00～17.00 開放台北講堂、正月初一~初三開放新竹、台中、嘉義、台南、高雄講堂，以及大溪禪三道場（正覺祖師堂），方便會員供佛、祈福及會外人士請書。美國洛杉磯共修處之休假時間，請逕詢該共修處。

密宗四大派修雙身法，是外道性力派的邪法；又以生滅的識陰作為常住法，是常見外道，是假的藏傳佛教。

西藏覺囊巴以他空見弘揚第八識如來藏勝法，才是真藏傳佛教

佛教正覺同修會　弘法行事表

2019/02/18

1、**禪淨班**　以無相念佛及拜佛方式修習動中定力，實證一心不亂功夫。傳授解脫道正理及第一義諦佛法，以及參禪知見。共修期間：二年六個月。每逢四月、十月開新班，詳見招生公告表。

2、**進階班**　禪淨班畢業後得轉入此班，進修更深入的佛法，期能證悟明心。各地講堂各有多班，繼續深入佛法、增長定力，悟後得轉入增上班修學道種智，期能證得無生法忍。

3、**增上班 瑜伽師地論**詳解　詳解論中所言凡夫地至佛地等 17 師之修證境界與理論，從凡夫地、聲聞地……宣演到諸地所證無生法忍、一切種智之眞實正理。由平實導師開講，每逢一、三、五週之週末晚上開示，僅限已明心之會員參加。2003 年二月開講至今，預定 2019 年講畢。

4、**不退轉法輪經**詳解　本經所說妙法極爲甚深難解，時至末法，已然無有知者；而其甚深絕妙之法，流傳至今依舊多人可證，顯示佛法眞是義學而非玄談，其中甚深極妙令人拍案稱絕之第一義諦妙義。已於 2019 年元月底開講，由平實導師詳解。不限制聽講資格。

5、**精進禪三**　主三和尚：平實導師。於四天三夜中，以克勤圓悟大師及大慧宗杲之禪風，施設機鋒與小參、公案密意之開示，幫助會員剋期取證，親證不生不滅之眞實心——人人本有之如來藏。每年四月、十月各舉辦三個梯次；平實導師主持。僅限本會會員參加禪淨班共修期滿，報名審核通過者，方可參加。並選擇會中定力、慧力、福德三條件皆已具足之已明心會員，給以指引，令得眼見自己無形無相之佛性遍佈山河大地，眞實而無障礙，得以肉眼現觀世界身心悉皆如幻，具足成就如幻觀，圓滿十住菩薩之證境。

6、**阿含經**詳解　選擇重要之阿含部經典，依無餘涅槃之實際而加以詳解，令大眾得以現觀諸法緣起性空，亦復不墮斷滅見中，顯示經中所隱說之涅槃實際—如來藏—確實已於四阿含中隱說；令大眾得以聞後觀行，確實斷除我見乃至我執，證得**見到**眞現觀，乃至**身證**……等眞現觀；已得大乘或二乘見道者，亦可由此聞熏及聞後之觀行，除斷我所之貪著，成就慧解脫果。由平實導師詳解。不限制聽講資格。

7、**解深密經**詳解　重講本經之目的，在於令諸已悟之人明解大乘法道之成佛次第，以及悟後進修一切種智之內涵，確實證知三種自性性，並得據此證解七眞如、十眞如等正理。每逢週二 18.50~20.50 開示，由平實導師詳解。將於《**不退轉法輪經**》講畢後開講。不限制聽講資格。

8、**成唯識論**詳解　詳解一切種智眞實正理，詳細剖析一切種智之微細深妙廣大正理；並加以舉例說明，使已悟之會員深入體驗所證如來藏之微密行相；及證驗見分相分與所生一切法，皆由如來藏—阿賴耶識—直接或展轉而生，因此證知一切法無我，證知無餘涅槃之本際。將於增上班《瑜伽師地論》講畢後，由平實導師重講。僅限已明心之會員參加。

9、**精選如來藏系經典**詳解　精選如來藏系經典一部，詳細解說，以此完全印證會員所悟如來藏之眞實，得入不退轉住。另行擇期詳細解說之，由平實導師講解。僅限已明心之會員參加。

10、**禪門差別智**　藉禪宗公案之微細淆訛難知難解之處，加以宣說及剖析，以增進明心、見性之功德，啓發差別智，建立擇法眼。每月第一週日全天，由平實導師開示，僅限破參明心後，復又眼見佛性者參加（事冗暫停）。

11、**枯木禪**　先講智者大師的《小止觀》，後說《釋禪波羅蜜》，詳解四禪八定之修證理論與實修方法，細述一般學人修定之邪見與岔路，及對禪定證境之誤會，消除枉用功夫、浪費生命之現象。已悟般若者，可以藉此而實修初禪，進入大乘通教及聲聞教的三果心解脫境界，配合應有的大福德及後得無分別智、十無盡願，即可進入初地心中。親教師：平實導師。未來緣熟時將於正覺寺開講。不限制聽講資格。

註：本會例行年假，自 2004 年起，改爲每年農曆新年前七天開始停息弘法事務及共修課程，農曆正月 8 日回復所有共修及弘法事務。新春期間（每日 9.00~17.00）開放台北講堂，方便會員禮佛祈福及會外人士請書。大溪區的正覺祖師堂，開放參訪時間，詳見〈正覺電子報〉或成佛之道網站。本表得因時節因緣需要而隨時修改之，不另作通知。

佛教正覺同修會　贈閱書籍 目錄　2018/10/20

1.**無相念佛**　平實導師著　回郵 36 元
2.**念佛三昧修學次第**　平實導師述著　回郵 52 元
3.**正法眼藏—護法集**　平實導師述著　回郵 76 元
4.**真假開悟簡易辨正法＆佛子之省思**　平實導師著　回郵 26 元
5.**生命實相之辨正**　平實導師著　回郵 31 元
6.**如何契入念佛法門**（附：印順法師否定極樂世界）平實導師著　回郵 26 元
7.**平實書箋**—答元覽居士書　平實導師著　回郵 52 元
8.**三乘唯識**—如來藏系經律彙編　平實導師編　回郵 80 元
（精裝本　長 27 cm　寬 21 cm　高 7.5 cm　重 2.8 公斤）
9.**三時繫念全集**—修正本　回郵掛號 52 元（長 26.5 cm×寬 19 cm）
10.**明心與初地**　平實導師述　回郵 31 元
11.**邪見與佛法**　平實導師述著　回郵 36 元
12.**甘露法雨**　平實導師述　回郵 36 元
13.**我與無我**　平實導師述　回郵 36 元
14.**學佛之心態**—修正錯誤之學佛心態始能與正法相應 孫正德老師著 回郵52元
附錄：平實導師著**《略說八、九識並存…等之過失》**
15.**大乘無我觀**—《悟前與悟後》別說　平實導師述著　回郵 36 元
16.**佛教之危機**—中國台灣地區現代佛教之真相（附錄：公案拈提六則）
平實導師著　回郵 52 元
17.**燈　影**—燈下黑（覆「求教後學」來函等）平實導師著　回郵 76 元
18.**護法與毀法**—覆上平居士與徐恒志居士網站毀法二文
張正圜老師著　回郵 76 元
19.**淨土聖道**—兼評**選擇本願念佛**　正德老師著　**由正覺同修會購贈** 回郵 52 元
20.**辨唯識性相**—對「紫蓮心海《辯唯識性相》書中否定阿賴耶識」之回應
正覺同修會 台南共修處法義組 著　回郵 52 元
21.**假如來藏**—對法蓮法師《如來藏與阿賴耶識》書中否定阿賴耶識之回應
正覺同修會 台南共修處法義組 著　回郵 76 元
22.**入不二門**—公案拈提集錦 第一輯（於平實導師公案拈提諸書中選錄約二十則，
合輯爲一冊流通之）平實導師著　回郵 52 元
23.**真假邪說**—西藏密宗索達吉喇嘛《破除邪說論》真是邪說
釋正安法師著　上、下冊回郵各 52 元
24.**真假開悟**—真如、如來藏、阿賴耶識間之關係　平實導師述著　回郵 76 元
25.**真假禪和**—辨正釋傳聖之謗法謬說　孫正德老師著　回郵76 元
26.**眼見佛性**—駁慧廣法師**眼見佛性的含義**文中謬說

游正光老師著　回郵 52 元

27.**普門自在**—公案拈提集錦 第二輯（於平實導師公案拈提諸書中選錄約二十則，合輯爲一冊流通之）平實導師著　回郵 52 元

28.**印順法師的悲哀**—以現代禪的質疑為線索　恒毓博士著　回郵 52 元

29.**識蘊真義**—現觀識蘊內涵、取證初果、親斷三縛結之具體行門。
—依《成唯識論》及《唯識述記》正義，略顯安慧《大乘廣五蘊論》之邪謬
平實導師著　回郵 76 元

30.**正覺電子報** 各期紙版本　免附回郵　每次最多函索三期或三本。
（已無存書之較早各期，不另增印贈閱）

31.**現代人應有的宗教觀**　蔡正禮老師 著　回郵31 元

32.**遠惑趣道**—正覺電子報般若信箱問答錄　第一輯　回郵52 元

33.**遠惑趣道**—正覺電子報般若信箱問答錄　第二輯　回郵52 元

34.**確保您的權益**—器官捐贈應注意自我保護　游正光老師 著　回郵31 元

35.**正覺教團電視弘法三乘菩提 DVD 光碟 (一)**

由正覺教團多位親教師共同講述錄製 DVD 8 片，MP3 一片，共 9 片。有二大講題：一爲「三乘菩提之意涵」，二爲「學佛的正知見」。內容精闢，深入淺出，精彩絕倫，幫助大眾快速建立三乘法道的正知見，免被外道邪見所誤導。有志修學三乘佛法之學人不可不看。（製作工本費 100 元，回郵 52 元）

36.**正覺教團電視弘法 DVD 專輯 (二)**

總有二大講題：一爲「三乘菩提之念佛法門」，一爲「學佛正知見（第二篇）」，由正覺教團多位親教師輪番講述，內容詳細闡述如何修學念佛法門、實證念佛三昧，以及學佛應具有的正確知見，可以幫助發願往生西方極樂淨土之學人，得以把握往生，更可令學人快速建立三乘法道的正知見，免於被外道邪見所誤導。有志修學三乘佛法之學人不可不看。（一套 17 片，工本費 160 元。回郵 76 元）

37.**喇嘛性世界**—揭開假藏傳佛教譚崔瑜伽的面紗　張善思 等人合著
由正覺同修會購贈　回郵 52 元

38.**假藏傳佛教的神話**—性、謊言、喇嘛教　張正玄教授編著
由正覺同修會購贈　回郵 52 元

39.**隨 緣**—理隨緣與事隨緣　平實導師述　回郵52 元。

40.**學佛的覺醒**　正枝居士 著　回郵 52 元

41.**導師之真實義**　蔡正禮老師 著　回郵 31 元

42.**淺談達賴喇嘛之雙身法**—兼論解讀「密續」之達文西密碼
吳明芷居士 著　回郵 31 元

43.**魔界轉世**　張正玄居士 著　回郵 31 元

44.**一貫道與開悟**　蔡正禮老師 著　回郵 31 元

45.**博愛**—愛盡天下女人　正覺教育基金會 編印　回郵 36 元

46.**意識虛妄經教彙編**—實證解脫道的關鍵經文　正覺同修會編印　回郵36 元

47.**邪箭囈語**—破斥藏密外道多識仁波切《破魔金剛箭雨論》之邪說

陸正元老師著　上、下冊回郵各 52 元

48.**真假沙門**—依　佛聖教闡釋佛教僧寶之定義

蔡正禮老師著　俟正覺電子報連載後結集出版

49.**真假禪宗**—藉評論釋性廣《印順導師對變質禪法之批判

及對禪宗之肯定》以顯示真假禪宗

附論一：凡夫知見　無助於佛法之信解行證

附論二：世間與出世間一切法皆從如來藏實際而生而顯

余正偉老師著　俟正覺電子報連載後結集出版　回郵未定

★ 上列贈書之郵資，係台灣本島地區郵資，大陸、港、澳地區及外國地區，請另計酌增（大陸、港、澳、國外地區之郵票不許通用）。尚未出版之書，請勿先寄來郵資，以免增加作業煩擾。

★ 本目錄若有變動，唯於後印之書籍及「成佛之道」網站上修正公佈之，不另行個別通知。

函索書籍請寄：佛教正覺同修會　103 台北市承德路 3 段 277 號 9 樓
台灣地區函索書籍者請附寄郵票，無時間購買郵票者可以等值現金抵用，但不接受郵政劃撥、支票、匯票。大陸地區得以人民幣計算，國外地區請以美元計算（請勿寄來當地郵票，在台灣地區不能使用）。欲以掛號寄遞者，請另附掛號郵資。

親自索閱：正覺同修會各共修處。　★請於共修時間前往取書，餘時無人在道場，請勿前往索取；共修時間與地點，詳見書末正覺同修會共修現況表（以近期之共修現況表爲準）。

註：正智出版社發售之局版書，請向各大書局購閱。若書局之書架上已經售出而無陳列者，請向書局櫃台指定洽購；若書局不便代購者，請於正覺同修會共修時間前往各共修處請購，正智出版社已派人於共修時間送書前往各共修處流通。　郵政劃撥購書及　大陸地區　購書，請詳別頁正智出版社發售書籍目錄最後頁之說明。

成佛之道　網站：http://www.a202.idv.tw　正覺同修會已出版之結緣書籍，多已登載於　成佛之道　網站，若住外國、或住處遙遠，不便取得正覺同修會贈閱書籍者，可以從本網站閱讀及下載。　書局版之《宗通與說通》亦已上網，台灣讀者可向書局洽購，售價 300 元。《狂密與眞密》第一輯~第四輯，亦於 2003.5.1.全部於本網站登載完畢；台灣地區讀者請向書局洽購，每輯約 400 頁，售價 300 元（網站下載紙張費用較貴，容易散失，難以保存，亦較不精美）。

＊＊假藏傳佛教修雙身法，非佛教＊＊

正智出版社 籌募弘法基金發售書籍目錄 2020/11/14

1.**宗門正眼**—公案拈提 第一輯 重拈 平實導師著 500 元
因重寫內容大幅度增加故，字體必須改小，並增爲 576 頁 主文 546 頁。比初版更精彩、更有內容。初版《禪門摩尼寶聚》之讀者，可寄回本公司免費調換新版書。免附回郵，亦無截止期限。(2007 年起，每冊附贈本公司精製公案拈提〈超意境〉CD 一片。市售價格 280 元，多購多贈。)
2.**禪淨圓融** 平實導師著 200 元(第一版舊書可換新版書。)
3.**真實如來藏** 平實導師著 400 元
4.**禪—悟前與悟後** 平實導師著 上、下冊，每冊 250 元
5.**宗門法眼**—公案拈提 第二輯 平實導師著 500 元
(2007 年起，每冊附贈本公司精製公案拈提〈超意境〉CD 一片)
6.**楞伽經詳解** 平實導師著 全套共 10 輯 每輯 250 元
7.**宗門道眼**—公案拈提 第三輯 平實導師著 500 元
(2007 年起，每冊附贈本公司精製公案拈提〈超意境〉CD 一片)
8.**宗門血脈**—公案拈提 第四輯 平實導師著 500 元
(2007 年起，每冊附贈本公司精製公案拈提〈超意境〉CD 一片)
9.**宗通與說通**—成佛之道 平實導師著 主文 381 頁 全書 400 頁售價 300 元
10.**宗門正道**—公案拈提 第五輯 平實導師著 500 元
(2007 年起，每冊附贈本公司精製公案拈提〈超意境〉CD 一片)
11.**狂密與真密 一～四輯** 平實導師著 西藏密宗是人間最邪淫的宗教，本質不是佛教，只是披著佛教外衣的印度教性力派流毒的喇嘛教。此書中將西藏密宗密傳之男女雙身合修樂空雙運所有祕密與修法，毫無保留完全公開，並將全部喇嘛們所不知道的部分也一併公開。內容比大辣出版社喧騰一時的《西藏慾經》更詳細。並且函蓋藏密的所有祕密及其錯誤的中觀見、如來藏見……等，藏密的所有法義都在書中詳述、分析、辨正。每輯主文三百餘頁 每輯全書約 400 頁 售價每輯 300 元
12.**宗門正義**—公案拈提 第六輯 平實導師著 500 元
(2007 年起，每冊附贈本公司精製公案拈提〈超意境〉CD 一片)
13.**心經密意**—心經與解脫道、佛菩提道、祖師公案之關係與密意 平實導師述 300 元
14.**宗門密意**—公案拈提 第七輯 平實導師著 500 元
(2007 年起，每冊附贈本公司精製公案拈提〈超意境〉CD 一片)
15.**淨土聖道**—兼評「選擇本願念佛」 正德老師著 200 元
16.**起信論講記** 平實導師述著 共六輯 每輯三百餘頁 售價各 250 元
17.**優婆塞戒經講記** 平實導師述著 共八輯 每輯三百餘頁 售價各 250 元
18.**真假活佛**—略論附佛外道盧勝彥之邪說(對前岳靈犀網站主張「盧勝彥是證悟者」之修正) 正犀居士(岳靈犀)著 流通價 140 元
19.**阿含正義**—唯識學探源 平實導師著 共七輯 每輯 300 元

20.**超意境** CD 以平實導師公案拈提書中超越意境之頌詞，加上曲風優美的旋律，錄成令人嚮往的超意境歌曲，其中包括正覺發願文及平實導師親自譜成的黃梅調歌曲一首。詞曲雋永，殊堪翫味，可供學禪者吟詠，有助於見道。內附設計精美的彩色小冊，解說每一首詞的背景本事。每片 280 元。【每購買公案拈提書籍一冊，即贈送一片。】

21.**菩薩底憂鬱** CD 將菩薩情懷及禪宗公案寫成新詞，並製作成超越意境的優美歌曲。 1.主題曲〈菩薩底憂鬱〉，描述地後菩薩能離三界生死而迴向繼續生在人間，但因尚未斷盡習氣種子而有極深沈之憂鬱，非三賢位菩薩及二乘聖者所知，此憂鬱在七地滿心位方才斷盡；本曲之詞中所說義理極深，昔來所未曾見；此曲係以優美的情歌風格寫詞及作曲，聞者得以激發嚮往諸地菩薩境界之大心，詞、曲都非常優美，難得一見；其中勝妙義理之解說，已印在附贈之彩色小冊中。 2.以各輯公案拈提中直示禪門入處之頌文，作成各種不同曲風之超意境歌曲，值得玩味、參究；聆聽公案拈提之優美歌曲時，請同時閱讀內附之印刷精美說明小冊，可以領會超越三界的證悟境界；未悟者可以因此引發求悟之意向及疑情，眞發菩提心而邁向求悟之途，乃至因此眞實悟入般若，成眞菩薩。 3.正覺總持咒新曲，總持佛法大意；總持咒之義理，已加以解說並印在隨附之小冊中。本 CD 共有十首歌曲，長達 63 分鐘。每盒各附贈二張購書優惠券。每片 280 元。

22.**禪意無限** CD 平實導師以公案拈提書中偈頌寫成不同風格曲子，與他人所寫不同風格曲子共同錄製出版，幫助參禪人進入禪門超越意識之境界。盒中附贈彩色印製的精美解說小冊，以供聆聽時閱讀，令參禪人得以發起參禪之疑情，即有機會證悟本來面目而發起實相智慧，實證大乘菩提般若，能如實證知般若經中的眞實意。本 CD 共有十首歌曲，長達 69 分鐘，每盒各附贈二張購書優惠券。每片 280 元。

23.**我的菩提路**第一輯　釋悟圓、釋善藏等人合著　售價 300 元

24.**我的菩提路**第二輯　郭正益等人合著　售價 300 元（停售，俟改版後另行發售）

25.**我的菩提路**第三輯　王美伶等人合著　售價 300 元

26.**我的菩提路**第四輯　陳晏平等人合著　售價 300 元

27.**我的菩提路**第五輯　林慈慧等人合著　售價 300 元

28.**我的菩提路**第六輯　劉惠莉等人合著　售價 300 元

29.**我的菩提路**第七輯　余正偉等人合著　售價 300 元　預定 2021/6/30 出版

30.**鈍鳥與靈龜**—考證後代凡夫對大慧宗杲禪師的無根誹謗。

平實導師著　共 458 頁　售價 350 元

31.**維摩詰經講記**　平實導師述　共六輯　每輯三百餘頁　售價各 250 元

32.**真假外道**—破劉東亮、杜大威、釋證嚴常見外道見　正光老師著　200 元

33.**勝鬘經講記**—兼論印順《勝鬘經講記》對於《勝鬘經》之誤解。

平實導師述　共六輯　每輯三百餘頁　售價250 元

34.**楞嚴經講記** 平實導師述 共**15**輯，每輯三百餘頁 售價300元
35.**明心與眼見佛性**—駁慧廣〈蕭氏「眼見佛性」與「明心」之非〉文中謬說
正光老師著 共448頁 售價300元
36.**見性與看話頭** 黃正倖老師 著，本書是禪宗參禪的方法論。
內文375頁，全書416頁，售價300元。
37.**達賴真面目**—玩盡天下女人 白正偉老師 等著 中英對照彩色精裝大本800元
38.**喇嘛性世界**—揭開假藏傳佛教譚崔瑜伽的面紗 張善思 等人著 200元
39.**假藏傳佛教的神話**—性、謊言、喇嘛教 正玄教授編著 200元
40.**金剛經宗通** 平實導師述 共九輯 每輯售價250元。
41.**空行母**—性別、身分定位，以及藏傳佛教。
珍妮·坎貝爾著 呂艾倫 中譯 售價250元
42.**末代達賴**—性交教主的悲歌 張善思、呂艾倫、辛燕編著 售價250元
43.**霧峰無霧**—給哥哥的信 辨正釋印順對佛法的無量誤解
游宗明 老師著 售價250元
44.**霧峰無霧**—第二輯—救護佛子向正道 細說釋印順對佛法的各類誤解
游宗明 老師著 售價250元
45.**第七意識與第八意識？**—穿越時空「超意識」
平實導師述 每冊300元
46.**黯淡的達賴**—失去光彩的諾貝爾和平獎
正覺教育基金會編著 每冊250元
47.**童女迦葉考**—論呂凱文〈佛教輪迴思想的論述分析〉之謬。
平實導師 著 定價180元
48.**人間佛教**—實證者必定不悖三乘菩提
平實導師 述，定價400元
49.**實相經宗通** 平實導師述 共八輯 每輯250元
50.**真心告訴您(一)**—達賴喇嘛在幹什麼？
正覺教育基金會編著 售價250元
51.**中觀金鑑**—詳述應成派中觀的起源與其破法本質
孫正德老師著 分為上、中、下三冊，每冊250元
52.**藏傳佛教要義**—《狂密與真密》之簡體字版 平實導師 著 上、下冊
僅在大陸流通 每冊300元
53.**法華經講義** 平實導師述 共二十五輯 每輯300元
已於2015/05/31起開始出版，每二個月出版一輯
54.**西藏「活佛轉世」制度**—附佛、造神、世俗法
許正豐、張正玄老師合著 定價150元
55.**廣論三部曲** 郭正益老師著 定價150元
56.**真心告訴您(二)**—達賴喇嘛是佛教僧侶嗎？
—補祝達賴喇嘛八十大壽
正覺教育基金會編著 售價300元
57.**次法**—實證佛法前應有的條件
張善思居士著 分為上、下二冊，每冊250元

58.**涅槃**—解說四種涅槃之實證及內涵　平實導師著 上、下冊 各350元
59.**山法**—西藏關於他空與佛藏之根本論
篤補巴．喜饒堅贊著　　傑弗里．霍普金斯英譯
張火慶教授、張志成、呂艾倫等中譯　精裝大本 1200元
60.**佛藏經講義**　平實導師述　2019年7月31日開始出版　共21輯
每二個月出版一輯，每輯300元。
61.**假鋒虛焰金剛乘**—揭示顯密正理，兼破索達吉師徒《般若鋒兮金剛焰》
釋正安法師著 簡體字版 即將出版 售價未定
62.**廣論之平議**—宗喀巴《菩提道次第廣論》之平議　正雄居士著
約二或三輯　俟正覺電子報連載後結集出版　書價未定
63.**大法鼓經講義**　平實導師講述　《佛藏經講義》出版後發行，每輯300元
64.**不退轉法輪經講義**　平實導師講述　《大法鼓經講義》出版後發行
65.**八識規矩頌**詳解　○○居士 註解　出版日期另訂　書價未定。
66.**中觀正義**—註解平實導師《中論正義頌》。
○○法師（居士）著　出版日期未定　書價未定
67.**中論正義**—釋龍樹菩薩《中論》頌正理。
孫正德老師著　出版日期未定　書價未定
68.**中國佛教史**—依中國佛教正法史實而論。 ○○老師 著　書價未定。
69.**印度佛教史**—法義與考證。依法義史實評論印順《印度佛教思想史、佛教史地考論》之謬說　正偉老師著　出版日期未定　書價未定
70.**阿含經講記**—將選錄四阿含中數部重要經典全經講解之，講後整理出版。
平實導師述　約二輯　每輯300元　出版日期未定
71.**寶積經講記**　平實導師述　每輯三百餘頁 優惠價300元 出版日期未定
72.**解深密經講義**　平實導師述 約四輯　將於重講後整理出版
73.**成唯識論略解**　平實導師著　五～六輯　每輯300元　出版日期未定
74.**修習止觀坐禪法要講記**　平實導師述　每輯三百餘頁
將於正覺寺建成後重講、以講記逐輯出版　出版日期未定
75.**無門關**—《無門關》公案拈提　平實導師著　出版日期未定
76.**中觀再論**—兼述印順《中觀今論》謬誤之平議。正光老師著 出版日期未定
77.**輪迴與超度**—佛教超度法會之真義。
○○法師（居士）著　出版日期未定　書價未定
78.《**釋摩訶衍論**》**平議**—對偽稱龍樹所造《釋摩訶衍論》之平議
○○法師（居士）著　出版日期未定　書價未定
79.**正覺發願文**註解—以真實大願為因 得證菩提
正德老師著　出版日期未定　書價未定
80.**正覺總持咒**—佛法之總持　正圜老師著　出版日期未定　書價未定
81.**三自性**—依四食、五蘊、十二因緣、十八界法，說三性三無性。
作者未定　出版日期未定

82.**道品**—從三自性說大小乘三十七道品　　作者未定　出版日期未定
83.**大乘緣起觀**—依四聖諦七真如現觀十二緣起 作者未定　出版日期未定
84.**三德**—論解脫德、法身德、般若德。　　作者未定　出版日期未定
85.**真假如來藏**—對印順《如來藏之研究》謬說之平議　作者未定 出版日期未定
86.**大乘道次第**　　作者未定　出版日期未定　書價未定
87.**四緣**—依如來藏故有四緣。　作者未定　出版日期未定
88.**空之探究**—印順《空之探究》謬誤之平議　作者未定 出版日期未定
89.**十法義**—論阿含經中十法之正義　　作者未定　出版日期未定
90.**外道見**—論述外道六十二見　　作者未定　　出版日期未定

正智出版社有限公司 書籍介紹

禪淨圓融：言淨土諸祖所未曾言，示諸宗祖師所未曾示；禪淨圓融，另闢成佛捷徑，兼顧自力他力，闡釋淨土門之速行易行道，亦同時揭櫫聖教門之速行易行道；令廣大淨土行者得免緩行難證之苦，亦令聖道門行者得以藉著淨土速行道而加快成佛之時劫。乃前無古人之超勝見地，非一般弘揚禪淨法門典籍也，先讀爲快。平實導師著 200元。

宗門正眼—**公案拈提**第一輯：繼承克勤圜悟大師碧巖錄宗旨之禪門鉅作。先則舉示當代大法師之邪說，消弭當代禪門大師鄉愿之心態，摧破當今禪門「世俗禪」之妄談；次則旁通教法，表顯宗門正理；繼以道之次第，消弭古今狂禪；後藉言語及文字機鋒，直示宗門入處。悲智雙運，禪味十足，數百年來難得一睹之禪門鉅著也。平實導師著 500元（原初版書《禪門摩尼寶聚》，改版後補充爲五百餘頁新書，總計多達二十四萬字，內容更精彩，並改名爲《宗門正眼》，讀者原購初版《禪門摩尼寶聚》皆可寄回本公司免費換新，免附回郵，亦無截止期限）（2007年起，凡購買公案拈提第一輯至第七輯，每購一輯皆贈送本公司精製公案拈提〈超意境〉CD一片，市售價格280元，多購多贈）。

禪—悟前與悟後：本書能建立學人悟道之信心與正確知見，圓滿具足而有次第地詳述禪悟之功夫與禪悟之內容，指陳參禪中細微淆訛之處，能使學人明自眞心、見自本性。若未能悟入，亦能以正確知見辨別古今中外一切大師究係眞悟？或屬錯悟？便有能力揀擇，捨名師而選明師，後時必有悟道之緣。一旦悟道，遲者七次人天往返，便出三界，速者一生取辦。學人欲求開悟者，不可不讀。 平實導師著。上、下冊共500元，單冊250元。

眞實如來藏：如來藏眞實存在，乃宇宙萬有之本體，並非印順法師、達賴喇嘛等人所說之「唯有名相、無此心體」。如來藏是涅槃之本際，是一切有智之人竭盡心智、不斷探索而不能得之生命實相；是古今中外許多大師自以爲悟而當面錯過之生命實相。如來藏即是阿賴耶識，乃是一切有情本自具足、不生不滅之眞實心。當代中外大師於此書出版之前所未能言者，作者於本書中盡情流露、詳細闡釋。眞悟者讀之，必能增益悟境、智慧增上；錯悟者讀之，必能檢討自己之錯誤，免犯大妄語業；未悟者讀之，能知參禪之理路，亦能以之檢查一切名師是否眞悟。此書是一切哲學家、宗教家、學佛者及欲昇華心智之人必讀之鉅著。 平實導師著 售價400元。

宗門法眼—**公案拈提**第二輯：列舉實例，闡釋土城廣欽老和尚之悟處；並直示這位不識字的老和尚妙智橫生之根由，繼而剖析禪宗歷代大德之開悟公案，解析當代密宗高僧卡盧仁波切之錯悟證據，並例舉當代顯宗高僧、大居士之錯悟證據（凡健在者，爲免影響其名聞利養，皆隱其名）。藉辨正當代名師之邪見，向廣大佛子指陳禪悟之正道，彰顯宗門法眼。悲勇兼出，強捋虎鬚；慈智雙運，巧探驪龍；摩尼寶珠在手，直示宗門入處，禪味十足；若非大悟徹底，不能爲之。禪門精奇人物，允宜人手一冊，供作參究及悟後印證之圭臬。本書於2008年4月改版，增寫為大約500頁篇幅，以利學人研讀參究時更易悟入宗門正法，以前所購初版首刷及初版二刷舊書，皆可免費換取新書。平實導師著 500元（2007年起，凡購買公案拈提第一輯至第七輯，每購一輯皆贈送本公司精製公案拈提〈超意境〉CD一片，市售價格280元，多購多贈）。

宗門道眼—**公案拈提**第三輯：繼宗門法眼之後，再以金剛之作略、慈悲之胸懷、犀利之筆觸，舉示寒山、拾得、布袋三大士之悟處，消弭當代錯悟者對於寒山大士……等之誤會及誹謗。亦舉出民初以來與虛雲和尚齊名之蜀郡鹽亭袁煥仙夫子——南懷瑾老師之師，其「悟處」何在？並蒐羅許多眞悟祖師之證悟公案，顯示禪宗歷代祖師之睿智，指陳部分祖師、奧修及當代顯密大師之謬悟，作爲殷鑑，幫助禪子建立及修正參禪之方向及知見。假使讀者閱此書已，一時尚未能悟，亦可一面加功用行，一面以此宗門道眼辨別眞假善知識，避開錯誤之印證及歧路，可免大妄語業之長劫慘痛果報。欲修禪宗之禪者，務請細讀。平實導師著 售價500元（2007年起，凡購買公案拈提第一輯至第七輯，每購一輯皆贈送本公司精製公案拈提〈超意境〉CD一片，市售價格280元，多購多贈）。

楞伽經詳解：本經是禪宗見道者印證所悟眞僞之根本經典，亦是禪宗見道者悟後起修之依據經典；故達摩祖師於印證二祖慧可大師之後，將此經典連同佛缽祖衣一併交付二祖，令其依此經典佛示金言、進入修道位，修學一切種智。由此可知此經對於眞悟之人修學佛道，是非常重要之一部經典。此經能破外道邪說，亦破佛門中錯悟名師之謬說，亦破禪宗部分祖師之狂禪：不讀經典、一向主張「一悟即成究竟佛」之謬執。並開示愚夫所行禪、觀察義禪、攀緣如禪、如來禪等差別，令行者對於三乘禪法差異有所分辨；亦糾正禪宗祖師古來對於如來禪之誤解，嗣後可免以訛傳訛之弊。此經亦是法相唯識宗之根本經典，禪者悟後欲修一切種智而入初地者，必須詳讀。　平實導師著，全套共十輯，已全部出版完畢，每輯主文約320頁，每冊約352頁，定價250元。

宗門血脈—**公案拈提**第四輯：末法怪象—許多修行人自以爲悟，每將無念靈知認作眞實；崇尚二乘法諸師及其徒眾，則將外於如來藏之緣起性空—無因論之無常空、斷滅空、一切法空—錯認爲 佛所說之般若空性。這兩種現象已於當今海峽兩岸及美加地區顯密大師之中普遍存在；人人自以爲悟，心高氣壯，便敢寫書解釋祖師證悟之公案，大多出於意識思惟所得，言不及義，錯誤百出，因此誤導廣大佛子同陷大妄語之地獄業中而不能自知。彼等書中所說之悟處，其實處處違背第一義經典之聖言量。彼等諸人不論是否身披袈裟，都非佛法宗門血脈，或雖有禪宗法脈之傳承，亦只徒具形式；猶如螟蛉，非眞血脈，未悟得根本眞實故。禪子欲知佛、祖之眞血脈者，請讀此書，便知分曉。平實導師著，主文452頁，全書464頁，定價500元（2007年起，凡購買公案拈提第一輯至第七輯，每購一輯皆贈送本公司精製公案拈提〈超意境〉CD一片，市售價格280元，多購多贈）。

宗通與說通：古今中外，錯誤之人如麻似粟，每以常見外道所說之靈知心，認作眞心；或妄想虛空之勝性能量爲眞如，或錯認物質四大元素藉冥性（靈知心本體）能成就吾人色身及知覺，或認初禪至四禪中之了知心爲不生不滅之涅槃心。此等皆非通宗者之見地。復有錯悟之人一向主張「宗門與教門不相干」，此即尚未通達宗門之人也。其實宗門與教門互通不二，宗門所證者乃是眞如與佛性，教門所說者乃說宗門證悟之眞如佛性，故教門與宗門不二。本書作者以宗教二門互通之見地，細說「宗通與說通」，從初見道至悟後起修之道、細說分明；並將諸宗諸派在整體佛教中之地位與次第，加以明確之教判，學人讀之即可了知佛法之梗概也。欲擇明師學法之前，允宜先讀。平實導師著，主文共381頁，全書392頁，只售成本價300元。

宗門正道—**公案拈提**第五輯：修學大乘佛法有二果須證解脫果及大菩提果。二乘人不證大菩提果，唯證解脫果；此果之智慧，名爲聲聞菩提、緣覺菩提。大乘佛子所證二果之菩提果爲佛菩提，故名大菩提果，其慧名爲一切種智函蓋二乘解脫果。然此大乘二果修證，須經由禪宗之宗門證悟方能相應。而宗門證悟極難，自古已然；其所以難者，咎在古今佛教界普遍存在三種邪見：1.以修定認作佛法，2.以無因論之緣起性空—否定涅槃本際如來藏以後之一切法空作爲佛法，3.以常見外道邪見（離語言妄念之靈知性）作爲佛法。如是邪見，或因自身正見未立所致，或因邪師之邪教導所致，或因無始劫來虛妄熏習所致。若不破除此三種邪見，永劫不悟宗門眞義、不入大乘正道，唯能外門廣修菩薩行。平實導師於此書中，有極爲詳細之說明，有志佛子欲摧邪見、入於內門修菩薩行者，當閱此書。主文共496頁，全書512頁。售價500元（2007年起，凡購買公案拈提第一輯至第七輯，每購一輯皆贈送本公司精製公案拈提〈超意境〉CD一片，市售價格280元，多購多贈）。

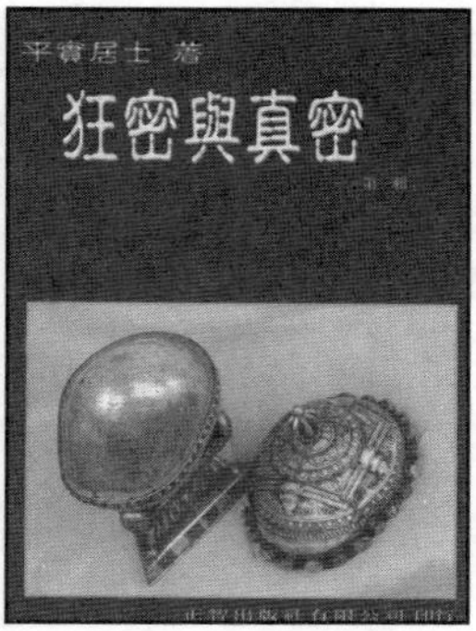

狂密與真密：密教之修學，皆由有相之觀行法門而入，其最終目標仍不離顯教經典所說第一義諦之修證；若離顯教第一義經典、或違背顯教第一義經典，即非佛教。西藏密教之觀行法，如灌頂、觀想、遷識法、寶瓶氣、大聖歡喜雙身修法、喜金剛、無上瑜伽、大樂光明、樂空雙運等，皆是印度教兩性生生不息思想之轉化，自始至終皆以如何能運用交合淫樂之法達到全身受樂爲其中心思想，純屬欲界五欲的貪愛，不能令人超出欲界輪迴，更不能令人斷除我見；何況大乘之明心與見性，更無論矣！故密宗之法絕非佛法也。而其明光大手印、大圓滿法教，又皆同以常見外道所說離語言妄念之無念靈知心錯認爲佛地之眞如，不能直指不生不滅之眞如。西藏密宗所有法王與徒眾，都尚未開頂門眼，不能辨別眞僞，以依人不依法、依密續不依經典故，不肯將其上師喇嘛所說對照第一義經典，純依密續之藏密祖師所說爲準，因此而誇大其證德與證量，動輒謂彼祖師上師爲究竟佛、爲地上菩薩；如今台海兩岸亦有自謂其師證量高於 釋迦文佛者，然觀其師所述，猶未見道，仍在觀行即佛階段，尚未到禪宗相似即佛、分證即佛階位，竟敢標榜爲究竟佛及地上法王，誑惑初機學人。凡此怪象皆是狂密，不同於眞密之修行者。近年狂密盛行，密宗行者被誤導者極眾，動輒自謂已證佛地眞如，自視爲究竟佛，陷於大妄語業中而不知自省，反謗顯宗眞修實證者之證量粗淺；或如義雲高與釋性圓…等人，於報紙上公然誹謗眞實證道者爲「騙子、無道人、人妖、癩蛤蟆…」等，造下誹謗大乘勝義僧之大惡業；或以外道法中有爲有作之甘露、魔術……等法，誑騙初機學人，狂言彼外道法爲眞佛法。如是怪象，在西藏密宗及附藏密之外道中，不一而足，舉之不盡，學人宜應愼思明辨，以免上當後又犯毀破菩薩戒之重罪。密宗學人若欲遠離邪知邪見者，請閱此書，即能了知密宗之邪謬，從此遠離邪見與邪修，轉入眞正之佛道。

平實導師著 共四輯 每輯約400頁（主文約340頁）每輯售價300元。

宗門正義—**公案拈提**第六輯：佛教有六大危機，乃是藏密化、世俗化、膚淺化、學術化、宗門密意失傳、悟後進修諸地之次第混淆；其中尤以宗門密意之失傳，爲當代佛教最大之危機。由宗門密意失傳故，易令世尊本懷普被錯解，易令世尊正法被轉易爲外道法，以及加以淺化、世俗化，是故宗門密意之廣泛弘傳與具緣佛弟子，極爲重要。然而欲令宗門密意之廣泛弘傳予具緣之佛弟子者，必須同時配合錯誤知見之解析、普令佛弟子知之，然後輔以公案解析之直示入處，方能令具緣之佛弟子悟入。而此二者，皆須以公案拈提之方式爲之，方易成其功、竟其業，是故平實導師續作宗門正義一書，以利學人。 全書500餘頁，售價500元（2007年起，凡購買公案拈提第一輯至第七輯，每購一輯皆贈送本公司精製公案拈提〈超意境〉CD一片，市售價格280元，多購多贈）。

心經密意—心經與解脫道、佛菩提道、祖師公案之關係與密意。二乘菩提所證之解脫道，實依第八識心之斷除煩惱障現行而立解脫之名；大乘菩提所證之佛菩提道，實依親證第八識如來藏之涅槃性、清淨自性、及其中道性而立般若之名；禪宗祖師公案所證之眞心，即是此第八識如來藏；是故三乘佛法所修所證之三乘菩提，皆依此如來藏心而立名也。此第八識心，即是《心經》所說之心也。證得此如來藏已，即能漸入大乘佛菩提道，亦可因證知此心而了知二乘無學所不能知之無餘涅槃本際，是故《心經》之密意，與三乘佛菩提之關係極爲密切、不可分割，三乘佛法皆依此心而立名故。今者平實導師以其所證解脫道之無生智及佛菩提之般若種智，將《心經》與解脫道、佛菩提道、祖師公案之關係與密意，以演講之方式，用淺顯之語句和盤托出，發前人所未言，呈三乘菩提之眞義，令人藉此《心經密意》一舉而窺三乘菩提之堂奧，迴異諸方言不及義之說；欲求眞實佛智者、不可不讀！主文317頁，連同跋文及序文…等共384頁，售價300元。

宗門密意—公案拈提第七輯：佛教之世俗化，將導致學人以信仰作爲學佛，則將以感應及世間法之庇祐，作爲學佛之主要目標，不能了知學佛之主要目標爲親證三乘菩提。大乘菩提則以般若實相智慧爲主要修習目標，以二乘菩提解脫道爲附帶修習之標的；是故學習大乘法者，應以禪宗之證悟爲要務，能親入大乘菩提之實相般若智慧中故，般若實相智慧非二乘聖人所能知故。此書則以台灣世俗化佛教之三大法師，說法似是而非之實例，配合眞悟祖師之公案解析，提示證悟般若之關節，令學人易得悟入。平實導師著，全書五百餘頁，售價500元（2007年起，凡購買公案拈提第一輯至第七輯，每購一輯皆贈送本公司精製公案拈提〈超意境〉CD一片，市售價格280元，多購多贈）。

淨土聖道—兼評日本本願念佛：佛法甚深極廣，般若玄微，非諸二乘聖僧所能知之，一切凡夫更無論矣！所謂一切證量皆歸淨土是也！是故大乘法中「聖道之淨土、淨土之聖道」，其義甚深，難可了知；乃至眞悟之人，初心亦難知也。今有正德老師眞實證悟後，復能深探淨土與聖道之緊密關係，憐憫眾生之誤會淨土實義，亦欲利益廣大淨土行人同入聖道，同獲淨土中之聖道門要義，乃振奮心神、書以成文，今得刊行天下。主文279頁，連同序文等共301頁，總有十一萬六千餘字，正德老師著，成本價200元。

起信論講記：詳解大乘起信論**心生滅門**與**心眞如門**之眞實意旨，消除以往大師與學人對起信論所說**心生滅門**之誤解，由是而得了知眞心如來藏之非常非斷中道正理；亦因此一講解，令此論以往隱晦而被誤解之眞實義，得以如實顯示，令大乘佛菩提道之正理得以顯揚光大；初機學者亦可藉此正論所顯示之法義，對大乘法理生起正信，從此得以眞發菩提心，眞入大乘法中修學，世世常修菩薩正行。平實導師演述，共六輯，都已出版，每輯三百餘頁，售價250元。

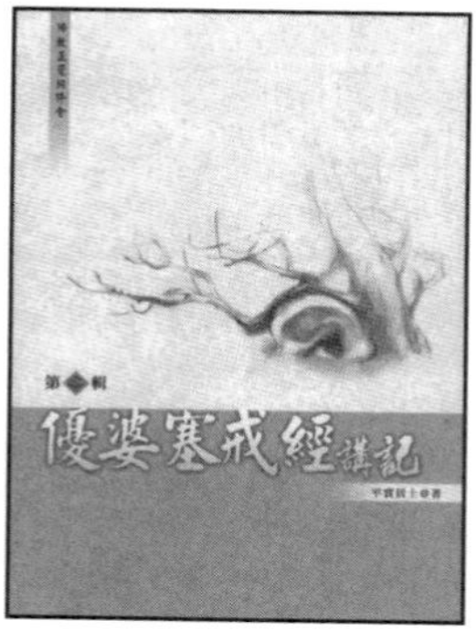

優婆塞戒經講記：本經詳述在家菩薩修學大乘佛法，應如何受持菩薩戒？對人間善行應如何看待？對三寶應如何護持？應如何正確地修集此世後世證法之福德？應如何修集後世「行菩薩道之資糧」？並詳述第一義諦之正義：五蘊非我非異我、自作自受、異作異受、不作不受……等深妙法義，乃是修學大乘佛法、行菩薩行之在家菩薩所應當了知者。出家菩薩今世或未來世登地已，捨報之後多數將如華嚴經中諸大菩薩，以在家菩薩身而修行菩薩行，故亦應以此經所述正理而修之，配合《楞伽經、解深密經、楞嚴經、華嚴經》等道次第正理，方得漸次成就佛道；故此經是一切大乘行者皆應證知之正法。平實導師講述，每輯三百餘頁，售價各250元；共八輯，已全部出版。

真假活佛—略論附佛外道盧勝彥之邪說：人人身中都有眞活佛，永生不滅而有大神用，但眾生都不了知，所以常被身外的西藏密宗假活佛籠罩欺瞞。本來就眞實存在的眞活佛，才是眞正的密宗無上密！諾那活佛因此而說禪宗是大密宗，但藏密的所有活佛都不知道、也不曾實證自身中的眞活佛。本書詳實宣示眞活佛的道理，舉證盧勝彥的「佛法」不是眞佛法，也顯示盧勝彥是假活佛，直接的闡釋第一義佛法見道的眞實正理。眞佛宗的所有上師與學人們，都應該詳細閱讀，包括盧勝彥個人在內。正犀居士著，優惠價140元。

阿含正義—唯識學探源：廣說四大部《阿含經》諸經中隱說之眞正義理，一一舉示佛陀本懷，令阿含時期初轉法輪根本經典之眞義，如實顯現於佛子眼前。並提示末法大師對於阿含眞義誤解之實例，一一比對之，證實唯識增上慧學確於原始佛法之阿含諸經中已隱覆密意而略說之，證實 世尊確於原始佛法中已曾密意而說第八識如來藏之總相；亦證實 世尊在四阿含中已說此藏識是名色十八界之因、之本—證明如來藏是能生萬法之根本心。佛子可據此修正以往受諸大師（譬如西藏密宗應成派中觀師：印順、昭慧、性廣、大願、達賴、宗喀巴、寂天、月稱、……等人）誤導之邪見，建立正見，轉入正道乃至親證初果而無困難；書中並詳說三果所證的**心解脫**，以及四果**慧解脫**的親證，都是如實可行的具體知見與行門。全書共七輯，已出版完畢。平實導師著，每輯三百餘頁，售價300元。

超意境CD：以平實導師公案拈提書中超越意境之頌詞，加上曲風優美的旋律，錄成令人嚮往的超意境歌曲，其中包括正覺發願文及平實導師親自譜成的黃梅調歌曲一首。詞曲雋永，殊堪翫味，可供學禪者吟詠，有助於見道。內附設計精美的彩色小冊，解說每一首詞的背景本事。每片280元。【每購買公案拈提書籍一冊，即贈送一片。】

鈍鳥與靈龜：鈍鳥及靈龜二物，被宗門證悟者說爲二種人：前者是精修禪定而無智慧者，也是以定爲禪的愚癡禪人；後者是或有禪定、或無禪定的宗門證悟者，凡已證悟者皆是靈龜。但後者被人虛造事實，用以嘲笑大慧宗杲禪師，說他雖是靈龜，卻不免被天童禪師預記「患背」痛苦而亡：「**鈍鳥離巢易，靈龜脫殼難**。」藉以貶低大慧宗杲的證量。同時將天童禪師實證如來藏的證量，曲解爲意識境界的離念靈知。自從大慧禪師入滅以後，錯悟凡夫對他的不實毀謗就一直存在著，不曾止息，並且捏造的假事實也隨著年月的增加而越來越多，終至編成「鈍鳥與靈龜」的假公案、假故事。本書是考證大慧與天童之間的不朽情誼，顯現這件假公案的虛妄不實；更見大慧宗杲面對惡勢力時的正直不阿，亦顯示大慧對天童禪師的至情深義，將使後人對大慧宗杲的誣謗至此而止，不再有人誤犯毀謗賢聖的惡業。書中亦舉證宗門的所悟確以第八識如來藏爲標的，詳讀之後必可改正以前被錯悟大師誤導的參禪知見，日後必定有助於實證禪宗的開悟境界，得階大乘眞見道位中，即是實證般若之賢聖。全書459頁，售價350元。

我的菩提路第一輯：凡夫及二乘聖人不能實證的佛菩提證悟，末法時代的今天仍然有人能得實證，由正覺同修會釋悟圓、釋善藏法師等二十餘位實證如來藏者所寫的見道報告，已爲當代學人見證宗門正法之絲縷不絕，證明大乘義學的法脈仍然存在，爲末法時代求悟般若之學人照耀出光明的坦途。由二十餘位大乘見道者所繕，敘述各種不同的學法、見道因緣與過程，參禪求悟者必讀。全書三百餘頁，售價300元。

我的菩提路第二輯：由郭正益老師等人合著，書中詳述彼等諸人歷經各處道場學法，一一修學而加以檢擇之不同過程以後，因閱讀正覺同修會、正智出版社書籍而發起抉擇分，轉入正覺同修會中修學；乃至學法及見道之過程，都一一詳述之。（本書暫停發售，俟改版重新發售流通。）

我的菩提路第三輯：由王美伶老師等人合著。自從正覺同修會成立以來，每年夏初、冬初都舉辦精進禪三共修，藉以助益會中同修們得以證悟明心發起般若實相智慧；凡已實證而被平實導師印證者，皆書具見道報告用以證明佛法之眞實可證而非玄學，證明佛法並非純屬思想、理論而無實質，是故每年都能有人證明正覺同修會的「實證佛教」主張並非虛語。特別是眼見佛性一法，自古以來中國禪宗祖師實證者極寡，較之明心開悟的證境更難令人信受；至2017年初，正覺同修會中的證悟明心者已近五百人，然而其中眼見佛性者至今唯十餘人爾，可謂難能可貴，是故明心後欲冀眼見佛性者實屬不易。黃正倖老師是懸絕七年無人見性後的第一人，她於2009年的見性報告刊於本書的第二輯中，爲大眾證明佛性確實可以眼見；其後七年之中求見性者都屬解悟佛性而無人眼見，幸而又經七年後的2016冬初，以及2017夏初的禪三，復有三人眼見佛性，希冀鼓舞四眾佛子求見佛性之大心，今則具載一則於書末，顯示求見佛性之事實經歷，供養現代佛教界欲得見性之四眾弟子。全書四百頁，售價300元，已於2017年6月30日發行。

我的菩提路第四輯：由陳晏平等人著。中國禪宗祖師往往有所謂「見性」之言，所言多屬看見如來藏具有能令人發起成佛之自性，並非《大般涅槃經》中 如來所說之眼見佛性。眼見佛性者，於親見佛性之時，即能於山河大地眼見自己佛性，亦能於他人身上眼見自己佛性及對方之佛性，如是境界無法爲尚未實證者解釋；勉強說之，縱使眞實明心證悟之人聞之，亦只能以自身明心之境界想像之，但不論如何想像多屬非量，能有正確之比量者亦是稀有，故說眼見佛性極爲困難。眼見佛性之人若所見極分明時，在所見佛性之境界下所眼見之山河大地、自己五蘊身心皆是虛幻，自有異於明心者之解脫功德受用，此後永不思證二乘涅槃，必定邁向成佛之道而進入第十住位中，已超第一阿僧祇劫三分有一，可謂之爲超劫精進也。今又有明心之後眼見佛性之人出於人間，將其明心及後來見性之報告，連同其餘證悟明心者之精彩報告一同收錄於此書中，供養眞求佛法實證之四眾佛子。全書380頁，售價300元，已於2018年6月30日發行。

我的菩提路第五輯：林慈慧老師等人著，本輯中所舉學人從相似正法中來到正覺同修會的過程，各人都有不同，發生的因緣亦是各有差別，然而都會指向同一個目標——證實生命實相的源底，確證自己生從何來、死往何去的事實，所以最後都證明佛法眞實而可親證，絕非玄學；本書將彼等諸人的始修及末後證悟之實例，羅列出來以供學人參考。本期亦有一位會裡的老師，是從1995年即開始追隨平實導師修學，1997年明心後持續進修不斷，直到2017年眼見佛性之實例，足可證明《大般涅槃經》中世尊開示眼見佛性之法正眞無訛，第十住位的實證在末法時代的今天仍有可能，如今一併具載於書中以供學人參考，並供養現代佛教界欲得見性之四眾弟子。全書四百頁，售價300元，已於2019年12月31日發行。

我的菩提路第六輯：劉惠莉老師等人著，本輯中舉示劉老師明心多年以後的眼見佛性實錄，供末法時代學人了知明心之異於見性本質，足可證明《大般涅槃經》中世尊開示眼見佛性之法正眞無訛。亦列舉多篇學人從各道場來到正覺學法之不同過程，以及如何發覺邪見之異於正法的所在，最後終能在正覺禪三中悟入的實況，以證明佛教正法仍在末法時代的人間繼續弘揚的事實，鼓舞一切眞實學法的菩薩大眾思之：我等諸人亦可有因緣證悟，絕非空想白思。約四百頁，售價300元，已於2020年6月30日發行。

維摩詰經講記：本經係 世尊在世時，由等覺菩薩維摩詰居士藉疾病而演說之大乘菩提無上妙義，所說函蓋甚廣，然極簡略，是故今時諸方大師與學人讀之悉皆錯解，何況能知其中隱含之深妙正義，是故普遍無法爲人解說；若強爲人說，則成依文解義而有諸多過失。今由平實導師公開宣講之後，詳實解釋其中密意，令維摩詰菩薩所說大乘不可思議解脫之深妙正法得以正確宣流於人間，利益當代學人及與諸方大師。書中詳實演述大乘佛法深妙不共二乘之智慧境界，顯示諸法之中絕待之實相境界，建立大乘菩薩妙道於永遠不敗不壞之地，以此成就護法偉功，欲冀永利娑婆人天。已經宣講圓滿整理成書流通，以利諸方大師及諸學人。全書共六輯，每輯三百餘頁，售價各250元。

真假外道：本書具體舉證佛門中的常見外道知見實例，並加以教證及理證上的辨正，幫助讀者輕鬆而快速的了知常見外道的錯誤知見，進而遠離佛門內外的常見外道知見，因此即能改正修學方向而快速實證佛法。游正光老師著 。成本價200元。

勝鬘經講記：如來藏爲三乘菩提之所依，若離如來藏心體及其含藏之一切種子，即無三界有情及一切世間法，亦無二乘菩提緣起性空之出世間法；本經詳說無始無明、一念無明皆依如來藏而有之正理，藉著詳解煩惱障與所知障間之關係，令學人深入了知二乘菩提與佛菩提相異之妙理；聞後即可了知佛菩提之特勝處及三乘修道之方向與原理，邁向攝受正法而速成佛道的境界中。平實導師講述，共六輯，每輯三百餘頁，售價各250元。

楞嚴經講記：楞嚴經係密教部之重要經典，亦是顯教中普受重視之經典；經中宣說明心與見性之內涵極爲詳細，將一切法都會歸如來藏及佛性─妙眞如性；亦闡釋佛菩提道修學過程中之種種魔境，以及外道誤會涅槃之狀況，旁及三界世間之起源。然因言句深澀難解，法義亦復深妙寬廣，學人讀之普難通達，是故讀者大多誤會，不能如實理解佛所說之明心與見性內涵，亦因是故多有悟錯之人引爲開悟之證言，成就大妄語罪。今由平實導師詳細講解之後，整理成文，以易讀易懂之語體文刊行天下，以利學人。全書十五輯，全部出版完畢。每輯三百餘頁，售價每輯300元。

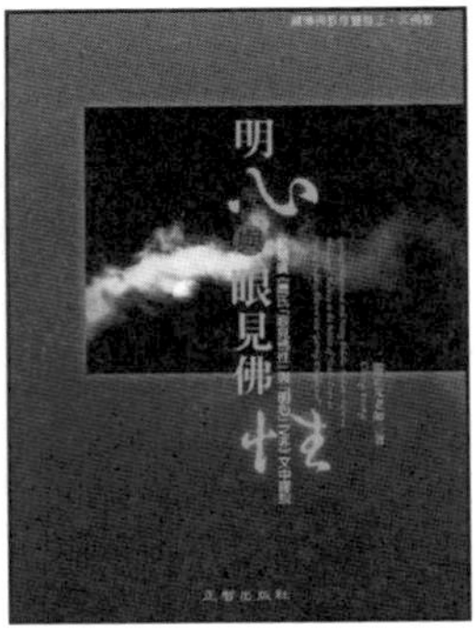

明心與眼見佛性：本書細述明心與眼見佛性之異同，同時顯示了中國禪宗破初參明心與重關眼見佛性二關之間的關聯；書中又藉法義辨正而旁述其他許多勝妙法義，讀後必能遠離佛門長久以來積非成是的錯誤知見，令讀者在佛法的實證上有極大助益。也藉慧廣法師的謬論來教導佛門學人回歸正知正見，遠離古今禪門錯悟者所墮的意識境界，非唯有助於斷我見，也對未來的開悟明心實證第八識如來藏有所助益，是故學禪者都應細讀之。游正光老師著　共448頁　售價300元。

菩薩底憂鬱CD將菩薩情懷及禪宗公案寫成新詞，並製作成超越意境的優美歌曲。1.主題曲〈菩薩底憂鬱〉，描述地後菩薩能離三界生死而迴向繼續生在人間，但因尚未斷盡習氣種子而有極深沈之憂鬱，非三賢位菩薩及二乘聖者所知，此憂鬱在七地滿心位方才斷盡；本曲之詞中所說義理極深，昔來所未曾見；此曲係以優美的情歌風格寫詞及作曲，聞者得以激發嚮往諸地菩薩境界之大心，詞、曲都非常優美，難得一見；其中勝妙義理之解說，已印在附贈之彩色小冊中。2.以各輯公案拈提中直示禪門入處之頌文，作成各種不同曲風之超意境歌曲，值得玩味、參究；聆聽公案拈提之優美歌曲時，請同時閱讀內附之印刷精美說明小冊，可以領會超越三界的證悟境界；未悟者可以因此引發求悟之意向及疑情，眞發菩提心而邁向求悟之途，乃至因此眞實悟入般若，成眞菩薩。3.正覺總持咒新曲，總持佛法大意；總持咒之義理，已加以解說並印在隨附之小冊中。本CD共有十首歌曲，長達63分鐘，附贈二張購書優惠券。每片280元。

禪意無限CD平實導師以公案拈提書中偈頌寫成不同風格曲子，與他人所寫不同風格曲子共同錄製出版，幫助參禪人進入禪門超越意識之境界。盒中附贈彩色印製的精美解說小冊，以供聆聽時閱讀，令參禪人得以發起參禪之疑情，即有機會證悟本來面目，實證大乘菩提般若。本CD共有十首歌曲，長達69分鐘，每盒各附贈二張購書優惠券。每片280元。

金剛經宗通：三界唯心，萬法唯識，是成佛之修證內容，是諸地菩薩之所修；般若則是成佛之道（實證三界唯心、萬法唯識）的入門，若未證悟實相般若，即無成佛之可能，必將永在外門廣行菩薩六度，永在凡夫位中。然而實相般若的發起，全賴實證萬法的實相；若欲證知萬法的眞相，則必須探究萬法之所從來，則須實證自心如來—金剛心如來藏，然後現觀這個金剛心的金剛性、眞實性、如如性、清淨性、涅槃性、能生萬法的自性性、本住性，名爲證眞如；進而現觀三界六道唯是此金剛心所成，人間萬法須藉八識心王和合運作方能現起。如是實證《華嚴經》的「三界唯心、萬法唯識」以後，由此等現觀而發起實相般若智慧，繼續進修第十住位的如幻觀、第十行位的陽焰觀、第十迴向位的如夢觀，再生起增上意樂而勇發十無盡願，方能滿足三賢位的實證，轉入初地；自知成佛之道而無偏倚，從此按部就班、次第進修乃至成佛。第八識自心如來是般若智慧之所依，般若智慧的修證則要從實證金剛心自心如來開始；《金剛經》則是解說自心如來之經典，是一切三賢位菩薩所應進修之實相般若經典。這一套書，是將平實導師宣講的《金剛經宗通》內容，整理成文字而流通之；書中所說義理，迥異古今諸家依文解義之說，指出大乘見道方向與理路，有益於禪宗學人求開悟見道，及轉入內門廣修六度萬行，已於2013年9月出版完畢，總共9輯，每輯約三百餘頁，售價各250元。

空行母——性別、身分定位，以及藏傳佛教：本書作者爲蘇格蘭哲學家，因爲嚮往佛教深妙的哲學內涵，於是進入當年盛行於歐美的假藏傳佛教密宗，擔任卡盧仁波切的翻譯工作多年以後，被邀請成爲卡盧的空行母（又名佛母、明妃），開始了她在密宗裡的實修過程；後來發覺在密宗雙身法中的修行，其實無法使自己成佛，也發覺密宗對女性岐視而處處貶抑，並剝奪女性在雙身法中擔任一半角色時應有的身分定位。當她發覺自己只是雙身法中被喇嘛利用的工具，沒有獲得絲毫應有的尊重與基本定位時，發現了密宗的父權社會控制女性的本質；於是作者傷心地離開了卡盧仁波切與密宗，但是卻被恐嚇不許講出她在密宗裡的經歷，也不許她說出自己對密宗的教義與教制下對女性剝削的本質，否則將被咒殺死亡。後來她去加拿大定居，十餘年後方才擺脫這個恐嚇陰影，下定決心將親身經歷的實情及觀察到的事實寫下來並且出版，公諸於世。出版之後，她被流亡的達賴集團人士大力攻訐，誣指她爲精神狀態失常、說謊……等。但有智之士並未被達賴集團的政治操作及各國政府政治運作吹捧達賴的表相所欺，使她的書銷售無阻而又再版。正智出版社鑑於作者此書是親身經歷的事實，所說具有針對「藏傳佛教」而作學術研究的價值，也有使人認清假藏傳佛教剝削佛母、明妃的男性本位實質，因此洽請作者同意中譯而出版於華人地區。珍妮·坎貝爾女士著，呂艾倫 中譯，每冊250元。

霧峰無霧——給哥哥的信：本書作者藉兄弟之間信件往來論義，略述佛法大義；並以多篇短文辨義，舉出釋印順對佛法的無量誤解證據，並一一給予簡單而清晰的辨正，令人一讀即知。久讀、多讀之後即能認清楚釋印順的六識論見解，與眞實佛法之牴觸是多麼嚴重；於是在久讀、多讀之後，於不知不覺之間提升了對佛法的極深入理解，正知正見就在不知不覺間建立起來了。當三乘佛法的正知見建立起來之後，對於三乘菩提的見道條件便將隨之具足，於是聲聞解脫道的見道也就水到渠成；接著大乘見道的因緣也將次第成熟，未來自然也會有親見大乘菩提之道的因緣，悟入大乘實相般若也將自然成功，自能通達般若系列諸經而成實義菩薩。作者居住於南投縣霧峰鄉，自喻見道之後不復再見霧峰之霧，故鄉原野美景一一明見，於是立此書名爲《霧峰無霧》；讀者若欲撥霧見月，可以此書爲緣。游宗明 老師著 已於2015年出版 售價250元。

霧峰無霧—第二輯—救護佛子向正道：本書作者藉釋印順著作中之各種錯謬法義提出辨正，以詳實的文義一一提出理論上及實證上之解析，列舉釋印順對佛法的無量誤解證據，藉此教導佛門大師與學人釐清佛法義理，遠離岐途轉入正道，然後知所進修，久之便能見道明心而入大乘勝義僧數。被釋印順誤導的大師與學人極多，很難救轉，是故作者大發悲心深入解說其錯謬之所在，佐以各種義理辨正而令讀者在不知不覺之間轉歸正道。如是久讀之後欲得斷身見、證初果，即不爲難事；乃至久之亦得大乘見道而得證眞如，脫離空有二邊而住中道，實相般若智慧生起，於佛法不再茫然，漸漸亦知悟後進修之道。屆此之時，對於大乘般若等深妙法之迷雲暗霧亦將一掃而空，生命及宇宙萬物之故鄉原野美景一一明見，是故本書仍名《霧峰無霧》，爲第二輯；讀者若欲撥雲見日、離霧見月，可以此書爲緣。游宗明 老師著 已於2019年出版 售價250元。

假藏傳佛教的神話—性、謊言、喇嘛教：本書編著者是由一首名爲「阿姊鼓」的歌曲爲緣起，展開了序幕，揭開假藏傳佛教—喇嘛教—的神祕面紗。其重點是蒐集、摘錄網路上質疑「喇嘛教」的帖子，以揭穿「假藏傳佛教的神話」爲主題，串聯成書，並附加彩色插圖以及說明，讓讀者們瞭解西藏密宗及相關人事如何被操作爲「神話」的過程，以及神話背後的眞相。作者：張正玄教授。售價200元。

達賴真面目——玩盡天下女人：假使您不想戴綠帽子，請記得詳細閱讀此書；假使您不想讓好朋友戴綠帽子，請您將此書介紹給您的好朋友。假使您想保護家中的女性，也想要保護好朋友的女眷，請記得將此書送給家中的女性和好友的女眷都來閱讀。本書爲印刷精美的大本彩色中英對照精裝本，爲您揭開達賴喇嘛的眞面目，內容精彩不容錯過，爲利益社會大眾，特別以優惠價格嘉惠所有讀者。編著者：白志偉等。大開版雪銅紙彩色精裝本。售價800元。

喇嘛性世界——揭開假藏傳佛教譚崔瑜伽的面紗：這個世界中的喇嘛，號稱來自世外桃源的香格里拉，穿著或紅或黃的喇嘛長袍，散布於我們的身邊傳教灌頂，吸引了無數的人嚮往學習；這些喇嘛虔誠地爲大眾祈福，手中拿著寶杵（金剛）與寶鈴（蓮花），口中唸著咒語：「唵．嘛呢．叭咪．吽……」，咒語的意思是說：「我至誠歸命金剛杵上的寶珠伸向蓮花寶穴之中」！「喇嘛性世界」是什麼樣的「世界」呢？本書將爲您呈現喇嘛世界的面貌。當您發現眞相以後，您將會唸：「噢！喇嘛．性．世界，譚崔性交嘛！」作者：張善思、呂艾倫。售價200元。

末代達賴——性交教主的悲歌：簡介從藏傳僞佛教（喇嘛教）的修行核心——性力派男女雙修，探討達賴喇嘛及藏傳僞佛教的修行內涵。書中引用外國知名學者著作、世界各地新聞報導，包含：歷代達賴喇嘛的祕史、達賴六世修雙身法的事蹟，以及《時輪續》中的性交灌頂儀式……等；達賴喇嘛書中開示的雙修法、達賴喇嘛的黑暗政治手段；達賴喇嘛所領導的寺院爆發喇嘛性侵兒童；新聞報導《西藏生死書》作者索甲仁波切性侵女信徒、澳洲喇嘛秋達公開道歉、美國最大假藏傳佛教組織領導人邱陽創巴仁波切的性氾濫；等等事件背後眞相的揭露。作者：張善思、呂艾倫、辛燕。售價250元。

第七意識與第八意識？——穿越時空「超意識」：「三界唯心，萬法唯識」是佛教中應該實證的聖教，也是《華嚴經》中明載而可以實證的法界實相。唯心者，三界一切境界、一切諸法唯是一心所成就，即是每一個有情的第八識如來藏，不是意識心。唯識者，即是人類各各都具足的八識心王——眼識、耳鼻舌身意識、意根、阿賴耶識，第八阿賴耶識又名如來藏，人類五陰相應的萬法，莫不由八識心王共同運作而成就，故說萬法唯識。依聖教量及現量、比量，都可以證明意識是二法因緣生，是由第八識藉意根與法塵二法爲因緣而出生，又是夜夜斷滅不存之生滅心，即無可能反過來出生第七識意根、第八識如來藏，當知不可能從生滅性的意識心中，細分出恆審思量的第七識意根，更無可能細分出恆而不審的第八識如來藏。本書是將演講內容整理成文字，細說如是內容，並已在〈正覺電子報〉連載完畢，今彙集成書以廣流通，欲幫助佛門有緣人斷除意識我見，跳脫於識陰之外而取證聲聞初果；嗣後修學禪宗時即得不墮外道神我之中，得以求證第八識金剛心而發起般若實智。平實導師 述，每冊300元。

黯淡的達賴—失去光彩的諾貝爾和平獎：本書舉出很多證據與論述，詳述達賴喇嘛不爲世人所知的一面，顯示達賴喇嘛並不是眞正的和平使者，而是假借諾貝爾和平獎的光環來欺騙世人；透過本書的說明與舉證，讀者可以更清楚的瞭解，達賴喇嘛是結合暴力、黑暗、淫欲於喇嘛教裡的集團首領，其政治行爲與宗教主張，早已讓諾貝爾和平獎的光環染污了。　本書由財團法人正覺教育基金會寫作、編輯，由正覺出版社印行，每冊250元。

童女迦葉考—論呂凱文〈佛教輪迴思想的論述分析〉之謬：童女迦葉是佛世率領五百大比丘遊行於人間的歷史事實，是以童貞行而依止菩薩戒弘化於人間的大菩薩，不依別解脫戒（聲聞戒）來弘化於人間。這是大乘佛教與聲聞佛教同時存在於佛世的歷史明證，證明大乘佛教不是從聲聞法中分裂出來的部派佛教的產物，卻是聲聞佛教分裂出來的部派佛教聲聞凡夫僧所不樂見的史實；於是古今聲聞法中的凡夫都欲加以扭曲而作詭說，更是末法時代高聲大呼「大乘非佛說」的六識論聲聞凡夫極力想要扭曲的佛教史實之一，於是想方設法扭曲迦葉菩薩爲聲聞僧，以及扭曲迦葉童女爲比丘僧等荒謬不實之論著便陸續出現，古時聲聞僧寫作的《分別功德論》是最具體之事例，現代之代表作則是呂凱文先生的〈佛教輪迴思想的論述分析〉論文。鑑於如是假藉學術考證以籠罩大眾之不實謬論，未來仍將繼續造作及流竄於佛教界，繼續扼殺大乘佛教學人法身慧命，必須舉證辨正之，遂成此書。平實導師　著，每冊180元。

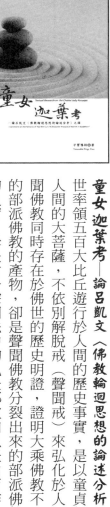

人間佛教—實證者必定不悖三乘菩提：「大乘非佛說」的講法似乎流傳已久，卻只是日本人企圖擺脫中國正統佛教的影響，而在明治維新時期才開始提出來的說法；台灣佛教、大陸佛教的淺學無智之人，由於未曾實證佛法而迷信日本人錯誤的學術考證，錯認爲這些別有用心的日本佛學考證的講法爲天竺佛教的眞實歷史；甚至還有更激進的反對佛教者提出「**釋迦牟尼佛並非眞實存在，只是後人捏造的假歷史人物**」，竟然也有少數佛教徒願意跟著「學術」的假光環而信受不疑，亦導致部分台灣佛教界人士，造作了反對中國大乘佛教而推崇南洋小乘佛教的行爲，使台灣佛教的信仰者難以檢擇，亦導致一般大陸人士開始轉入基督教的盲目迷信中。在這些佛教及外教人士之中，也就有一分人根據此邪說而大聲主張「大乘非佛說」的謬論，這些人以「人間佛教」的名義來抵制中國正統佛教，公然宣稱中國的大乘佛教是由聲聞部派佛教的凡夫僧所創造出來的。這樣的說法流傳於台灣及大陸佛教界凡夫僧之中已久，卻非眞正的佛教歷史中曾經發生過的事，只是繼承六識論的聲聞法中凡夫僧，以及別有居心的日本佛教界，依自己的意識境界立場，純憑臆想而編造出來的妄想說法，卻已經影響許多無智之凡夫僧俗信受不移。本書則是從佛教的經藏法義實質及實證的現量內涵本質立論，證明大乘佛法本是佛說，是從《阿含正義》尚未說過的不同面向來討論「人間佛教」的議題，證明「大乘眞佛說」。閱讀本書可以斷除六識論邪見，迴入三乘菩提正道發起實證的因緣；也能斷除禪宗學人學禪時普遍存在之錯誤知見，對於建立參禪時的正知見有很深的著墨。平實導師 述，內文488頁，全書528頁，定價400元。

見性與看話頭：黃正倖老師的《見性與看話頭》於《正覺電子報》連載完畢，今集結出版。書中詳說禪宗看話頭的詳細方法，並細說看話頭與眼見佛性的關係，以及眼見佛性者求見佛性前必須具備的條件。本書是禪宗實修者追求明心開悟時參禪的方法書，也是求見佛性者作功夫時必讀的方法書，內容兼顧眼見佛性的理論與實修之方法，是依實修之體驗配合理論而詳述，條理分明而且極爲詳實、周全、深入。本書內文375頁，全書416頁，售價300元。

中觀金鑑——詳述應成派中觀的起源與其破法本質：學佛人往往迷於中觀學派之不同學說，被應成派與自續派所迷惑；修學般若中觀二十年後自以爲實證般若中觀了，卻仍不曾入門，甫聞實證般若中觀者之所說，則茫無所知，迷惑不解；隨後信心盡失，不知如何實證佛法；凡此，皆因惑於這二派中觀學說所致。自續派中觀所說同於常見，以意識境界立爲第八識如來藏之境界，應成派所說則同於斷見，但又同立意識爲常住法，故亦具足斷常二見。今者孫正德老師有鑑於此，乃將起源於密宗的應成派中觀學說，追本溯源，詳考其來源之外，亦一一舉證其立論內容，詳加辨正，令密宗雙身法祖師以識陰境界而造之應成派中觀學說本質，詳細呈現於學人眼前，令其維護雙身法之目的無所遁形。若欲遠離密宗此二大派中觀謬說，欲於三乘菩提有所進道者，允宜具足閱讀並細加思惟，反覆讀之以後將可捨棄邪道返歸正道，則於般若之實證即有可能，證後自能現觀如來藏之中道境界而成就中觀。本書分上、中、下三冊，每冊250元，已全部出版完畢。

真心告訴您（一）——達賴喇嘛在幹什麼？這是一本報導篇章的選集，更是「破邪顯正」的暮鼓晨鐘。「破邪」是戳破假象，說明達賴喇嘛及其所率領的密宗四大派法王、喇嘛們，弘傳的佛法是仿冒的佛法；他們是假藏傳佛教，是坦特羅（譚崔性交）外道法和藏地崇奉鬼神的苯教混合成的「喇嘛教」，推廣的是以所謂「無上瑜伽」的男女雙身法冒充佛法的假佛教，詐財騙色誤導眾生，常常造成信徒家庭破碎、家中兒少失怙的嚴重後果。「顯正」是揭櫫眞相，指出眞正的藏傳佛教只有一個，就是覺囊巴，傳的是 釋迦牟尼佛演繹的第八識如來藏妙法，稱爲他空見大中觀。正覺教育基金會即以此古今輝映的如來藏正法正知見，在眞心新聞網中逐次報導出來，將箇中原委「眞心告訴您」，如今結集成書，與想要知道密宗眞相的您分享。售價250元。

實相經宗通：學佛之目的在於實證一切法界背後之實相，禪宗稱之爲本來面目或本地風光，佛菩提道中稱之爲實相法界；此實相法界即是金剛藏，又名佛法之祕密藏，即是能生有情五陰、十八界及宇宙萬有（山河大地、諸天、三惡道世間）的第八識如來藏，又名阿賴耶識心，即是禪宗祖師所說的眞如心，此心即是三界萬有背後的實相。證得此第八識心時，自能瞭解般若諸經中隱說的種種密意，即得發起實相般若——實相智慧。每見學佛人修學佛法二十年後仍對實相般若茫然無知，亦不知如何入門，茫無所趣；更因不知三乘菩提的互異互同，是故越是久學者對佛法越覺茫然，都肇因於尚未瞭解佛法的全貌，亦未瞭解佛法的修證內容即是第八識心所致。本書對於修學佛法者所應實證的實相境界提出明確解析，並提示趣入佛菩提道的入手處，有心親證實相般若的佛法實修者，宜詳讀之，於佛菩提道之實證即有下手處。平實導師述著，共八輯，已於2016年出版完畢，每輯成本價250元。

法華經講義：此書爲平實導師始從2009/7/21演述至2014/1/14之講經錄音整理所成。世尊一代時教，總分五時三教，即是華嚴時、聲聞緣覺教、般若教、種智唯識教、法華時；依此五時三教區分爲藏、通、別、圓四教。本經是最後一時的圓教經典，圓滿收攝一切法教於本經中，是故最後的圓教聖訓中，特地指出無有三乘菩提，其實唯有一佛乘；皆因眾生愚迷故，方便區分爲三乘菩提以助眾生證道。世尊於此經中特地說明如來示現於人間的唯一大事因緣，便是爲有緣眾生「開、示、悟、入」諸佛的所知所見——第八識如來藏妙眞如心，並於諸品中隱說「妙法蓮花」如來藏心的密意。然因此經所說甚深難解，眞義隱晦，古來難得有人能窺堂奧；平實導師以知如是密意故，特爲末法佛門四眾演述《妙法蓮華經》中各品蘊含之密意，使古來未曾被古德註解出來的「此經」密意，如實顯示於當代學人眼前。乃至〈藥王菩薩本事品〉、〈妙音菩薩品〉、〈觀世音菩薩普門品〉、〈普賢菩薩勸發品〉中的微細密意，亦皆一併詳述之，可謂開前人所未曾言之密意，示前人所未見之妙法。最後乃至以〈法華大義〉而總其成，全經妙旨貫通始終，而依佛旨圓攝於一心如來藏妙心，厥爲曠古未有之大說也。平實導師述，共有25輯，已於2019/05/31出版完畢。每輯300元。

西藏「活佛轉世」制度—附佛、造神、世俗法：歷來關於喇嘛教活佛轉世的研究，多針對歷史及文化兩部分，於其所以成立的理論基礎，較少系統化的探討。尤其是此制度是否依據「佛法」而施設？是否合乎佛法眞實義？現有的文獻大多含糊其詞，或人云亦云，不曾有明確的闡釋與如實的見解。因此本文先從活佛轉世的由來，探索此制度的起源、背景與功能，並進而從活佛的尋訪與認證之過程，發掘活佛轉世的特徵，以確認「活佛轉世」在佛法中應具足何種果德。定價150元。

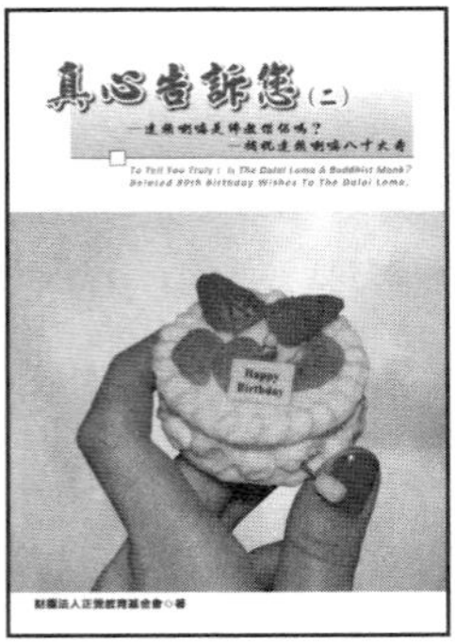

真心告訴您(二)—達賴喇嘛是佛教僧侶嗎？補祝達賴喇嘛八十大壽：這是一本針對當今達賴喇嘛所領導的喇嘛教，冒用佛教名相、於師徒間或師兄姊間，實修男女邪淫，而從佛法三乘菩提的現量與聖教量，揭發其謊言與邪術，證明達賴及其喇嘛教是仿冒佛教的外道，是「假藏傳佛教」。藏密四大派教義雖有「八識論」與「六識論」的表面差異，然其實修之內容，皆共許「無上瑜伽」四部灌頂爲究竟「成佛」之法門，也就是共以男女雙修之邪淫法爲「即身成佛」之密要，雖美其名曰「欲貪爲道」之「金剛乘」，並誇稱其成就超越於（應身佛）釋迦牟尼佛所傳之顯教般若乘之上；然詳考其理論，則或以意識離念時之粗細心爲第八識如來藏，或以中脈裡的明點爲第八識如來藏，或如宗喀巴與達賴堅決主張第六意識爲常恆不變之眞心者，分別墮於外道之常見與斷見中；全然違背　佛說能生五蘊之如來藏的實質。售價300元。

涅槃——解說四種涅槃之實證及內涵：眞正學佛之人，首要即是見道，由見道故方有涅槃之實證，證涅槃者方能出生死，但涅槃有四種：二乘聖者的有餘涅槃、無餘涅槃，以及大乘聖者的本來自性清淨涅槃、佛地的無住處涅槃。大乘聖者實證本來自性清淨涅槃，入地前再取證二乘涅槃，然後起惑潤生捨離二乘涅槃，繼續進修而在七地心前斷盡三界愛之習氣種子，依七地無生法忍之具足而證得念念入滅盡定；八地後進斷異熟生死，直至妙覺地下生人間成佛，具足四種涅槃，方是眞正成佛。此理古來少人言，以致誤會涅槃正理者比比皆是，今於此書中廣說四種涅槃、如何實證之理、實證前應有之條件，實屬本世紀佛教界極重要之著作，令人對涅槃有正確無訛之認識，然後可以依之實行而得實證。本書共有上下二冊，每冊各四百餘頁，對涅槃詳加解說，每冊各350元。

佛藏經講義：本經說明為何佛菩提難以實證之原因，都因往昔無數阿僧祇劫前的邪見，引生此世求證時之業障而難以實證。即以諸法實相詳細解說，繼之以念佛品、念法品、念僧品，說明諸佛與法之實質；然後以淨戒品之說明，期待佛弟子四眾堅持清淨戒而轉化心性，並以往古品的實例說明，教導四眾務必滅除邪見轉入正見中，然後以了戒品的說明和囑累品的付囑，期望末法時代的佛門四眾弟子皆能清淨知見而得以實證。平實導師於此經中有極深入的解說，總共21輯，每輯300元，於2019/07/31開始發行。

我的菩提路第七輯：余正偉老師等人著，本輯中舉示余老師明心二十餘年以後的眼見佛性實錄，供末法時代學人了知明心異於見性之本質，並且舉示其見性後與平實導師互相討論眼見佛性之諸多疑訛處；除了證明《大般涅槃經》中 世尊開示眼見佛性之法正眞無訛以外，亦得一解明心後尚未見性者之所未知處，甚爲精彩。此外亦列舉多篇學人從各不同宗教進入正覺學法之不同過程，以及發覺諸方道場邪見之內容與過程，最終得於正覺精進禪三中悟入的實況，足供末法精進學人借鑑，以彼鑑己而生信心，得以投入了義正法中修學及實證。凡此，皆足以證明不唯明心所證之第七住位般若智慧及解脫功德仍可實證，乃至第十住位的實證與當場發起如幻觀之實證，於末法時代的今天皆仍有可能。本書約四百頁，售價300元，將於2021年6月30日發行。

大法鼓經講義：本經解說佛法的總成：法、非法。由開解法、非法二義，說明了義佛法與世間戲論法的差異，指出佛法實證之標的即是法——第八識如來藏；並顯示實證後的智慧，如實擊大法鼓、演深妙法，演說如來祕密教法，非二乘定性及諸凡夫所能得聞，唯有具足菩薩性者方能得聞。正聞之後即得依於 世尊大願而拔除邪見，入於正法而得實證；深解不了義經之方便說，亦能實解了義經所說之眞實義，得以證法——如來藏，而得發起根本無分別智，乃至進修而發起後得無分別智；並堅持布施及受持清淨戒而轉化心性，得以現觀眞我如來藏之各種層面。此爲第一義諦聖教，於末法最後餘四十年時，一切世間樂見離車童子將繼續護持此經所說正法。平實導師於此經中有極深入的解說，總共約六輯，每輯300元，於《佛藏經講義》出版完畢後開始發行，每二個月發行一輯。

解深密經講義：本經係　世尊晚年第三轉法輪，宣說地上菩薩所應熏修之唯識正義經典，經中所說義理乃是大乘一切種智增上慧學，以阿陀那識—如來藏—阿賴耶識爲主體。禪宗之證悟者，若欲修證初地無生法忍乃至八地無生法忍者，必須修學《楞伽經、解深密經》所說之八識心王一切種智；此二經所說正法，方是眞正成佛之道；印順法師否定如來藏之後所說萬法緣起性空之法，是以誤會後之二乘解脫道取代大乘眞正成佛之道，亦已墮於斷滅見中，不可謂爲成佛之道也。平實導師曾於本會郭故理事長往生時，於喪宅中從初七至第十七，宣講圓滿，作爲郭老之往生佛事功德，迴向郭老早證八地、速返娑婆住持正法；茲爲今時後世學人故，將擇期重講《解深密經》，以淺顯之語句講畢後將會整理成文，用供證悟者進道；亦令諸方未悟者，據此經中佛語正義，修正邪見，依之速能入道。平實導師述著，全書輯數未定，每輯三百餘頁，將於未來重講完畢後逐輯出版。

修習止觀坐禪法要講記：修學四禪八定之人，往往錯會禪定之修學知見，欲以無止盡之坐禪而證禪定境界，卻不知修除性障之行門才是修證四禪八定不可或缺之要素，故智者大師云「性障初禪」；性障不除，初禪永不現前，云何修證二禪等？又：行者學定，若唯知數息，而不解六妙門之方便善巧者，欲求一心入定，未到地定極難可得，智者大師名之爲「事障未來」：障礙未到地定之修證。又禪定之修證，不可違背二乘菩提及第一義法，否則縱使具足四禪八定，亦不能實證涅槃而出三界。此諸知見，智者大師於《修習止觀坐禪法要》中皆有闡釋。作者平實導師以其第一義之見地及禪定之實證證量，曾加以詳細解析。將俟正覺寺竣工啓用後重講，不限制聽講者資格；講後將以語體文整理出版。欲修習世間定及增上定之學者，宜細讀之。平實導師述著。

阿含經講記——小乘解脫道之修證：數百年來，南傳佛法所說證果之不實，所說解脫道之虛妄，所弘解脫道法義之世俗化，皆已少人知之；從南洋傳入台灣與大陸之後，所說法義虛謬之事，亦復少人知之；今時台灣全島印順系統之法師居士，多不知南傳佛法數百年來所說解脫道之義理已然偏斜、已然世俗化、已非眞正之二乘解脫正道，猶極力推崇與弘揚。彼等南傳佛法近代所謂之證果者皆非眞實證果者，譬如阿迦曼、葛印卡、帕奧禪師、一行禪師……等人，悉皆未斷我見故。近年更有台灣南部大願法師，高抬南傳佛法之二乘修證行門爲「捷徑究竟解脫之道」者，然而南傳佛法縱使眞修實證，得成阿羅漢，至高唯是二乘菩提解脫之道，絕非究竟解脫，無餘涅槃中之實際尚未得證故，法界之實相尚未了知故，習氣種子待除故，一切種智未實證故，焉得謂爲「究竟解脫」？即使南傳佛法近代眞有實證之阿羅漢，尚且不及三賢位中之七住明心菩薩本來自性清淨涅槃智慧境界，則不能知此賢位菩薩所證之無餘涅槃實際，仍非大乘佛法中之見道者，何況普未實證聲聞果乃至未斷我見之人？謬充證果已屬逾越，更何況是誤會二乘菩提之後，以未斷我見之凡夫知見所說之二乘菩提解脫偏斜法道，焉可高抬爲「究竟解脫」？而且自稱「捷徑之道」？又妄言解脫之道即是成佛之道，完全否定般若實智、否定三乘菩提所依之如來藏心體，此理大大不通也！平實導師爲令修學二乘菩提欲證解脫果者，普得迴入二乘菩提正見、正道中，是故選錄四阿含諸經中，對於二乘解脫道法義有具足圓滿說明之經典，預定未來十年內將會加以詳細講解，令學佛人得以了知二乘解脫道之修證理路與行門，庶免被人誤導之後，未證言證，梵行未立，干犯道禁自稱阿羅漢或成佛，成大妄語，欲升反墮。本書首重斷除我見，以助行者斷除我見而實證初果爲著眼之目標，若能根據此書內容，配合平實導師所著《識蘊眞義》《阿含正義》內涵而作實地觀行，實證初果非爲難事，行者可以藉此三書自行確認聲聞初果爲實際可得現觀成就之事。此書中除依二乘經典所說加以宣示外，亦依斷除我見等之證量，及大乘法中道種智之證量，對於意識心之體性加以細述，令諸二乘學人必定得斷我見、常見，免除三縛結之繫縛。次則宣示斷除我執之理，欲令升進而得薄貪瞋痴，乃至斷五下分結……等。平實導師將擇期講述，然後整理成書。共二冊，每冊三百餘頁。每輯300元。

總經銷： 聯合發行股份有限公司

231 新北市新店區寶橋路 235 巷 6 弄 6 號 4F

Tel.02－2917-8022（代表號） Fax.02－2915-6275（代表號）

零售：1.**全台連鎖經銷書局**：

三民書局、誠品書局、何嘉仁書店

敦煌書店、紀伊國屋、金石堂書局、建宏書局

諾貝爾圖書城、墊腳石圖書文化廣場

2.**台北市**：佛化人生 **大安區**羅斯福路 3 段 325 號 6 樓之 4　台電大樓對面

3.**新北市**：春大地書店 **蘆洲區**中正路 117 號

4.**桃園市**：御書堂 **龍潭區**中正路 123 號

5.**新竹市**：大學書局 **東區**建功路 10 號

6.**台中市**：瑞成書局 **東區**雙十路 1 段 4 之 33 號

佛教詠春書局 **南屯區**永春東路 884 號

文春書店 **霧峰區**中正路 1087 號

7.**彰化市**：心泉佛教文化中心 南瑤路 286 號

8.**高雄市**：政大書城 **前鎮區**中華五路 789 號 2 樓（高雄夢時代店）

明儀書局 **三民區**明福街 2 號

青年書局 **苓雅區**青年一路 141 號

9.**台東市**：東普佛教文物流通處 博愛路 282 號

10.**其餘鄉鎮市經銷書局**：請電詢總經銷**聯合**公司。

11.**大陸地區請洽**：

香港：樂文書店

旺角店 :香港九龍旺角西洋菜街 62 號 3 樓

電話 :(852) 2390 3723　email: luckwinbooks@gmail.com

銅鑼灣店 :香港銅鑼灣駱克道 506 號 2 樓

電話 :(852) 2881 1150　email: luckwinbs@gmail.com

廈門：廈門外圖臺灣書店有限公司

地址：廈門市思明區湖濱南路809 號 廈門外圖書城3 樓 郵編：361004

電話：0592-5061658（臺灣地區請撥打 86-592-5061658）

E-mail：JKB118＠188.COM

12.**美國**：**世界日報圖書部**：紐約圖書部　電話 7187468889#6262

洛杉磯圖書部　電話 3232616972#202

13.**國內外地區網路購書**：

正智出版社 書香園地　http://books.enlighten.org.tw/

（書籍簡介、經銷書局可直接聯結下列網路書局購書）

三民 網路書局　http://www.sanmin.com.tw

誠品 網路書局　http://www.eslitebooks.com

博客來 網路書局　http://www.books.com.tw

金石堂 網路書局　http://www.kingstone.com.tw
聯合 網路書局　http:// www.nh.com.tw

附註：1.請儘量向各經銷書局購買：郵政劃撥需要八天才能寄到（本公司在您劃撥後第四天才能接到劃撥單，次日寄出後第二天您才能收到書籍，此六天中可能會遇到週休二日，是故共需八天才能收到書籍）若想要早日收到書籍者，請劃撥完畢後，將劃撥收據貼在紙上，旁邊寫上您的姓名、住址、郵區、電話、買書詳細內容，直接傳眞到本公司 02-28344822，並來電 02-28316727、28327495 確認是否已收到您的傳眞，即可提前收到書籍。 **2**.因台灣每月皆有五十餘種宗教類書籍上架，書局書架空間有限，故唯有新書方有機會上架，通常每次只能有一本新書上架；本公司出版新書，大多上架不久便已售出，若書局未再叫貨補充者，書架上即無新書陳列，則請直接向書局櫃台訂購。 **3**.若書局不便代購時，可於晚上共修時間向正覺同修會各共修處請購（共修時間及地點，詳閱**共修現況表**。每年例行年假期間請勿前往請書，年假期間請見共修現況表）。 **4**.郵購：郵政劃撥帳號 19068241。 **5**.正覺同修會會員購書都以八折計價（戶籍台北市者爲一般會員，外縣市爲護持會員）都可獲得優待，欲一次購買全部書籍者，可以考慮入會，節省書費。入會費一千元（第一年初加入時才需要繳），年費二千元。**6.尚未出版之書籍，請勿預先郵寄書款與本公司，謝謝您！** **7**.若欲一次購齊本公司書籍，或同時取得正覺同修會贈閱之全部書籍者，請於正覺同修會共修時間，親到各共修處請購及索取；**台北市讀者**請洽：103 台北市承德路三段 267 號 10 樓（捷運淡水線 圓山站旁）請書時間：週一至週五爲 18.00~21.00，第一、三、五週週六爲 10.00~21.00，雙週之週六爲 10.00~18.00 請購處專線電話：25957295-分機 14（於請書時間方有人接聽）。

敬告大陸讀者：

大陸讀者購書、索書捷徑（尚未在大陸出版的書籍，以下二個途徑都可以購得，電子書另包括結緣書籍）：

1.**廈門外國圖書公司**：廈門市思明區湖濱南路 809 號 廈門外圖書城 3F
郵編：361004 電話：0592-5061658 網址：http://www.xibc.com.cn/

2.**電子書**：正智出版社有限公司及正覺同修會在台灣印行的各種局版書、結緣書，已有『**正覺電子書**』陸續上線中，提供讀者於手機、平板電腦上購書、下載、閱讀正智出版社、正覺同修會及正覺教育基金會所出版之電子書，詳細訊息敬請參閱『正覺電子書』專頁：http://books.enlighten.org.tw/ebook

關於平實導師的書訊，請上網查閱：
成佛之道 http://www.a202.idv.tw
正智出版社 書香園地 http://books.enlighten.org.tw/

中國網採訪佛教正覺同修會、正覺教育基金會訊息：

http://big5.china.com.cn/gate/big5/fangtan.china.com.cn/2014-06/19/content_32714638.htm

http://pinpai.china.com.cn/

★ 正智出版社有限公司售書之稅後盈餘，全部捐助財團法人正覺寺籌備處、佛教正覺同修會、正覺教育基金會，供作弘法及購建道場之用；懇請諸方大德支持，功德無量。

★ 聲 明 ★

本社於 2015/01/01 開始調整本目錄中部分書籍之售價，以因應各項成本的持續增加。

＊ 喇嘛教修外道雙身法、墮識陰境界，非佛教 ＊

＊ 弘揚如來藏他空見的覺囊派才是真正藏傳佛教 ＊

售後服務—換書啓事（免附回郵） 2017/12/05

《楞伽經詳解》第三輯初版免費調換新書啓事：茲因 平實導師弘法早期尚未回復往世全部證量，有些法義接受他人的說法，寫書當時並未察覺而有二處（同一種法義）跟著誤說，如今發現已將之修正。茲爲顧及讀者權益，已開始免費調換新書；敬請所有讀者將以前所購第三輯（不論第幾刷），攜回或寄回本公司免費換新；郵寄者之回郵由本公司負擔，不需寄來郵票。因此而造成讀者閱讀、以及換書的不便，在此向所有讀者致上萬分的歉意，祈請讀者大眾見諒！

《楞嚴經講記》第 14 輯初版首刷本免費調換新書啓事：本講記第 14 輯出版前因 平實導師諸事繁忙，未將之重新閱讀而只改正校對時發現的錯別字，故未能發覺十年前所說法義有部分錯誤，於第 15 輯付印前重閱時才發覺第 14 輯中有部分錯誤尚未改正。今已重新審閱修改並已重印完成，煩請所有讀者將以前所購第 14 輯初版首刷本，寄回本公司免費換新（初版二刷本無錯誤），本公司將於寄回新書時同時附上您寄書來換新時的郵資，並在此向所有讀者致上最誠懇的歉意。

《心經密意》初版書免費調換二版新書啓事：本書係演講錄音整理成書，講時因時間所限，省略部分段落未講。後於再版時補寫增加 13 頁，維持原價流通之。茲爲顧及初版讀者權益，自 2003/9/30 開始免費調換新書，原有初版一刷、二刷書籍，皆可寄來本公司換書。

《宗門法眼》已經增寫改版爲 464 頁新書，2008 年 6 月中旬出版。讀者原有初版之第一刷、第二刷書本，都可以寄回本公司免費調換改版新書。改版後之公案及錯悟事例維持不變，但將內容加以增說，較改版前更具有廣度與深度，將更能助益讀者參究實相。

換書者**免附回郵**，亦無截止期限；舊書請寄：111 台北郵政 73-151 號信箱 或 103 台北市承德路三段 267 號 10 樓 正智出版社有限公司。舊書若有塗鴨、殘缺、破損者，仍可換取新書；但缺頁之舊書至少應仍有五分之三頁數，方可換書。所有讀者不必顧念本公司是否有盈餘之問題，都請踴躍寄來換書；本公司成立之目的不是營利，只要能眞實利益學人，即已達到成立及運作之目的。若以郵寄方式換書者，免附回郵；並於寄回新書時，由本公司附上您寄來書籍時耗用的郵資。造成您不便之處，再次致上萬分的歉意。

正智出版社有限公司 啓

國家圖書館出版品預行編目(CIP)資料

次法 ： 實證佛法前應有的條件 / 張善思作. -- 初版. -- 臺北市 ： 正智, 2017.06-
冊 ； 公分
ISBN 978-986-93725-8-9(上冊 ： 平裝)
ISBN 978-986-94970-5-3(下冊 ： 平裝)
1.佛教修持

225.7 106008764

次法
——實證佛法前應有的條件（上冊）

作者：張善思居士
出版者：正智出版社有限公司
電話：〇二 28327495　28316727（白天）
傳眞：〇二 28344822
111 台北郵政 73-151 號信箱
郵政劃撥帳號：一九〇六八二四一
正覺講堂：總機 〇二 25957295（夜間）
總經銷：聯合發行股份有限公司
231 新北市新店區寶橋路 235 巷 6 弄 6 號 4 樓
電話：〇二 29178022（代表號）
傳眞：〇二 29156275
初版首刷：二〇一七年六月三十日　二千冊
初版九刷：二〇二一年三月　二千冊
定　價：新台幣二五〇元